ÉTICA CRISTIANA

MIGUEL NÚÑEZ

ÉTICA CRISTIANA

CÓMO NAVEGAR EN TIEMPOS TURBULENTOS

Ética cristiana: Cómo navegar en tiempos turbulentos

B&H Publishing Group
Brentwood, TN 37027

Clasificación Decimal Dewey: 241
Clasifíquese: RELIGIÓN / CRISTIANISMO / ÉTICA

ISBN: 978-1-0877-2268-9

Impreso en EE. UU.
5 6 7 8 9 10 * 29 28 27 26 25

Contenido

PRIMERA PARTE: LA ÉTICA CRISTIANA EN UNA SOCIEDAD SECULAR

SEGUNDA PARTE: LA ÉTICA DE LA SEXUALIDAD HUMANA

TERCERA PARTE: LA BIBLIA, LA IMAGEN DE DIOS Y LA BIOÉTICA

CUARTA PARTE:
LA CRISIS ÉTICA ES UNA CRISIS DE CARÁCTER

A la memoria de mi padre, quien supo modelar la importancia de vivir con sabiduría de una forma que honra al Creador y Redentor, y que a la vez respeta la imagen de ese Dios en los hombres.

Introducción:

Nuestro momento histórico

De los hijos de Isacar, expertos en discernir los tiempos, con conocimiento de lo que Israel debía hacer, sus jefes eran doscientos; y todos sus parientes estaban bajo sus órdenes.
(1 Crón. 12:32)

Como habrá podido inferir al leer el título de este libro, en los próximos capítulos estaremos hablando sobre ética y, de manera particular, sobre ética cristiana. Ahora bien, a fin de entender la importancia que este tema tiene para la vida del creyente, resulta necesario conocer el momento histórico en que nos encontramos. Notemos que en el texto bíblico de más arriba, vemos cómo David seleccionó un grupo de personas de los hijos de Isacar para formar su ejército, ya que estos poseían dos características:

1) Eran expertos en discernir los tiempos.
2) Tenían conocimiento de lo que Israel debía hacer.

Si desconocemos las características de la sociedad en que nos desenvolvemos y la época histórica que estamos viviendo no tendremos la menor idea de cómo responder antes los retos de nuestra sociedad.

Para nadie es un secreto que hoy en día estamos en medio de una revolución moral. Una revolución que, aunque viene avanzando desde la década de 1960, en los últimos diez o quince años ha alcanzado una velocidad vertiginosa que nadie pudo haber anticipado, llegando hasta el punto de que, en la actualidad, mucha gente habla de la necesidad de tener que diferenciar el sexo del género. Los que hacen esta diferenciación definen el sexo de una persona en base a aquellas características físicas o biológicas con las que un ser humano nace; es decir, en términos de sus genitales. Por otro lado, definen el género tomando en consideración los sentimientos del individuo; es decir, cómo éste se percibe. Nunca antes se había pensado de esta forma. Por el contrario, hasta ahora el sexo y el género básicamente eran considerados sinónimos, y para nosotros aún lo siguen siendo, pero no para la sociedad de hoy.

Esto es así porque estamos viviendo en medio de un relativismo cultural donde la mayoría de las personas que han sido encuestadas (sobre todo en Estados Unidos), incluso muchas que se autodenominan cristianas y que dicen creer en la Biblia como la Palabra de Dios, afirman que no hay valores absolutos, sino que todo depende de la interpretación personal de las cosas, conforme a los propios valores y creencias.

Por otro lado, muchos concuerdan en que vivimos en una época posmoderna. La época moderna comenzó, dependiendo de cuál fuente consultemos, alrededor del año 1609, cuando Galileo Galilei inventó el telescopio. En aquel entonces, la sociedad por lo menos reconocía la existencia de valores absolutos, pues entendía que la ciencia proveía la verdad, y esa verdad era considerada un absoluto. Sin embargo, en la época posmoderna se supone que nadie tiene la verdad y, por tanto, no hay valores absolutos, ni en la ciencia ni en las religiones.

Esto entonces nos da una idea de qué tipo de sociedad tenemos hoy en día. Una sociedad en la que resulta muy difícil vivir de manera armónica, precisamente porque nadie cree en la existencia de valores absolutos por los cuales los ciudadanos de la nación deban regirse. De hecho, muchos piensan que el posmodernismo ya pasó y que actualmente estamos viviendo en lo que historiadores contemporáneos denominan «la época moderna tardía». Por cierto, se había predicho que el posmodernismo no duraría mucho tiempo porque no tenía base moral para sustentarse, y efectivamente colapsó, pero todavía se sigue hablando de ese momento posmoderno.

Sin duda, hoy en día vivimos en una sociedad altamente compleja, donde los dilemas con los que los adolescentes tienen que lidiar y a los que continuamente se enfrentan no se comparan con aquellos que muchos de nosotros vivimos durante nuestra adolescencia, hace ya varios años. Para comenzar, no había computadoras ni Internet; por tanto, no existía el acceso gratis y continuo a la pornografía desde la comodidad del hogar como lo hay ahora. En mi juventud, yo nunca vi una revista pornográfica ni supe dónde las vendían; eso nos da una idea de las complejidades que la sociedad de hoy está enfrentando.

Esa sociedad ha cosechado un mundo relativista con grandes consecuencias. Respecto a esto, podríamos compartir estadística tras estadística, pero simplemente nos limitaremos a mencionar un par de cosas que nos permiten tener una idea de cuáles son las consecuencias de vivir en una sociedad de valores relativos.

Consecuencias de vivir en una sociedad de valores relativos

En Estados Unidos, el suicidio fue la segunda causa de muerte en niños de 10 a 14 años en 2017[1], y es una de las causas principales de muerte (entre las 10 primeras) hoy en día, considerando todas las edades.[2] La tasa de suicidio ha aumentado prácticamente en todos los estados de aquella nación desde el año 1999.[3] Este mismo reporte del

---

[1] Sally C. Curtin, M.A., y Dra. Melonie Heron; «Death Rates Due to Suicide and Homicide Among Persons Aged 10–24»: United States, 2000-2017: https://www.cdc.gov/nchs/data/databriefs/db352-h.pdf.»

[2] «Suicide rising across the US: https://www.cdc.gov/vitalsigns/suicide/index.html.

[3] Ibíd.

CDC (Centros para el Control y la Prevención de Enfermedades), establece que unas 45 000 personas perdieron la vida por medio de suicidio en el año 2016.[4] Y aunque las estadísticas pueden variar de año en año, la frecuencia de muertes por suicidio continúa siendo muy similar, con una tendencia ascendente. En efecto, una encuesta reveló que el 17 % de los estudiantes que se encontraban entre el noveno y doceavo grado había considerado el suicidio seriamente durante los doce meses anteriores a ser encuestados.[5] Eso implica uno de cada cinco jóvenes. Una realidad muy lamentable que cada vez afecta a más y más jóvenes.

Por otro lado, a nivel mundial, tenemos una epidemia de VIH, aunque ya no se habla tanto de este tema, pero los números están ahí para reflejar esta triste realidad. En la actualidad, hay aproximadamente de 40 a 50 millones de personas infectadas con el virus del VIH, a la vez que se ha registrado un aumento de las enfermedades de transmisión sexual, de la violencia intrafamiliar en todos los continentes y de la tasa de divorcio y de mujeres solteras embarazadas. La lista pudiera continuar, pero estos son simplemente algunos índices que nos hablan de las consecuencias de vivir en una sociedad de valores relativos.

Si realmente no hay valores absolutos y cada cual determina lo que es bueno o malo según le parezca, ¿por qué entonces no divorciarnos cuando sentimos que dejamos de amar a nuestra pareja? ¿Por qué no tener hijos fuera del matrimonio? ¿Por qué no, incluso, golpear a nuestro cónyuge cuando nos saque de nuestros cabales? Al final de cuentas, sin valores absolutos por los cuales regirnos, nadie podría acusarnos de que nuestras acciones son buenas o malas.

Si las personas se detuvieran a pensar en estas cosas, entenderían lo absurdo de negar la existencia de absolutos. Pero, al parecer, hemos vuelto al tiempo de los jueces, donde cada cual hacía lo que le parecía bien a sus propios ojos (Jue. 17:6, 21:25). Así es como luce nuestra sociedad, y si quiere comprobarlo, solo salga a conducir en

---

[4] Ibíd.

[5] «Informe Semanal de Morbilidad y MortalidadÆ (Morbidity and Mortality Weekly Report), junio de 2014; 63(ss04): 1-168. Disponible en línea en http://www.cdc.gov/mmwr/preview/mmwrhtml/ss6304a1.htm

alguna de nuestras ciudades latinoamericanas por un par de horas. Le será más que evidente que cada quien hace lo que le parece bien. De igual manera, podemos extrapolar este hecho a múltiples áreas de la vida y llegar a las mismas conclusiones. Es el mismo sistema de ética: el hombre, de manera personal, determina lo que le conviene y eso para él es bueno.

Historia del cambio social en Occidente

Estos ejemplos de la vida cotidiana nos dan una idea de qué ocurre cuando la sociedad no sabe cuál es el norte, porque no tiene un principio de la verdad. Entonces, la pregunta que debemos hacernos es: ¿cómo llegó Occidente hasta aquí? Y cuando hablamos de Occidente, nos referimos a aquellos países que fueron colonizados e influenciados por Europa y que incluyen Norteamérica, Latinoamérica, Australia y Oceanía para diferenciarlos de los países de Oriente, como China y Japón, que tienen una historia distinta a la nuestra.

A partir de la época de la Reforma, Europa y Norteamérica fueron ampliamente impactados por valores cristianos. La historia nos muestra que después de que Martín Lutero clavara sus 95 tesis en la puerta de la iglesia de Wittenberg el 31 de octubre de 1517, hubo una gran expansión de los valores cristianos que afectó gran parte de Europa y de Norteamérica en la medida en que las personas comenzaron a emigrar hacia esas regiones. Eso hizo que el seno de la sociedad occidental llegara a tener valores cristianos a nivel general. Tanto así que, en aquel entonces e incluso hasta hace unos 60 años, nadie hubiese cuestionado si el aborto era algo moral o no, pues la sociedad en general entendía, sin necesidad de ir a una iglesia, que era completamente inmoral. Sin embargo, no es ahí donde estamos hoy. ¿Qué ha ido ocurriendo en el mundo que nos ha traído hasta aquí?

Si revisamos la historia, resulta que entre los años 1650 y 1800 (siglos XVII-XVIII) surge y se desarrolla la denominada época de la Ilustración, también conocida como la Era de la Razón o el Siglo de las Luces, un período durante el cual el hombre comenzó a descubrir nuevas cosas y a desarrollar nuevos experimentos que inspiraron profundos cambios en la sociedad a nivel cultural e intelectual, pero que terminaron enorgulleciéndolo por los logros alcanzados. Fue un período en que la mente del hombre parecía haber sido iluminada con nuevas ideas y formas de pensamiento que hacían del conocimiento y la razón la fuente de máxima autoridad. A partir de entonces, las personas dejaron a un lado la religión, los valores cristianos, y aun la Biblia, para confiar primeramente en el razonamiento humano. Una sociedad eminentemente teísta (creyente en un Dios creador en contacto con Su creación) se convirtió en deísta (un Dios creador que se desconectó del mundo creado para que funcionara conforme a sus propias leyes de la naturaleza), y eso, como veremos más adelante, también tuvo un impacto monumental sobre la ética. De hecho, la Ilustración o Era de la Razón es la madre de la ética con la que nuestra sociedad funciona en nuestros días.

Si continuamos revisando la historia, vemos que durante la segunda mitad del siglo XIX, el científico naturalista inglés Charles Darwin desarrolló su famosa teoría de la evolución, con la cual el ser humano perdió por completo su dignidad, pues la misma planteaba que el hombre provenía de una evolución biológica del mono a través de un proceso que Darwin denominó «selección natural». A partir de entonces, se desarrolló un cierto relativismo, aunque algunos piensan que realmente se fortaleció. Al menos así lo ve el historiador Paul Johnson en su libro *Intelectuales*, donde habla de que, cuando Albert Einstein postuló su teoría de la relatividad —la cual tenía que ver con la velocidad de la luz y cómo medimos el tiempo y la distancia—, la sociedad se confundió y pensó que los mismos principios podían aplicarse a los valores morales.[6] Como probablemente ya sabe, Einstein estaba vivo a principios del siglo XX y desarrolló muchos de sus aportes científicos durante la primera parte de ese siglo, lo cual quizás también contribuyó al relativismo moral de nuestros días sin proponérselo.

---

[6]Paul Johnson, *Intellectuals* (Nashville: Harper Perennial, A Division of Harper Collins, 1988.

Durante el siglo XIX y principios del XX, en la medida en que la teoría de la evolución se fortalecía, el humanismo —movimiento intelectual que planteaba la idea de que el hombre es la medida de todas las cosas— también creció y se fortaleció. Entonces, para el siglo XX y actual siglo XXI, como sociedad nos encontramos en medio de una revolución de carácter moral. Esta revolución no es solamente de índole sexual, pues si nos limitamos a verla de esa manera estaríamos perdiendo de vista una gran cantidad de cambios que están ocurriendo a nivel moral en la sociedad.

Se trata de una revolución moral sin precedente, donde todo lo que por cientos de años se había definido de una manera, hoy está siendo cuestionado por un grupo significativo de personas. Ahora bien, no es la mayoría la que cuestiona y trata de redefinir mucha de estas ideas, sino la élite de la sociedad. Y como muchos saben, aquellos que cambian la sociedad usualmente no representan a la mayoría, sino a la élite, aquellos que controlan los medios de comunicación y difusión que son formadores de opinión, pues esa gente continuamente está comunicando valores o antivalores al resto de la población. Esto es muy cierto, pues con frecuencia las personas escuchan algo en la radio o leen un artículo en el periódico e inmediatamente suponen que, porque lo leyeron en un periódico, lo escucharon en la radio o lo vieron en internet o en un programa de televisión, la información recibida es buena y válida.

Cosmovisiones que han influenciado el mundo occidental

Retomemos la pregunta inicial de cómo llegamos al caos moral en que nos encontramos si Occidente había sido una cultura ampliamente impactada por valores cristianos. A continuación, queremos compartir unos diagramas sumamente sencillos, pero extremadamente educativos que provienen de una serie de enseñanza realizada por el doctor R. C. Sproul en la década de los noventa, que se llamó *The Battle for Our Minds* [La batalla por nuestras mentes]. En aquella serie, el doctor Sproul examina tres cosmovisiones que han influenciado el mundo occidental: a) la cosmovisión bíblica/clásica; b) la Era de la

Razón/Ilustración; c) el secularismo.[7] De aquí en adelante, revisaremos dichos diagramas, con el fin de ilustrar y entender mejor cada una de estas cosmovisiones y su influencia en Occidente. Me siento en deuda con el Dr. Sproul, cuyas enseñanzas impactaron mi vida. En particular, estas enseñanzas que siguen me permitieron en una etapa mas temprana de mi vida entender verdades que han impactado nuestra sociedad grandemente.

1) El modelo bíblico clásico (la cosmovisión bíblica clásica).

La cosmovisión bíblica clásica cree en un Dios trascendente —un Dios santo y majestuoso que está en los cielos—, pero además cree que ese Dios es inmanente; es decir, un Dios que está cercano a Su creación. El pasaje de Isaías 57:15 revela esto al afirmar que Dios, el alto y sublime, habita en las alturas pero también mora con aquel que es contrito de corazón. En ese texto, podemos ver claramente la inmanencia de Dios, Su cercanía con el mundo que Él mismo diseñó, y también la trascendencia de Aquel que habita en lo alto y que es santo.

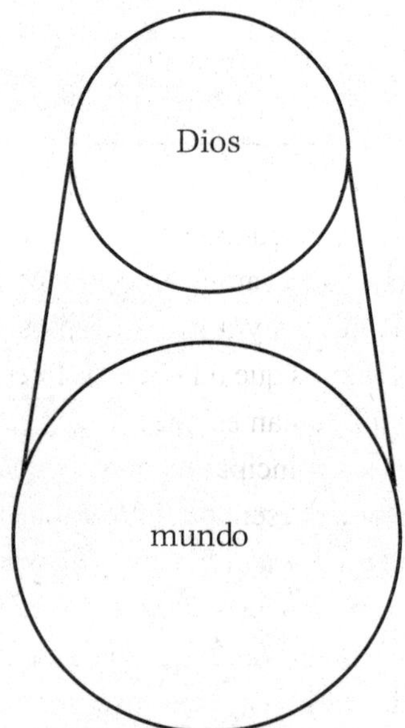

[7] «The Battle for our minds». Serie disponible en https://www.ligonier.org/learn/series/battle_for_our_minds/

Bajo la cosmovisión bíblica clásica, Dios está directamente en contacto con el mundo, el cual dirige y gobierna por medio de Su providencia. A esta manera de entender la relación existente entre Dios y Su creación se la conoce como teísmo. En el teísmo, Dios es trascendente e inmanente al mismo tiempo.

Por otro lado, la cosmovisión bíblica clásica afirma la existencia de dos realidades: la esfera sobrenatural donde reside Dios, y la esfera natural que comprende todo lo creado por Dios.

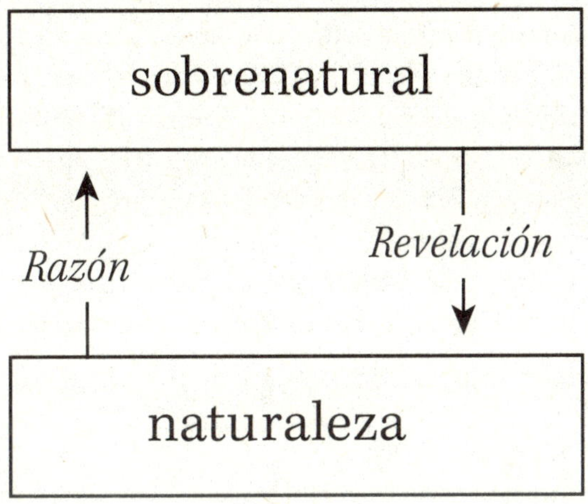

Si presta atención a este segundo diagrama, notará que hay dos flechas en ambos extremos que van en direcciones opuestas. Preste especial atención a estas flechas y a los conceptos a los cuales aluden, porque más adelante veremos que una de esas flechas va a desaparecer. Lo que estas flechas representan es que nuestro conocimiento de Dios se obtiene de dos formas principales: por revelación y por la razón. La flecha que desciende representa que hay una revelación que viene de arriba, de parte de Dios para el hombre, y esa revelación está en la naturaleza, en nuestra conciencia, y de manera más especial, la encontramos plasmada en la Biblia. En ese sentido, la capacidad de razonar que Dios puso en el hombre cuando lo creó le permite observar la naturaleza, leer la Escritura y a través de ambas conocer cosas acerca de Dios (la esfera sobrenatural) que Él mismo ha dado a conocer.

De hecho, la Biblia da testimonio de esto cuando afirma que «lo que se conoce acerca de Dios es evidente dentro de ellos [los hombres], pues Dios se lo hizo evidente. Porque desde la creación del mundo, sus atributos invisibles, su eterno poder y divinidad, se han visto con toda claridad, siendo entendidos por medio de lo creado, de manera que no tienen excusa» (Rom. 1:19-21). Asimismo, la Palabra declara que «los cielos proclaman la gloria de Dios, y la expansión anuncia la obra de sus manos. Un día transmite el mensaje al otro día, y una noche a la otra noche revela sabiduría. No hay mensaje, no hay palabras; no se oye su voz. Mas por toda la tierra salió su voz, y hasta los confines del mundo sus palabras» (Sal. 19:1-4). De ahí que una de las flechas que vemos en este segundo diagrama va en dirección hacia arriba, desde la esfera natural hacia la sobrenatural, aludiendo a la capacidad del hombre de entender la revelación que Dios le ha concedido.

Por otra parte, un tercer diagrama nos muestra que en el modelo bíblico clásico, que es la cosmovisión que todo creyente debería continuar abrazando, no hay separación entre lo sagrado y el mundo secular.

Esa dicotomía entre lo sagrado y lo secular aumentó hasta la época de la Reforma. Hasta entonces, se entendía que aquellos que ejercen la función de pastor tienen un llamado especial, una vocación sagrada que el resto de las personas en el mundo no tienen. Sin embargo, Martin Lutero y los demás reformadores se opusieron a esta separación y afirmaron que cuando Dios nos llama a hacer algo en el mundo, ya sea como abogado, ingeniero, pintor o barrendero, eso que Dios nos llama a hacer se constituye en nuestra vocación, y esa vocación es sagrada porque toda la vida es sagrada para Dios.

Por consiguiente, lo que un pastor hace desde el púlpito cuando predica no es más sagrado que lo que un barrendero cristiano hace a la hora de ejercer su oficio, pues el mismo Dios llamó a uno a hacer una cosa, y lo equipó para eso, y llamó al otro a hacer algo distinto e igualmente lo equipó para llevar a cabo ese llamado. En ambos casos, el fin último es glorificar a Dios con nuestras vidas. Cuando ambos ejercen sus oficios para la gloria de Dios, glorifican a Dios desde el lugar en que Él los colocó. Y eso es precisamente lo que esta tercera imagen busca representar: no hay separación entre lo sagrado y lo secular, pues cada segundo de nuestras vidas es sagrado para Dios. Vivimos nuestras vidas Coram Deo, o de cara a Dios, para usar una frase muy conocida durante la época de los reformadores en el siglo XVI.

2) La Era de la razón.

Ahora bien, todo eso cambió durante la Ilustración o la Era de la Razón, pues en la medida en que ese movimiento se desarrolló y surgieron todos los grandes pensadores de la época, aunque Dios seguía estando presente en la mente de la sociedad, la concepción que el hombre tenía de cómo Dios se relacionaba con Su creación comenzó a cambiar radicalmente. La idea de que Dios era trascendente e inmanente fue menguando y Dios comenzó a ser visto como Aquel que creó el mundo, pero que luego se desentendió del mismo y ahora éste funciona de manera independiente por las fuerzas de la naturaleza. Bajo esta nueva cosmovisión, aunque todavía se mantiene la creencia en Dios como el Creador de todo lo que existe, se entiende que Él no dirige ni interviene en los eventos del universo. A esto se lo conoce como deísmo para diferenciarlo del concepto de teísmo que mencionamos anteriormente.

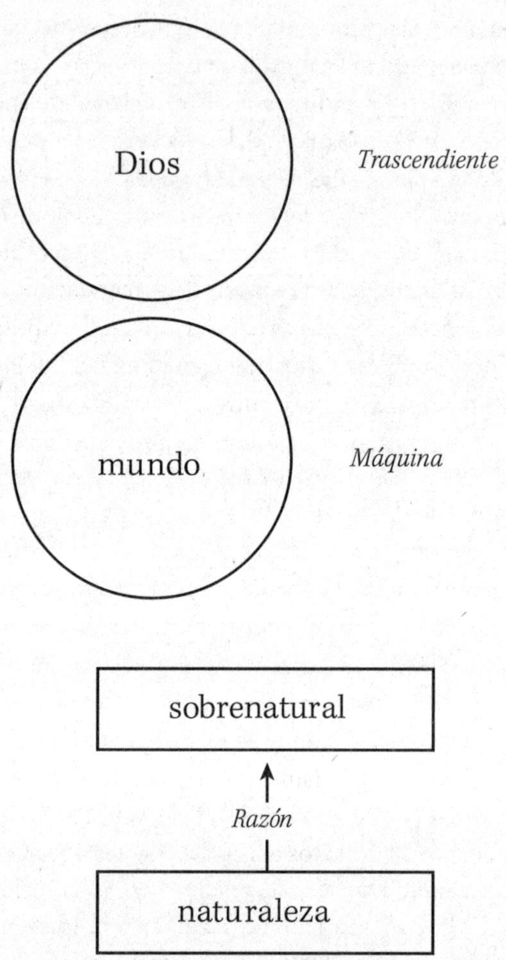

Como habíamos advertido, note en este cuarto diagrama que una de las dos flechas ha desaparecido, indicando que bajo esta nueva cosmovisión, no existe la creencia de que Dios se ha revelado a los hombres. Ahora tan solo vemos una flecha apuntando hacia arriba como una forma de representar que lo único que existe es la razón del hombre, la cual pudiera ser usada para indagar, escudriñar y llegar a conclusiones acerca de Dios. Ahora bien, bajo esta premisa, ¿de qué nos sirve entonces un Dios que no tiene contacto con Su creación ni se comunica con aquellos que Él creó? ¡De nada! De ahí que este movimiento resultara ser fatal para la fe cristiana, pues sacó por completo a Dios de la ecuación.

Fue entonces a partir de la Era de la Razón que el concepto de que Dios se había revelado a los hombres —a través de la conciencia, la naturaleza y la Biblia— fue dejado a un lado, lo cual llevó a que muchos en Occidente dejaran de ver la Escritura como la revelación especial de Dios dada a los hombres. Como resultado, la sociedad ya no tenía de dónde guiarse y ahí nació la idea de la ética.

Antes de la Era de la Razón, no existía la necesidad de crear un conjunto de normas morales que rigieran la conducta de las personas (ética) porque las personas tenían la Biblia en alta estima y los principios bíblicos eran la ética de la sociedad. Y es que, ciertamente, la Escritura contienen todo cuanto necesitamos saber para poder conducirnos con rectitud en la vida. Los Diez Mandamientos en el Antiguo Testamento, así como el Sermón del Monte en el Nuevo Testamento, reflejan el carácter moral de Dios y lo que Él espera de nosotros. Si tomáramos estas cosas, las asimiláramos bien y las pusiéramos en práctica, estaríamos listos para la vida. Tan sencillo como eso. De hecho, Cristo lo resumió aún más cuando dijo: «Amarás al Señor tu Dios con todo tu corazón, y con toda tu alma, y toda tu mente. Este es el grande y el primer mandamiento. Y el segundo es semejante a éste: Amarás a tu prójimo como a ti mismo» (Mat. 22:37-38). Si honráramos estos dos mandamientos apropiadamente, no necesitaríamos nada más para vivir bien.

3) El modelo secular (secularismo).

Lamentablemente, una vez que la sociedad dejó a un lado la Palabra de Dios, todo empeoró. De ahí que, al revisar este último diagrama, podrá notar que el círculo que hacía referencia a Dios ahora tiene un signo de interrogación en lugar de la palabra «Dios», lo cual indica que en el modelo secular, Dios es una incógnita para el hombre. Y es que, con relación al conocimiento de Dios, el modelo secular propone que pudiera ser que exista un Dios, pero es imposible para el hombre saberlo, porque hay una barrera que le impide penetrar la esfera de lo sobrenatural, aun haciendo uso de la razón.

Además, la cosmovisión secular sostiene que Dios no se ha revelado al hombre y, por tanto, no podemos saber cómo ni qué demanda de nosotros. En otras palabras, ahora nos encontramos frente a una sociedad agnóstica que ve la esfera de lo sobrenatural como inaccesible al entendimiento humano. Y si no hay forma de saber si existe Dios ni de comunicarnos con Él, en la práctica, eso equivale a la inexistencia de Dios.

Áreas de impacto

A continuación, revisaremos rápidamente una serie de áreas del saber y del diario interés que fueron impactadas por estos cambios, y veremos cómo lucen desde el punto de vista de estas tres grandes cosmovisiones o modelos de pensamiento que hemos venido revisando hasta ahora. Estos conceptos también forman parte de las enseñanzas impartidas por el Dr. R. C. Sproul en el curso que referenciamos más arriba, pero contienen mis propias observaciones en cada área.

1) La ciencia

Según el modelo bíblicoclásico, la ciencia no es más que el descubrimiento de la sabiduría de Dios. En la medida en que el hombre desarrolla la ciencia, va descubriendo cómo fue creado el universo y cómo funciona el mundo que Dios diseñó. Por tanto, un mayor conocimiento de la ciencia debiera resultar en un mayor conocimiento de Dios. Sin embargo, durante la Era de la Razón, la ciencia pasó a ser algo basado exclusivamente en la lógica humana, y el hombre vino a ser la medida de todas las cosas, al punto de que todo aquello que lo beneficiara en el desarrollo de la ciencia, sería considerado como bueno y válido. En ese sentido, no habría ningún marco de referencia ético que limitara el desarrollo de la ciencia.

Por otro lado, a la luz del modelo secular o secularismo, la ciencia y la tecnología pueden ser manipuladas de tal manera que hoy en día muchos usan esa ciencia para tratar de cambiar el sexo de las personas, o al menos su apariencia externa. De hecho, los avances tecnológicos en el área de la fecundación in vitro han permitido que las parejas puedan escoger de entre varios huevos fecundados si quieren un embrión masculino o femenino y luego desechar el que no desean. Aún más, se ha abusado a tal punto de las manipulaciones genéticas que algunos desean que en un futuro puedan escoger los rasgos físicos de sus futuros hijos, como el color de ojos y piel, durante el proceso de fecundación in vitro; una práctica que raya en el racismo. De modo que, bajo esta cosmovisión secular, la ciencia no tiene parámetro que la controle ni que la haga rendir cuentas.

2) La vida

La cosmovisión bíblica clásica ve la vida como sagrada. Los reformadores entendían que vivimos Coram Deo; como ya dijimos, de cara a Dios. Esta expresión en latín fue usada para comunicar que el hombre está continuamente en la presencia de Dios; por lo tanto, toda nuestra vida debe procurar traer gloria y honor al Señor. Pero en el modelo de la razón, el razonamiento humano es lo que prima y, por ende, el hombre es visto como la única esperanza de la humanidad.

Stephen Hawkins (1942-2018), uno de los científicos más famosos de nuestra era, afirmó durante una de sus conferencias que la única esperanza que el hombre tiene es desarrollar la ciencia lo más rápido posible de manera que podamos emigrar a otro planeta antes de que terminemos comiéndonos unos a otros. Hawkins fue probablemente uno de los cerebros más brillantes de los siglos XX-XXI y para él, esa era nuestra «única esperanza». Tal conclusión es fruto de la Era de la Razón.

Asimismo, si avanzamos hacia el modelo secular, nos encontramos con que ahora la vida es percibida como algo sin sentido. Esa fue la razón por la que algunos filósofos del existencialismo a menudo reflexionaron sobre temas como el suicidio y llegaron incluso a decir, como Albert Camus, que la única pregunta que el hombre moderno tiene que hacerse es si debe suicidarse o no. Por su parte, el filósofo francés Jean Paul Sartre escribió un libro titulado *La náusea*, precisamente para hablar de que la vida no tiene sentido y nada tiene propósito. Este autor escribió alrededor de 200 páginas para comunicar que nada tiene sentido; lo cual, de ser cierto, implicaría que aun su libro no tiene sentido. ¿Se da cuenta de cómo esa filosofía termina cortando la rama sobre la cual sus mismos promotores están sentados? Ese es el fruto de vivir en una sociedad secular.

3) El gobierno

Otra área de interés que vale la pena mencionar es el gobierno, pues a través de los años, el hombre ha ido cambiando su percepción acerca de este órgano superior de autoridad civil de una nación.

En Romanos 13, el apóstol Pablo nos enseña que «no hay autoridad sino de Dios, y las que existen, por Dios son constituidas» (Rom. 13:1). De ahí que en el modelo bíblico clásico las autoridades que gobiernan son consideradas dignas de nuestra sumisión a ellas, pues Dios mismo las ha designado para que sirvan a Él y a los hombres al administrar justicia en la tierra. La única excepción sería en caso de que estas nos requieran la desobediencia a la Palabra de Dios. Cada gobernante que se ha levantado a lo largo de la historia, incluidos los corruptos, ha sido de una u otra manera un servidor de Dios (Rom. 13:6), pues fue Él quien soberanamente lo colocó en una posición de autoridad sobre los demás. Dios llamó a Nabucodonosor «mi siervo» (Jer. 25:9; 27:6). De alguna manera, todos los seres humanos sirven a los propósitos de Dios.

En cambio, a partir de la Era de la Razón, el gobierno comienza a ser visto de una manera muy distinta. Ahora, el gobierno está basado en la ética derivada del razonamiento humano y existe primordialmente para beneficio del hombre.

Pero las cosas se complicaron aún más con el surgimiento del secularismo —que no es más que la filosofía del «aquí y el ahora», donde el hombre es el estándar o la medida de todas las cosas, una frase que ha sido atribuida a Protágoras, un filósofo anterior a Sócrates—. Esto nos da una idea de cuán antigua es esta idea de que el hombre es la medida de su propia conducta.

En el modelo secular, el gobierno es visto como el responsable de resolver todos los problemas del hombre. Sin embargo, ningún gobierno es capaz de resolver todos los problemas de los habitantes de una nación, y Dios tampoco está interesado en que sea el gobierno quien resuelva todos nuestros problemas. Pues, si el gobierno resuelve todos los problemas del hombre, la responsabilidad individual quedaría eliminada. Y si hay algo que Dios valora es el autogobierno; es decir, la capacidad que tiene un individuo de gobernarse a sí mismo (Prov. 16:32). La razón por la que la gente no respeta los semáforos en rojo no es que no haya policías de tránsito en las calles que puedan detenerlos en caso de que cometan una infracción, sino que hay una falta de autogobierno.

4) La institución de redención

La última área de interés que quisiéramos revisar tiene que ver con la institución en la cual la sociedad ha puesto su confianza a través de los siglos. Si revisamos la historia, notaremos que mientras la cosmovisión bíblica clásica predominó en la sociedad, la Iglesia fue considerada la institución de redención nacional.

Como muchos ya saben, las iglesias fueron las responsables de fundar los primeros orfanatos, los primeros hospitales y las primeras universidades del mundo. De hecho, las más prestigiosas universidades de Occidente, como Harvard y Yale, fueron fundadas por cristianos que tenían la intención de avanzar la causa de Cristo. Tanto bien ha hecho la iglesia a la sociedad que el autor James Kennedy, en su libro *¿Y qué si Jesús no hubiera nacido?*, afirma que «pese a sus humildes orígenes, la iglesia ha introducido más cambios beneficiosos en la tierra que cualquier otro movimiento o fuerza en la historia»[8].

No obstante, y pese a la gran influencia que el cristianismo había ejercido en todos los ámbitos de la sociedad, para la época de Martín Lutero, la iglesia había caído en descrédito y dejó de ser vista como la institución de redención. Entonces, durante la Era de la Razón, las personas comenzaron a poner su esperanza en el razonamiento humano, y esto llevó a que la gente comenzara a confiar en que la

---

[8]D. James Kennedy y Jerry Newcombe, «¿Y qué si Jesús no hubiera nacido?» (Nashville, TN: Editorial Caribe, 1996), p. 13.

educación universitaria sería la solución a todos los problemas de la sociedad. Y fue así como las universidades tomaron el lugar de la iglesia como institución de redención. Sin embargo, el Siglo XX fue el más educado que la historia haya registrado hasta el momento (el siglo XXI apenas está comenzando), y al mismo tiempo, fue el período más sangriento de toda la historia humana. El siglo más educado es el siglo que vio la Primera y Segunda Guerra Mundial, y solo Dios sabe si al presente siglo le tocará o no ver la Tercera Guerra Mundial.

Finalmente, cuando la educación no resolvió el problema —lo cual era de esperarse, porque el problema del hombre no es educativo, sino más bien moral, y por eso Dios nos envió un salvador y no un educador—, la sociedad comenzó a confiar en el gobierno como institución de redención. Desde entonces, la gente espera que el gobierno provea la solución a todos sus problemas. Por eso hoy muchos culpan al gobierno incluso por asuntos que tienen que ver primordialmente con la irresponsabilidad de ciudadanos que no cumplen con sus deberes cívicos; y cuando hablamos de deberes cívicos, estamos también hablando de ética. Por ejemplo, en países como República Dominicana, hay muchas personas que no pagan por los servicios de electricidad que consumen, pero desde que hay apagones, entonces resulta que el gobierno es el único culpable de que no tengamos luz eléctrica en nuestros hogares.

Ahora bien, a pesar de que el secularismo llevó a los pueblos a poner su esperanza en el gobierno como institución de redención, no existe una nación en donde sus ciudadanos confíen plenamente en sus gobernantes. Y la realidad es que no debiéramos depositar nuestra confianza absoluta en el gobierno, porque además de que ningún gobernante será capaz de solucionar todos los problemas del hombre, la inmensa mayoría de los gobiernos, por no decir todos, no están funcionando en base a valores bíblicos y, por tanto, lo único que pueden hacer es pecar o pecar.

En resumen, todo lo que hasta ahora hemos mencionado tiene que ver con el estudio de la ética, porque es precisamente debido a todos estos cambios en la forma de ver e interpretar las distintas áreas de interés que hemos estado revisando que nace la necesidad de crear un conjunto de normas morales que rijan la conducta de los hombres (ética). Además, todo lo anterior nos permite entender cómo llegamos al momento histórico en que nos encontramos.

PRIMERA PARTE

La ética cristiana en una sociedad secular

1

El humanismo secular: la cosmovisión de nuestra sociedad

Mirad que nadie os haga cautivos por medio de su filosofía y vanas sutilezas, según la tradición de los hombres, conforme a los principios elementales del mundo y no según Cristo.
(Colosenses 2:8)

Continuando con nuestra reflexión sobre el momento histórico que estamos viviendo, ¿qué podríamos decir acerca de la sociedad en general? Bueno, lo primero sería reconocer que hoy en día vivimos en medio de un **humanismo secular**. La palabra humanismo se refiere a un sistema de filosofías centradas en el hombre, mientras que el término secular (del latín *saeculum*) tiene que ver con este mundo. Por tanto, cuando hablamos de **humanismo secular** nos estamos refiriendo a la filosofía de este mundo que tiene al hombre en el centro. Y esto es precisamente lo que observamos en la sociedad actual en sentido general; un humanismo secular que también ha afectado la mente del cristiano y se ha infiltrado en la iglesia.

Como ya mencionamos, el humanismo secular es la filosofía de este mundo que tiene al hombre en el centro. Esta forma de pensamiento plantea que el hombre es el estándar porque es el ser superior y, por tanto, la última autoridad. De acuerdo con esta filosofía, la religión debe ser eliminada porque estorba el progreso del hombre. Pero los que proponen esto parecen desconocer que las naciones que hoy llamamos desarrolladas, como Estados Unidos y los países europeos, se levantaron sobre una ética cristiana reformada que impulsó la educación y el progreso. De hecho, la Revolución Industrial en Inglaterra comenzó cuando los calvinistas de Francia, perseguidos por el gobierno, emigraron hacia Inglaterra donde terminaron asentándose. Eventualmente, fue la ética de trabajo protestante la que propulsó la Revolución Industrial.

Por otro lado, el humanismo secular plantea que el mundo puede cambiarse a través de la educación. El gran evangelista estadounidense D. L. Moody declaró: «Si un hombre está robando tuercas y tornillos de una vía férrea y, para cambiarlo, lo envías a la universidad, al final de su educación robará toda la vía férrea». Con esta ilustración, Moody pretendía ayudarnos a entender que la educación nunca ha cambiado al hombre, porque el problema del hombre no es intelectual, sino moral.

El secularismo

La palabra *secularismo* proviene también del latín *saeculum*, que hace referencia a una época, era o período de tiempo. En ese sentido, el secularismo es una filosofía o forma de pensar que guarda relación con vivir en el mundo (literalmente, significa «viviendo en el mundo»), y a la vez es un sistema de creencia indiferente o contrario a la religión. Dicho de otra manera, el secularismo es la filosofía del aquí y el ahora (el futuro no importa, pues no hay eternidad), donde el hombre es el estándar de todas las cosas. Sin embargo, esta forma de pensamiento representa un grave problema, pues ¿cuál hombre tomaremos como modelo o referencia: los dictadores de la humanidad, los demagogos que han pasado, los mártires de la iglesia? Como podemos ver, incluso para definir al hombre como la medida de todas las cosas, tenemos grandes limitaciones.

¿Para qué estudiar el secularismo?

A estas alturas, quizás usted esté pensando que algunas de estas ideas son un poco técnicas y puede que se pregunte para qué necesita aprender acerca de ellas. Bueno, hay varias razones que justifican que un cristiano dedique tiempo a estudiar corrientes filosóficas como el secularismo. Recordemos la enseñanza de 2 Crónicas 12:32, que nos menciona que David escogió un grupo de hombres para formar su ejército debido a su entendimiento: «De los hijos de Isacar, expertos en discernir los tiempos, con conocimiento de lo que Israel debía hacer, sus jefes eran doscientos; y todos sus parientes estaban bajo sus órdenes». Este versículo nos da al menos una razón para que intentemos entender los tiempos: saber qué hacer como creyentes responsables.

Necesitamos entender nuestro momento actual, en primer lugar, para entender nuestro campo misionero. El creyente de hoy tiene que saber que su campo misionero es humanista secular. Debe conocer con qué tipo de personas va a lidiar, cómo piensan y cómo actúan. Por eso es importante saber qué es lo que esta sociedad posmoderna les está enseñando a nuestros hijos en los colegios y universidades, a fin de poder guiarlos sabiamente a la verdad del evangelio.

En segundo lugar, es importante estudiar las corrientes del día para evitar la secularización de nuestra mente. Si tuviera que levantar una queja contra la iglesia de nuestros días, sin duda sería el haber permitido la secularización de su pensamiento, algo que sale a relucir en todas las conversaciones que a menudo escuchamos entre creyentes. La Palabra de Dios dice que como el hombre piensa en su corazón, así es él (Prov. 23:7), y si nuestras acciones no están reflejando el carácter de Dios es porque hemos dejado que nuestra mente sea influenciada por las corrientes seculares de este mundo.

Tristemente, cuando la ciencia comenzó a desarrollarse a finales del siglo XIX con la teoría de la evolución, hubo un sector de la fe cristiana conocido como el *movimiento fundamentalista*, que desarrolló un antintelectualismo y una actitud negativa hacia la mente o el razonamiento humano. Esto le hizo mucho daño a la iglesia, especialmente en Latinoamérica, donde por lo general se hace mucho énfasis en las emociones. Pero, si hay algo que la Palabra enfatiza es el uso de nuestra mente, tal como lo expresan los siguientes pasajes bíblicos:

> Amarás al Señor tu Dios con todo tu corazón, y con toda tu alma, y con toda tu fuerza, y con toda tu mente (Luc. 10:27).

> Y no os adaptéis a este mundo, sino transformaos mediante la renovación de vuestra mente, para que verifiquéis cuál es la voluntad de Dios: lo que es bueno, aceptable y perfecto (Rom. 12:2).

> Por lo demás, hermanos, todo lo que es verdadero, todo lo digno, todo lo justo, todo lo puro, todo lo amable, todo lo honorable, si hay alguna virtud o algo que merece elogio, en esto meditad (Fil. 4:8).

No hay otra manera de conocer a Dios que no sea por medio del uso de nuestra mente. Por ende, si nuestra mente es secularizada, vamos a tener una idea distorsionada de Dios y, como resultado, vamos a vivir de una manera distorsionada y contraria a lo que el Señor espera de nosotros. Recuerde: si su mente es cambiada, su vida será cambiada (Rom. 12:2).

En tercer lugar, necesitamos entender qué implica el secularismo para saber cómo defender nuestra fe. No solo debemos evitar ser seducidos por el secularismo, sino que además es nuestra responsabilidad saber cómo desarmar argumentos filosóficos y todo razonamiento altivo que se levanta contra el conocimiento de Dios (2 Cor. 10:5).

El efecto del secularismo

El secularismo nos ha afectado en tres ámbitos diferentes: en la sociedad, en la iglesia, y en los seminarios.

La cantidad de seminarios teológicos que hoy están llenos de profesores no cristianos es inmensa. El doctor R. C. Sproul (1939-2017), quien en vida fue uno de los mejores teólogos de nuestra época, afirmó que estudió en un seminario donde el 95 % de sus profesores no eran creyentes. Imagínese eso, pastores siendo formados por inconversos. Asimismo, hoy en día existen seminarios —como el Seminario Teológico de Princeton— que en un pasado relativamente reciente eran considerados extremadamente ortodoxos, mas ahora representan un bastión del liberalismo. De hecho, en el año 2017, el pastor y autor Tim Keller iba a recibir un reconocimiento por parte del Seminario Teológico de Princeton por su rol e impacto en la sociedad, pero la comunidad LGBTQ dentro del seminario protestó argumentando que otorgarle dicho reconocimiento equivaldría a una afirmación de la postura del pastor Keller de que las mujeres y las personas LGBTQ no deben ser ordenadas como ministros de la Palabra[9], y las autoridades del seminario decidieron no otorgarle el premio a Keller.

Por su parte, a la iglesia le ha pasado lo mismo que Cristo decía de los fariseos: «¡Guías ciegos, que coláis el mosquito y os tragáis el camello!» (Mat. 23:24). A veces estamos discutiendo, por ejemplo, si todos los dones espirituales están vigentes o no, y en el proceso nos mordemos y devoramos unos a otros y terminamos dividiéndonos. Es más, en ocasiones, la misma iglesia que insiste en ser cesacionista termina convirtiéndose en la iglesia más secular del mundo, porque estamos demasiado ocupados en discutir sobre cosas que, aunque tienen importancia, jamás podrán tener el tamaño, la dimensión o el impacto de otros asuntos mucho más transcendentales para la fe cristiana, como la verdad del evangelio, la muerte y resurrección de Cristo y así sucesivamente con una serie de doctrinas de primer orden. Por ejemplo, se cuenta que en la época de la Edad Media, teólogos discutían sobre cuántos ángeles cabían en la cabeza de un alfiler. ¿Realmente es esta una pregunta que podría llevarnos a una conclusión definitiva y útil? Ese es el mosquito que

[9]Seminario Teológico Princeton; «Noticias sobre la conferencia y el premio Kuyper 2017»: https://www.ptsem.edu/news/update-on-the-kuyper-lecture-and-prize

colamos mientras nos tragamos otras tantas cosas que han estado pasando en la iglesia.

Finalmente, el secularismo abraza una serie de filosofías entre las que se incluyen el materialismo, el humanismo, el existencialismo, el positivismo, el hedonismo, el pluralismo y el pragmatismo, entre otras.

Si presta atención, notará que hay muchas palabras que no tienen una connotación problemática, por así decirlo, sino hasta que le agregamos el sufijo -ismo. Este sufijo, según la Real Academia de la Lengua Española[10], se usa para formar sustantivos que suelen significar «doctrina», «sistema», «escuela» o «movimiento», así como «actitud», «tendencia» o «cualidad». Por ejemplo, ser secular, en el mejor sentido de la palabra, implica sencillamente ser de este mundo, de esta época o período de tiempo. El problema surge cuando no solo somos de este mundo, sino que somos del secularismo, que como dijimos, es la filosofía del «aquí y ahora», donde el hombre es el estándar de todas las cosas. Entonces, cada vez que usted vea una palabra terminada en «ismo», pregúntese qué está haciendo ese sufijo con esa palabra, cómo modifica su significado, porque frecuentemente ahí es donde se encuentra el problema.

Es bueno, por ejemplo, ser pragmático, porque una persona pragmática es por lo general alguien muy eficiente. Estados Unidos es un país que funciona de manera muy pragmática. En una ocasión, mientras visitaba una iglesia a la que fui invitado a predicar, los anfitriones me dieron un tour del edificio ministerial. Entre los salones, había una cancha de básquetbol en tabloncillo con aire acondicionado, que todos los domingos se transforma en un aula de clases para 700 personas, gracias a un equipo que llega a las cuatro de la mañana a preparar el salón, para luego ocuparse de dejar todo como estaba a fin de que esa misma tarde la cancha esté disponible para los que quieran usarla. Al ver esto, le comentaba a los pastores acerca del pragmatismo, y cómo me había impresionado que en vez de construir otro salón distinto, ellos habían

---

[10] Diccionario de la Real Academia de la Lengua Española: disponible en línea en https://dle.rae.es/

aprovechado al máximo el espacio que ya tenían. Eso es ser pragmático en el buen sentido.

De modo que el problema no es ser pragmático, el problema es el pragmatismo que se convierte en una filosofía de vida que afecta nuestros valores morales, llevándonos a medir las cosas por el valor práctico o la conveniencia que tengan, de lo cual hablaremos más adelante. Y todo eso tiene que ver también con el secularismo de nuestros días. En los capítulos siguientes analizaremos en mayor profundidad los tiempos en que nos encontramos.

Dijimos que el secularismo abraza una serie de filosofías entre las que tenemos que incluir el materialismo, el humanismo, el existencialismo, el positivismo, el hedonismo, el pluralismo y el pragmatismo, entre otras. A continuación, vamos a revisar algunos de estos conceptos para tener una mejor idea de los efectos que el secularismo ha tenido en la sociedad y en la iglesia del siglo XX y XXI.

El materialismo

En sentido primario, el concepto de materialismo implica que todo proviene de la materia. Sin embargo, no es en ese sentido que estamos usando la palabra *materialismo* en este libro. La filosofía materialista es aquella que propone que las cosas materiales son importantes porque nos dan valor. Esto explica por qué las personas con frecuencia adquieren bienes materiales para sentirse mejor. De hecho, la mercadología, que no es más que el estudio de las condiciones del mercado para potenciar la demanda, está basada precisamente en el materialismo.

Es el mercado materialista que nos ha vendido la idea de que, si compramos determinada marca de automóvil, ropa o lapicero, vamos a adquirir cierto sentido de importancia frente a los demás. Los mercadólogos saben muy bien lo que están haciendo. Estudian cuál es la cosmovisión de la sociedad en la que se encuentran y entonces diseñan las campañas publicitarias basados en el materialismo que caracteriza a la sociedad de hoy. Por ejemplo, todo el mundo supone que una camisa de mayor precio es mejor que una de menor precio, aun si no conocemos la marca de fábrica. Asimismo, la mayoría da por sentado que un médico que cobra caro por sus servicios es mejor que uno que cobra mucho más barato. Y aunque por lo general lo que tiene mejor calidad cuesta más, otras veces es simplemente una idea que se nos ha vendido y la hemos comprado porque estamos influenciados por el materialismo que ha abrazado nuestra cultura.

Según el *Diccionario de ética cristiana y teología pastoral*[11], el materialismo implica que «el dinero es el motor básico de la acción humana» y «el fin de la vida consiste en adquirir bienes». Sin embargo, la sociedad en que vivimos está más provista de bienes materiales que cualquier otra sociedad de la historia y, a pesar de esto, es la sociedad más insatisfecha que haya existido jamás. Esta generación es evidencia de que los bienes materiales no satisfacen al hombre. Los niños tienen incontables juguetes y aun así viven aburridos. Pero la palabra *aburrido* ni siquiera existía en el vocabulario unos 150 años atrás. De acuerdo con el diccionario *Oxford English Dictionary*, la palabra aburrimiento —en inglés, *boredom*— apareció por primera vez hasta el año 1852, en la novela *Bleak House* de Charles Dickens; aunque el concepto aparece descrito desde la antigüedad. Durante mi niñez, recuerdo haber usado esa palabra pocas veces, pues siempre encontraba algo que hacer por más sencillo que fuera. En cambio, hoy las cosas tienen que ser súper emocionantes y novedosas para que las personas puedan valorarlas. Ese es el materialismo.

El materialismo en la iglesia

El materialismo ha infiltrado la iglesia, y su mejor exponente es el evangelio de la prosperidad. Si quiere una doctrina que represente el materialismo de este tiempo, solo tiene que examinar lo que propone este pseudoevangelio. Según sus promotores, si usted camina bien con Dios, si tiene fe, Dios lo bendecirá económicamente. Pero si pensamos en la manera en que Jesús vivió, entonces tendríamos que

[11] David John Atkinson, David H. Field, Arthur Holmes, Oliver O'Donovan, *Diccionario de ética cristiana y teología pastoral* (Barcelona: Editorial CLIE, 2004).

concluir que Cristo no caminó bien con Dios, pues ni siquiera tuvo una almohada donde recostar su cabeza (Mat. 8:20).

El existencialismo

El existencialismo es una filosofía que nos brinda valores éticos cuyo origen data del siglo XIX hasta mediados del siglo XX. Dentro del existencialismo, hay varias categorías, y quizás una de las más conocidas es el existencialismo ateo, cuyo principal representante fue el filósofo francés Jean Paul Sartre. Pero en esencia, los filósofos existencialistas se centraron en la libertad y la responsabilidad individual, las emociones y el significado de la vida.

En el existencialismo, el individuo es responsable de sí mismo; él determina sus propios valores y no tiene que rendirle cuentas a nadie. El famoso filósofo alemán Friedrich Nietzsche pensaba de esta manera. Para Nietzsche, el verdadero súper hombre era aquel que no creía en nada, que no creía en Dios, sino que él mismo determinaba sus propios valores y, por ende, no debía rendirle cuentas a ningún otro ser humano.

El hedonismo

De todas las corrientes filosóficas que hemos mencionado hasta ahora, es muy probable que el hedonismo sea el concepto con el cual usted esté más familiarizado. En pocas palabras, el hedonismo ve el placer como el fin y el fundamento de la vida. Por tanto, todo lo que produce placer es visto como algo bueno y todo aquello que no brinda placer alguno, como el dolor, es malo. Sin embargo, la Biblia nos enseña todo lo opuesto. En la Palabra de Dios, el placer está frecuentemente asociado a lo malo, aunque no siempre, y el dolor es muchas veces visto como algo bueno. El salmista declaraba: «Bueno es para mí ser afligido, para que aprenda tus estatutos» (Sal. 119:71); lo cual nos permite ver cómo la aflicción es uno de los instrumentos mejor usados por Dios en la vida del creyente.

Como responsable de popularizar esta filosofía de vida en nuestra generación podemos señalar a la revista de entretenimiento vulgar para hombres conocida como *Playboy*, fundada en 1953 por Hugh Hefner (1926-2017) y caracterizada por incluir fotografías de mujeres sin ropa y en posiciones sumamente sensuales. Dicha revista, que todavía está en circulación, fue noticia hace algunos años cuando anunció que había decidido eliminar el nudismo de sus páginas porque, al parecer, no podía competir con la pornografía de libre acceso que tan fácilmente se consigue en Internet. No obstante, luego se retractaron y volvieron a incluir el nudismo en sus páginas, probablemente porque reconocieron que eso era lo que el usuario más apreciaba de la revista.

De igual forma, hay frases muy populares que reflejan la filosofía hedonista de la sociedad. Incluso las vemos en forma de pegatinas que la gente coloca en los parachoques de sus carros, como por ejemplo: «El que muere con más juguetes gana», «Si lo que sientes es tan bueno, hazlo», «Solo se vive una vez», entre otras. Todas estas frases no son más que el fruto de una generación hedonista.

En mis años de estudiante, todos mis compañeros de clase soñaban con ir a la universidad y convertirse en ingenieros, médicos, abogados o comerciantes. Era muy común soñar, en nuestra manera materialista de pensar, con que, en un futuro, trabajaríamos muy duro para algún día poder alcanzar cierta posición económica y social. Sin embargo, no es así como piensan nuestros jóvenes. La juventud de hoy es eminentemente hedonista, y con lo único que sueña es con hacer dinero rápido con el menor esfuerzo posible. La idea de trabajar arduamente por varios años antes de ser ascendido a una mejor posición laboral es un concepto ajeno a esta generación. De ahí los grandes fraudes financieros, la venta de sustancias ilícitas y demás formas rápidas de hacer dinero que son tan comunes en nuestra sociedad. Todo eso es parte del hedonismo cultural en medio del cual vivimos.

Los resultados del hedonismo en el ámbito de la sociedad

Recuerde que nada ocurre de la noche a la mañana. Llegar al momento histórico en que nos encontramos tomó tiempo y es el resultado de una serie de sucesos que han venido ocurriendo a lo largo de los años. La década de 1960 fue un período clave de la civilización occidental y ha sido calificada como la bisagra sobre la cual la civilización giró y tomó otro rumbo.

Esto es muy interesante porque al final de los años 1940 y principios de la década de 1950, Albert Camus, filósofo existencialista francés, fue a Estados Unidos y visitó varios centros universitarios enseñando que la única pregunta que el hombre moderno tenía que hacerse era si debía cometer suicidio o no, a lo cual ya aludimos. Imagine ahora a jóvenes entre 18 y 21 años frente a la idea de que el suicidio es la única opción a considerar. ¿Cuál cree que sería la respuesta natural a una filosofía de vida tan pesimista? Sin duda, tratar de escapar. Y eso fue precisamente lo que esa juventud hizo a través de las drogas y el sexo. El movimiento jipi fue la respuesta lógica, aunque inapropiada, a una enseñanza previa que dejó a la juventud sin esperanza y con deseos de escapar de la realidad.

Por su parte, la década de 1970 fue calificada como la década del yo.[12] *Yo estoy bien, tú estás bien; Busca ser el número uno, Tus zonas erróneas* y *Venciendo a través de la intimidación* son algunos títulos de los libros más vendidos durante los años 70, y reflejan precisamente esto, que el hombre se veía a sí mismo como el centro del universo. Estos libros fueron un éxito en ventas tanto en inglés como en español y son una evidencia más del hedonismo que caracterizó esa década.

Por otro lado, la década de 1980 fue considerada como la década de la avaricia.[13] Durante esos años, la economía norteamericana tuvo un gran auge bajo el gobierno de Ronald Reagan (1981-1989), y las políticas económicas del presidente alcanzaron tal nivel de popularidad que se conocieron por el término *Reaganomics*. Inmediatamente después, vino la década de 1990, mejor conocida por algunos como la década del poder.

Entonces, si analiza la historia reciente de la iglesia occidental, notará que el surgimiento de los autodenominados apóstoles y profetas,

---

[12] Tom Wolfe, «The Me Decade and the Third Great Awakening», *New York Magazine* (23 de agosto de 1976).

[13] Haynes Johnson, «The Glow and Greed of the 80's», *The Washington Post*, 18 de marzo de 1987.

el falso evangelio de la prosperidad y el movimiento de «palabra de fe» se produjo precisamente durante esa época en que la sociedad en general estaba experimentando un hambre y sed de poder. Otra evidencia más de que las iglesias son siempre influenciadas, para bien o para mal, por la cultura que está a su alrededor.

Del hedonismo al narcisismo

En el año 2010, los autores Jean M. Twenge y W. Keith Campbell publicaron el libro *The Narcissism Epidemic* [La epidemia del narcisismo], en el cual describen las características de nuestra época. Allí, expresan la idea de que esta epidemia alcanzó un segundo punto de inflexión cumbre con la aparición de YouTube y Facebook en los años 2005 y 2006.[14] A través de estas redes y otras, las personas quieren ser el centro de atención.[15]

El hedonismo, en la medida en que lo alimentamos, se convierte en narcisismo. El narcisista es aquella persona que tiene una admiración excesiva por sí misma y una idea agigantada de su importancia. Quizás recuerde la leyenda griega de Narciso, un joven de hermosa apariencia que en un momento dado vio su imagen reflejada en una fuente y se enamoró de ella. Bueno, hoy en día hay mucha gente que vive enamorada de su aspecto físico y de ahí la proliferación de los gimnasios y todo lo que tenga que ver con el embellecimiento del cuerpo. No estamos en contra del ejercicio físico, pero hoy en día los gimnasios se han convertido en un lugar donde se le rinde culto al cuerpo humano, donde hombres y mujeres van con el único propósito de poder exhibir sus músculos. Sin duda, hay personas que se ejercitan por motivos de salud, pero son la minoría.

Ahora bien, la única razón por la que mencionamos este tipo de cosas es porque cuando aplicamos estos conceptos teóricos a la vida cotidiana, nos resulta más fácil poder asimilarlos. Por ejemplo, el narcisismo es algo que se ve mucho en la política. Hay gente que no tiene capacidad para manejar un país, pero quiere ser presidente; gen-

---

[14] Jean M. Twenge, PH.D y W. Keith Campbell, PHD, *The Narcissism Epidemic* (Nueva York: Atria Paperback, 2013), p. 69.

[15] Ibíd., p. 15.

te que ni siquiera ha podido manejar exitosamente su empresa, pero piensa que puede manejar toda una nación. Es un reflejo más de todas estas filosofías centradas en el hombre que hemos estado revisando.

En Estados Unidos, se han realizado múltiples encuestas. Una se les hizo a 200 parejas a quienes se les preguntó acerca del matrimonio, los negocios y la iglesia. Los resultados revelaron que la principal razón para el matrimonio era la satisfacción personal. En el área de los negocios, la motivación primaria era el avance personal, y en el área de la iglesia, el desarrollo personal. ¿Cuál es el común denominador en estas motivaciones? Todas son egocéntricas. Una vez más, cuando pasamos de la teoría a la práctica, nos damos cuenta de cómo lucen todos estos conceptos en la vida diaria, en el trabajo, en la iglesia, en el hogar, etcétera.

La influencia del hedonismo en la iglesia

Hasta ahora, hemos visto cómo luce el hedonismo en la sociedad. Pero como el énfasis de este libro es la ética cristiana, necesitamos ver de qué manera esta filosofía ha influenciado la Iglesia del Señor para entonces saber cómo hemos de erradicarla.

Primeramente, el hedonismo se evidencia en las iglesias cuando la gloria de Dios deja de ser una prioridad para el cristiano, lo cual sale a relucir en los sermones que se predican desde el púlpito. Hoy en día, es cada vez más frecuente ver cómo la predicación está más enfocada en los beneficios que el evangelio puede traer al hombre que en la gloria de Dios revelada a través de los evangelios. Ahora no se habla tanto de cómo Cristo murió por nuestros pecados, sino de cómo Dios puede traer solución a todos nuestros problemas, o cómo puede arreglar nuestros matrimonios y nuestros hijos, para mencionar algunos ejemplos. La gente quiere los beneficios de Dios sin Dios; por eso prefiere escuchar sermones que hablen más de cómo la fe cristiana nos bendice que de las responsabilidades y deberes del cristiano en la iglesia.

Asimismo, hay muchas personas que van a la iglesia en busca de entretenimiento, y cada vez son más las iglesias que se ocupan de brindar ese entretenimiento a sus miembros. Michael Horton, profesor y teólogo norteamericano, escribió un libro en la década de 1990 titulado *Made in America* [Hecho en América] —uno de los mejores libros que he leído—, en el cual menciona que siete de cada diez cristianos tienen actitudes hedonistas, y tres de cada diez cristianos piensan que nada en la vida es más importante que la diversión y ser feliz.[16] Las personas tienen la felicidad en sí misma como una búsqueda, pero la felicidad no es algo que uno busca y encuentra, sino el producto natural de una relación íntima con Dios. Cuando confundimos esas dos cosas, terminamos dirigiéndonos por el camino incorrecto y, por ende, no podemos alcanzar la felicidad que tanto anhelamos.

El pragmatismo

De todas las filosofías que podríamos encontrar dentro del humanismo secular, el pragmatismo es la única que nace en Estados Unidos de América (1875-1950). Si ha tenido la oportunidad de visitar ese país, probablemente habrá notado cuán pragmática es esa sociedad y lo bien que por lo general funcionan las cosas por allá. Su filosofía se podría resumir en dos frases sencillas: «Las cosas tienen que funcionar y tienen que funcionar bien. Siempre tiene que haber una solución a los problemas». Es en medio de esa sociedad que surge el pragmatismo como movimiento filosófico, desarrollado e impulsado por Charles Sanders Peirce, John Dewey y William James a finales del siglo XIX.

En esencia, el pragmatismo postula que tiene que haber una solución práctica a los problemas que enfrentamos. Esta manera de pensar es en principio algo muy positivo; el dilema surge cuando ese concepto es llevado al plano de lo moral y se pretende afirmar que algo es bueno y válido siempre que funcione y produzca resultados. El pragmatismo resulta ser entonces una filosofía que no reconoce valores absolutos, pues lo que realmente vale es aquello que funciona. En ese sentido, son incontables las veces que he podido notar el pragmatismo impregnado

---

[16] Michael Scott Horton, *Made in America: The Shaping of Modern American Evangelicalism* (Grand Rapids: Baker Book House, 1991).

como por ósmosis en el pensamiento del cristiano y reflejado en sus decisiones cotidianas. Por ejemplo, a pesar de que múltiples estudios han demostrado el efecto dañino de la exposición a la televisión más de una a dos horas al día, hoy es muy común ver cómo los padres mantienen a sus hijos entretenidos con un televisor encendido todo el día, y el televisor termina criando a esos hijos.

La gente prefiere lo práctico, aquello que resuelva el problema sin mayores complicaciones. Entonces, para muchos padres es más fácil darles el celular a los hijos para que se sienten a ver video tras video, si eso les permite mantenerlos ocupados mientras ellos se quedan un rato más hablando con sus amigos. De hecho, recientemente estuve predicando en una iglesia y después del culto vi a muchos niños sentados en el suelo, que al parecer estaban esperando a sus padres. Lo que me llamó la atención es que todos estaban con un celular en las manos, totalmente inmersos en algún juego electrónico, sin ningún contacto con los amigos que estaban alrededor. Había como diez niños allí, pero nadie hablaba con nadie. Quizás los padres podrían justificarse y decir: «Bueno, para que los niños estén correteando y gritando por toda la iglesia, mejor que estén sentados mirando algo en el celular» o «Antes de que estén en la calle, mejor si se quedan en la casa mirando televisión, así al menos los vemos». Sí, puede que eso les funcione. El problema está en lo que esos hijos están viendo, usualmente sin supervisión directa de los padres y en exceso.

El pragmatismo valora las cosas por lo convenientes y útiles que sean, pero como creyentes, debemos luchar en contra de esa forma pragmática de ver la vida.

La influencia del pragmatismo en la Iglesia

El pragmatismo sale a relucir dentro de las iglesias en que en la gran mayoría de las congregaciones existe un programa o ministerio para todo. Con esto no queremos insinuar que esté mal tener ministerios enfocados a alimentar un grupo específico dentro de la iglesia, sino que hablamos de aquellos programas que se crean con el único propósito de mantener entretenida a la iglesia. Por ejemplo, si el mundo está celebrando Halloween, queremos una versión cristiana para nuestros hijos; si en la sociedad hay un nuevo ritmo musical que está de moda, queremos ese mismo ritmo en la iglesia, pero con letras cristianas. ¿Por qué? Porque «funciona» y nos es «útil» para atraer gente a la iglesia. Y frecuentemente me pregunto: ¿Cuándo fue la última vez que la iglesia produjo un nuevo ritmo musical? La sociedad está continuamente produciendo nuevos ritmos de música, pero ¿dónde está la creatividad del cristiano dada por el Espíritu Santo? (Ex. 31:3-5).

De igual manera, el pragmatismo sale a relucir en las iglesias a través de los métodos de conversión utilizados por los líderes cristianos. En distintas ocasiones, he expresado lo penoso que me resulta escuchar a pastores hacer un llamado a salvación sin antes haber predicado sobre la necesidad de arrepentimiento que el pecador tiene. En cambio, la gente habla de aceptar a Cristo, de abrirle nuestro corazón e invitarlo a entrar en él. En algunas iglesias incluso se bajan las luces durante ese momento del servicio, de manera tal que el ambiente luzca medio oscuro para que nadie se sienta avergonzado si decide responder al llamado poniéndose de pie o pasando al frente, según sea el caso. Todas esas maniobras y formas de manipulación son parte del pragmatismo de la iglesia de hoy.

Por otro lado, el pragmatismo se refleja en una teología centrada en la lógica humana y no en Dios. No se toma en cuenta lo que Dios ha revelado, sino lo que funciona, aquello que es conveniente. Por tanto, toda doctrina bíblica que no resulta ser práctica es inmediatamente rechazada.

En conclusión, todas las filosofías que hemos mencionado —el humanismo, el hedonismo, el materialismo y el pragmatismo— proliferan en ausencia de valores absolutos. Con el tiempo, terminan dominando la forma de pensar de la sociedad secular y, lamentablemente, aun del creyente.

UNA SOCIEDAD PLURALISTA

Además de ser secular, la sociedad actual se caracteriza por ser pluralista. El pluralismo implica que en una misma sociedad existen múltiples corrientes filosóficas y formas distintas de pensamiento. Esto, en principio, es algo muy bueno, porque de existir una sola manera de ver o hacer las cosas estaríamos frente a una dictadura, lo cual es injustificable desde cualquier ángulo.

Ahora bien, el peligro está en que hay una gran diferencia entre decir que todas las ideas deben coexistir pacíficamente, sin que haya conflicto entre ellas, y afirmar que todas las ideas son igualmente válidas. Es allí donde radica el problema.

En el pasado, el pluralismo hacía referencia a la existencia de un conjunto de ideas y a que todo el mundo tenía el derecho de expresarlas. Sin embargo, el pluralismo de hoy en día implica que todas las ideas son igualmente buenas y válidas, lo cual no es cierto, ni siquiera a la luz de la lógica humana. No es lo mismo valorar la dignidad humana en cada ser humano portador de la imagen de Dios sin necesariamente estar de acuerdo o compartir sus mismas creencias o estilos de vida, que aceptar las creencias, valores, estilos de vida y conceptos de verdad que cada individuo tenga como iguales y verdaderas. De hacerlo, eso representaría un grave problema para la ética cristiana, porque no habría un concepto único de la verdad, que es la base de la ética cristiana.

2

Cómo entender la ética

Porque todo el que toma solo leche, no está acostumbrado a la palabra de justicia, porque es niño. Pero el alimento sólido es para los adultos, los cuales por la práctica tienen los sentidos ejercitados para discernir el bien y el mal.
(Heb. 5:13-14)

Luego de haber definido a manera de introducción una serie de corrientes y formas de pensar típicas de nuestra sociedad contemporánea, vamos a definir qué es la ética, explicar la diferencia entre ética y moralidad y luego veremos los diferentes sistemas éticos y cómo se clasifican.

Lo primero que debemos aclarar es que la ética no es una ciencia, ya que no es posible aplicarle el método científico. Más bien, la ética es una disciplina, rama del saber o sistema relacionado al estudio de lo que es bueno (virtudes) y lo que es malo (vicios), así como al estudio de los deberes del ser humano. En otras palabras, la ética es importante porque nos ayuda a discernir entre lo bueno y lo malo, lo correcto y lo incorrecto, así como a entender nuestro sentido del deber. Uno de los problemas de esta generación es precisamente que carece de sentido del deber.

Para que una sociedad pueda funcionar correctamente, necesita que sus ciudadanos tengan sentido del deber, sentido de vergüenza y sentido de culpa. En el libro *Losing Our Virtue* [La pérdida de nuestra virtud], David Wells argumenta que esta sociedad ha perdido estos tres principios. De ahí que la gente ya no quiera trabajar ni asumir sus responsabilidades como en épocas anteriores, pues su sentido del deber ha ido desapareciendo poco a poco. Y la ética tiene que ver justamente con el estudio de estas verdades.

Por su parte, la moralidad es diferente, en el sentido de que no prescribe normas ni estándares de conducta, sino que se limita a describir la conducta de las personas en cualquier sociedad, cultura o momento histórico. Entonces, al observar la sociedad en que vivimos, los anuncios que se publican en los distintos medios de comunicación, las noticias que leemos en los períodos, los programas de radio y televisión que se transmiten diariamente, entre otras cosas, podemos conocer cuál es la moralidad de nuestros días.

Dicho de otro modo, la ética es **prescriptiva** —es decir, prescribe lo que debe ser—; pero la moralidad es **descriptiva**, describe lo que ya es. La moralidad describe dónde está el estándar de la sociedad, mientras que la ética dice dónde debiera estar el estándar. Ahí radica la diferencia entre ambas.

La clasificación de la ética

A lo largo de la historia, la ética ha sido clasificada de diferentes maneras. A manera de introducción, mencionaré varias formas sencillas de cómo algunos han denominado diferentes sistemas de valores. Mas adelante (capítulo 5) presentaremos una clasificación más terminada y académica de ver los sistemas éticos. Pero por ahora, esto nos sirve como una introducción para entender cómo los académicos han venido clasificando los sistemas éticos.

Por un lado, tenemos **la ética filosófica**, que estudia el sentido del deber del hombre a partir de la razón. Por otro lado, está la **ética teológica**, relacionada con el sentido del deber en cada una de las diferentes religiones y en sus respectivas comunidades. En tercer lugar, tenemos la **ética cristiana**, que consiste en el estudio del sentido del deber para el cristiano basado en la revelación del Dios trino, la cual a su vez está directamente relacionada con el carácter de Dios. Es a esa ética que nos estaremos refiriendo a lo largo de este libro.

Esta es una clasificación; más abajo veremos otra manera de ver la ética. Pero antes, permítame hablarle de algunos sistemas éticos o valores con los cuales la población vive sin siquiera pensar académicamente en los sistemas éticos que estaremos mencionando mas abajo.

La **ética cultural** es la definida por la mayoría en cada cultura. Este sistema de valores no considera a Dios como parte de la ecuación. Lo que la cultura apruebe en cada época de la historia y en cada lugar geográfico establece lo bueno y lo malo. En ese sentido, no hay un juez a quien le rendimos cuentas; más bien, la sociedad pasa a ser la fuente que evalúa el comportamiento de las personas. Bajo esta evaluación, cada individuo en la sociedad basa su comportamiento en su forma de crianza, su entorno y la presión de sus iguales. No podemos olvidar que en la historia, la mayoría con frecuencia ha estado equivocada. En la ética cultural, las personas tienden a justificar sus conductas con frases como: «Todo el mundo lo hace», «Así se vive aquí», «Todo el mundo no puede estar equivocado».

Algunos hablan de una **ética conductual**, donde el énfasis está en la herencia genética además de las condiciones del ambiente. Bajo esta lente, el individuo se vuelve no responsable de sus acciones. Es una ética que hace del hombre una especie de «máquina» o robot, cuyas acciones están predeterminadas. Obviamente, este es un sistema de ética ateo, donde el hombre es el resultado de la materia.

La **ética situacional** es otro sistema de valores común en la sociedad moderna. Aquí el mas alto valor es el amor; por tanto, algo es considerado bueno si procura el mayor bien para el otro. Pero esto plantea una serie de preguntas. ¿Quién define el amor? ¿A qué clase de amor nos estamos refiriendo: el amor romántico, el amor erótico o el amor incondicional del cual habla la Biblia? ¿Quién define el mayor bien? ¿A qué bien nos referimos: medido a corto plazo o a largo plazo? Bajo este sistema, podríamos justificar el aborto por el bien del niño o por el bien de la madre, según el criterio de cada madre y de aquellos que la influencian. Volveremos a hablar con más detalles sobre estos sistemas éticos en el capítulo 5, como ya mencionamos.

La clasificación de los diferentes sistemas éticos

Existen dos sombrillas bajo las cuales podemos colocar los diferentes sistemas éticos que estaremos revisando en este libro: la ética deontológica y la ética teleológica. La primera está basada en el sentido del deber y la segunda en el resultado final. Por lo tanto, si la ética deontológica tiene que ver con el sentido del deber y la teleológica con el fin, al hablar de pragmatismo, ¿dónde lo colocaríamos? Lógicamente, en la segunda categoría, porque está relacionada con el resultado final y, al pragmatismo lo único que le interesa es que las cosas funcionen; ese es su fin, lo cual no tiene nada que ver con el sentido del deber. Por otro lado, a la hora de pensar en los distintos sistemas éticos que existen, hay dos conceptos importantes —otras dos sombrillas— que necesitamos tomar en cuenta: el absolutismo y el no absolutismo (o relativismo). En otras palabras, hay sistemas de ética que creen en la existencia de una verdad absoluta y otros que no creen que haya verdades absolutas.

Para resumir, no importa cuántos sistemas de ética conozca; en esencia, se pueden dividir en aquellos que creen en una verdad absoluta y aquellos que no creen en una verdad absoluta; aquellos que están centrados en el sentido del deber y aquellos que están centrados en el resultado final.

En la ética cristiana, el concepto de la verdad y su definición representan ideas fundamentales para entender todo el resto. Por eso pasaremos de inmediato a definir la verdad.

¿Qué es la verdad?

Durante uno de los juicios a Jesús, Poncio Pilato le preguntó a Jesús: «¿Así que tú eres rey? Jesús respondió: Tú dices que soy rey. Para esto yo he nacido y para esto he venido al mundo, para dar testimonio de la verdad. Todo el que es de la verdad escucha mi voz. Pilato le preguntó: ¿Qué es la verdad?» (Juan 18:37-38). Jesús es la plomada que mide la verticalidad de la verdad. En esa ocasión, Jesús pasó a definir Su misión en torno a la verdad: «para dar testimonio de la verdad».

Entonces, si la verdad determina cada sistema de ética, necesitamos definir qué es la verdad y cuáles son sus características.

La verdad se define como aquello que se corresponde con la realidad. En ese sentido, algo es verdad independientemente de que usted lo crea o no. Esto es así porque la verdad no es algo que el hombre inventa, sino que la verdad tiene que ser *descubierta*, ya que la fuente de toda verdad es Dios, quien la da a conocer al hombre. Por tanto, la verdad:

- **es cierta independientemente de quién la sostenga**, pues nunca se ve afectada por el interlocutor. Si algo es cierto, lo es ya sea que lo exprese alguien con un doctorado o alguien sin educación.
- **es cierta independientemente de la actitud de la persona que la sostenga**. Por ejemplo, alguien podría afirmar de la forma más arrogante posible que la Tierra es redonda, y la Tierra seguirá siendo redonda a pesar de que esa persona sea el individuo más engreído del universo. Asimismo, alguien podría decir de la forma más humilde posible que la Tierra es cuadrada, mas eso no cambia la verdad. Esto es importante porque, en ocasiones, desestimamos lo que alguien ha dicho sencillamente porque esa persona es orgullosa o porque se expresó de forma desafiante y aceptamos otras cosas porque consideramos que la persona que las dice es muy humilde en su caminar. Sin embargo, aunque la percepción que tengamos de esos individuos sea cierta, no basta el carácter de alguien para definir la verdad.
- **es transcultural**. Lo que es verdad en China es verdad en República Dominicana. Las reglas pueden cambiar, pero los principios morales —que se apoyan en la verdad— son transculturales; es decir, trascienden todas las culturas. Por esta razón, la Biblia no necesita ser cambiada conforme a la cultura donde se enseñen sus verdades.
- **es objetiva, racional y exclusiva**. El incrédulo se queja cada vez que el cristiano afirma que Jesús es el único camino al cie-

> lo, pero no discute cuando la ciencia afirma que la aceleración estándar debido a la gravedad en la superficie de la Tierra tiene un valor de 9,8 m/s^2. Nadie puede decir mañana que es 10,5 m/s^2 porque ese no es su valor real y, por tanto, no sería verdad. Entonces, si decimos que Cristo es Dios es porque esa declaración se corresponde con la verdad de Dios revelada al hombre. Si Cristo hubiese afirmado algo que luego no podía probar, eso que afirmó no hubiese correspondido a la realidad y por tanto habría sido falso. La verdad es aquello que corresponde a la realidad. No importa cuál sea la declaración, si se corresponde con la realidad, es verdadera.

La verdad definida por Dios para todo el mundo es absoluta e invariable, mientras que la verdad definida de acuerdo con el individuo es subjetiva y situacional. Esta última depende del sujeto, de lo que él piensa, cree, y de cómo se siente, lo cual puede variar según la circunstancia en que se encuentre. Por eso a veces vemos a la gente justificar una mentira, llamándola piadosa, porque supuestamente no quería ofender a la otra persona. Eso es un ejemplo perfecto de ética situacional, pues la situación determinó la decisión que el individuo finalmente tomó. ¿Se da cuenta de cuántas veces vivimos con valores éticos que no son cristianos? Conocemos y estudiamos los conceptos, pero en la práctica, vivimos contrario a los valores que queremos defender. Y es que, cada vez que hacemos algo porque la situación así lo requirió, estamos evidenciando que caminamos conforme a una ética situacional y no a la verdad de Dios revelada en Su Palabra.

Cuando vamos a hacer o decir algo, debemos preguntarnos si lo estamos haciendo porque la Biblia lo respalda o porque la situación así lo requiere. Esto es algo en lo que medito constantemente. De hecho, recientemente le comentaba a los demás pastores con quienes tengo el privilegio de servir que entendía que habíamos tomado determinada decisión basados meramente en un asunto legal, pero que había llegado a la conclusión de que esa no había sido la mejor decisión. Sin lugar a duda, las leyes deben tomarse en cuenta, pues vivimos en un mundo caído, pero la Biblia está por encima de cualquier ley humana (Hech. 5:29). En una situación así, lo ideal es que consideremos cómo podemos hacer algo legalmente que esté de acuerdo con la Biblia. Y esto es algo que debemos recordar constantemente.

El absolutismo y el no absolutismo

Como ya hemos señalado, todos los sistemas éticos con los que podamos encontrarnos en la vida van a ubicarse debajo de una de dos sombrillas: el absolutismo o el no absolutismo.

En el absolutismo, existen tres sistemas éticos a considerar. El primero es el absolutismo no calificado o incondicional. Este sistema plantea que los imperativos morales no tienen excepción. Lo que está mal siempre está mal. Si alguien miente, no importa cuál haya sido la razón que motivó esa mentira, la misma es pecado y por tanto, está mal.

En segundo lugar, está el absolutismo en conflicto. Este sistema postula que existen imperativos morales que en ocasiones entran en conflicto. En esos casos, la persona debe hacer el menor de los dos males y confesar su pecado, el cual Dios perdonará. Por ejemplo, durante nuestro caminar en este mundo caído, en ocasiones los hijos de Dios nos vemos en una encrucijada porque distintos imperativos, igualmente válidos y verdaderos, nos tironean en direcciones opuestas. Tal fue el caso de Corrie Ten Boom y su familia durante la Alemania de Hilter. Cuando los nazis se presentaron a la puerta de su hogar, les preguntaron si tenían judíos escondidos allí, a lo cual ellos respondieron: «Están debajo de la mesa». Al no ver nada, los guardias pensaron que se burlaban de ellos y se retiraron. Sin embargo, la realidad era que sí había judíos escondidos debajo de la mesa... debajo del piso donde estaba la mesa. Corrie y su familia tuvieron que escoger entre dos absolutos en conflicto: entre salvar vidas y mentir. Ellos decidieron mentir para salvar vidas. En este caso, el absolutismo en conflicto entiende que ellos pecaron y que deben entonces pedir perdón a Dios, quien los perdonará si han sido sinceros en su confesión.

El tercer sistema ético dentro del absolutismo se denomina absolutismo graduado o gradual. Es muy similar al anterior y plantea que ciertamente, en ocasiones, habrá imperativos encontrados, y en tales casos debemos obedecer el mayor de los imperativos. Al hacerlo, no estaríamos pecando. La historia de las parteras Sifra y Puá que aparece en el libro del Éxodo es un buen ejemplo de esto.

Faraón había ordenado a las parteras de las hebreas que, cuando estuvieran asistiendo a las mujeres a dar a luz, mataran a todos los varones hebreos que nacieran; «pero las parteras temían a Dios, y no hicieron como el rey de Egipto les había mandado, sino que dejaron con vida a los niños» (Ex. 1:17). Cuando fueron cuestionadas sobre esto, ellas mintieron diciendo: «las mujeres hebreas no son como las egipcias, pues son robustas y dan a luz antes que la partera llegue a ellas» (Ex. 1:19). Mintieron para salvar vidas, y dice la Palabra que Dios las favoreció (Ex. 1:20).

Entonces, según el absolutismo graduado, las parteras no pecaron en su forma de proceder. El absolutismo en conflicto determinaría que sí pecaron y por ende, necesitaban pedir perdón a Dios. Mientras tanto, el absolutismo incondicional calificaría el proceder de las parteras como una violación explícita de un imperativo, lo cual estaría mal sin importar las razones que las llevaron a actuar de esa manera.

Los sistemas que se encuentran bajo la segunda categoría del no absolutismo o relativismo no creen en la existencia de valores absolutos. El primero es la antinomia (del griego *anti*: «en contra de», y *nomos*: «ley»), que rechaza toda ley o absolutos. Según este sistema ético, no hay nada bueno ni malo. Por tanto, los que se identifican con esta filosofía no creen en leyes ni valores morales de ningún tipo, sino que cada cual hace lo que le parezca bien a sus propios ojos. De ahí que para ellos no haya nada bueno ni malo. Sin embargo, este sistema ético es insostenible, pues cuando sus propulsores condenan a aquellos que creen que sí hay valores absolutos determinados por Dios, están afirmando que los demás están mal y ellos están bien, lo cual es totalmente incongruente con lo que tanto defienden.

En segundo lugar, tenemos el situacionismo o la ética situacional a la cual ya aludimos. Este sistema plantea que la única norma existente es el amor. Por tanto, el amor podría explicar o justificar violaciones a las reglas. Hablaremos más sobre este tema en un capítulo posterior.

En tercer lugar, está el generalismo. En esencia, este sistema plantea que existen algunos imperativos morales, pero no de manera absoluta, ya que en ocasiones el imperativo moral pudiera ser violentado sin que implique necesariamente nada malo. En otras palabras, son más bien principios generales que nos ayudan a vivir correctamente.

Finalmente, hay muchos otros sistemas éticos que podríamos mencionar, pero estos son algunos de los más conocidos y con los que más nos topamos a diario. Sin duda, todos hemos estado en situaciones en las que hemos tenido que escoger entre mentir o decir la verdad, y como creyentes debemos elegir siempre la verdad, aun cuando eso nos coloque en una situación engorrosa. Nuestra meta consiste en honrar a Dios en todo lo que hagamos, y Su revelación nos muestra cómo alcanzarla.

La ética cristiana ocupa un lugar separado dentro de todos los sistemas de ética, como veremos a continuación.

La ética cristiana

A manera de comparación, ofreceremos una primera revisión al concepto de ética cristiana que ampliaremos mas adelante. Todo lo que hasta ahora hemos visto acerca de los diferentes sistemas éticos ha sido mas bien para ayudarnos a entender cómo piensa la sociedad. Pero finalmente ha llegado el momento de entrar en materia y enfocarnos específicamente en la ética cristiana, que es el tema central de este libro. Ahora bien, ya que vivimos en medio de una sociedad que funciona de acuerdo con otros sistemas éticos, los cuales nos afectan de una u otra manera, fue necesario revisar primero esos modelos éticos a fin de identificar de qué forma nos han influenciado y cómo podemos entonces erradicarlos de nuestras vidas.[17]

Sin lugar a duda, para el creyente es de suma importancia entender en qué consiste realmente la ética cristiana, de qué depende y cómo podemos llevarla a la práctica en nuestro diario vivir. Por eso

---

[17] Patrick Nullens, Ronald T. Michener, *The Matrix of Christian Ethics: Integrating Philosophy and Moral Theology in a Postmodern Context* (Downers Grove: InterVarsity Press, 2010), p. 20.

queremos comenzar citando una definición de ética cristiana que nos explica su esencia de una forma clara y sencilla: «La ética cristiana es mucho más que simplemente seguir una lista de reglas que podemos cotejar día a día. Es pensar mucho y cuidadosamente acerca de lo que significa ser un seguidor de Cristo en las decisiones diarias, con el máximo respeto por Dios y los demás».[18]

De manera que la ética cristiana no se enfoca en el cumplimiento de una serie de normas y mandatos bíblicos y el rechazo de otros —aunque vivir éticamente requiere que nos conduzcamos conforme a ciertos principios—, sino en entender lo que verdaderamente implica ser un discípulo de Cristo para que podamos honrarlo aun en las pequeñas decisiones cotidianas.

Ser un seguidor de Cristo debe afectar la forma en que nos comportamos en nuestra vida pública y privada, cómo ejercemos nuestra profesión, cómo hacemos nuestro trabajo, cómo servimos en nuestro hogar, cómo nos relacionamos con nuestros familiares y amigos. Todo lo que hacemos y la forma en que nos desenvolvemos en nuestra vida diaria debe reflejar que amamos a Dios con todo nuestro corazón, con toda nuestra alma y con toda nuestra mente, y que además amamos al prójimo como a nosotros mismos. De eso trata la ética cristiana y es lo que los autores Nullens y Michener buscan hacernos entender con su definición de ética cristiana, por eso nos pareció apropiado compartirla.

Asimismo, la cita anterior nos recuerda la importancia de meditar en forma constante y cuidadosa en estas cuestiones, algo que lamentablemente el pueblo de Dios no está acostumbrado a hacer. Y es que, uno de los mayores defectos del cristiano es que no invierte tiempo en pensar arduamente en lo que implica ser un seguidor de Cristo.

Por otro lado, el autor Gary Tyra nos recuerda: «en el corazón de la ética hay un sentido del deber que tiene que ver con el carácter y la conducta».[19] Y con esta cita buscamos enfatizar una vez más

---

[18] Patrick Nullens, Ronald T. Michener, *The Matrix of Christian Ethics: Integrating Philosophy and Moral Theology in a Postmodern Context* (Downers Grove: InterVarsity Press, 2010), p. 20.

[19] Gary Tyra, *Pursuing Moral Faithfulness: Ethics and Christian Discipleship* (Downers Grove: InterVarsity Press, 2015), p. 37.

que la ética cristiana no tiene que ver con seguir ciertas normas de conducta, pues los fariseos se conducían de esa manera, sino que supone primero el carácter del individuo, y su conducta es entonces el resultado de un carácter transformado. El apóstol Pablo, escribiendo a la iglesia en Galacia o a las iglesias en dicha región, afirma que «el fruto del Espíritu es amor, gozo, paz, paciencia, benignidad, bondad, fidelidad, mansedumbre, dominio propio»; y luego agrega que «contra tales cosas no hay ley» (Gál. 5:22-23). La razón por la que necesitamos la ley es que carecemos de la totalidad del fruto del Espíritu de Dios en nuestras vidas, pues si anduviéramos conforme al fruto del Espíritu tendríamos el carácter de Cristo, quien no necesitó la ley para poder conducirse correctamente, ya que Su carácter le permitió vivir de esa manera.

Además, la frase de Gary Tyra nos ayuda a recordar que en el centro de la ética cristiana hay algo fundamental que tiene que ver con el carácter y con la conducta, y es el sentido del deber. Ahora bien, el sentido del deber tiene que estar de acuerdo con un carácter y una conducta que se conformen a los principios de Dios.

Entonces, para hablar de ética cristiana, necesitamos conocer algunas premisas fundamentales. La ética cristiana está directamente relacionada con el concepto de la verdad, y el origen de la verdad es el Dios Creador y Juez del universo, quien ha revelado Su carácter y Su mente a través de Su Palabra, la creación y la conciencia del hombre. De modo que los principios de ética cristiana no provienen del razonamiento humano ni de la cultura del momento, sino de la revelación de Dios dada al hombre.

En Romanos 1:19-21, el apóstol Pablo nos recuerda:

> … lo que se conoce acerca de Dios es evidente dentro de ellos [ahí está la conciencia del hombre], pues Dios se lo hizo evidente. Porque desde la creación del mundo, sus atributos invisibles, su eterno poder y divinidad, se han visto con toda claridad, siendo entendidos por medio de lo creado [ahí está la creación], de manera que no tienen excusa. Pues aunque conocían a Dios, no le honraron como a Dios ni le dieron gracias,

> sino que se hicieron vanos en sus razonamientos y su necio corazón fue entenebrecido.

Este pasaje de Romanos establece que lo que se conoce acerca de Dios es evidente para el hombre. No potencialmente evidente, sino claramente evidente en su interior y en todo lo creado por Dios. Entonces, lo que no se ve (el eterno poder y la divinidad de Dios, Su carácter) puede deducirse de lo que sí se ve (Su creación). Por eso el apóstol concluye que el hombre no tiene excusa para decir que no hay evidencia de la existencia de Dios (Rom. 1:20). Es decir que, desde el punto de vista del Dios de la Biblia, no hay personas ateas. Cuando alguien afirma no creer en Dios, la Biblia lo contradice y en esencia responde: «Puede que rechaces lo que te ha sido revelado, pero en tu interior, sabes que hay un Dios». De hecho, la Palabra misma revela en el pasaje que acabamos de citar que los hombres «conocían a Dios», mas «no le honraron como a Dios ni le dieron gracias» (Rom. 1:21). Desde entonces, Dios reveló los principios para la ética cristiana.

En general, la ética cristiana ha sido definida como un sistema de principios que intentan integrar la filosofía y la teología bíblica como la base y el filtro de las ideas y principios que nos permitirán evaluar y vivir la vida correctamente. Ahora bien, el cristiano no vive la vida correctamente gracias a los conceptos teológicos o éticos que conoce y domina, sino por medio del poder del Espíritu Santo que obra en él (Fil. 2:13). No obstante, el Espíritu de Dios usa lo que nuestra mente conoce y nos ayuda a llevarlo a la práctica. Por tanto, mientras mejor conozcamos la Palabra, más fácil se nos hará vivir éticamente. De hecho, el autor de Hebreos dice que «el alimento sólido es para los adultos, los cuales por la práctica tienen los sentidos ejercitados para discernir el bien y el mal» (Heb. 5:14). Esto significa que la capacidad de discernimiento de un individuo está directamente relacionada con cuánto tiempo esa persona ha invertido en consumir la Palabra de Dios.

Debemos recordar que consumir la Biblia es más que simplemente leerla. A veces tenemos marcadores de diferentes colores para marcar nuestras Biblias, pero lo que verdaderamente necesitamos es que la Biblia nos marque a nosotros. El mero hecho de leer e incluso memorizar la Escritura no nos cambia ni nos ayuda a vivir correctamente; pues eso solo sucede cuando dejamos que la Palabra de Dios transforme y renueve nuestra mente y corazón. Entonces, una vez nuestros sentidos han sido ejercitados en la Palabra y por ella, podemos discernir más fácilmente cuál es la voluntad de Dios para nuestras vidas y cómo hemos de vivir correctamente.

Características de la ética cristiana

La ética cristiana tiene diversas características que la identifican como tal:

En primer lugar, la ética cristiana está determinada por la revelación de Dios —general y especial—, de lo cual hemos hablado anteriormente.

En segundo lugar, la ética cristiana es deontológica. Esto quiere decir que está directamente relacionada con el sentido del deber, contrario a otras ramas de la ética que no están centradas en el deber, sino en el fin, según veremos más adelante.

En tercer lugar, la ética cristiana es prescriptiva, porque determina aquello que debemos hacer.

En cuarto lugar, la ética cristiana tiene el carácter de Dios como su más alto valor.

En quinto lugar, la ética cristiana coloca la Palabra de Dios como la base para medir nuestras acciones.

En sexto lugar, finalmente, dentro de la ética cristiana estamos llamados a rendir cuentas a Dios.

En el próximo capítulo, veremos la idea de la ética cristiana y el sentido del deber.

3

Los diferentes sistemas éticos: El absolutismo y el no absolutismo

Oh Timoteo, guarda lo que se te ha encomendado, y evita las palabrerías vacías y profanas, y las objeciones de lo que falsamente se llama ciencia, la cual profesándola algunos, se han desviado de la fe.
(1 Timoteo 6:20)

En el capítulo 3, mencionamos que los diferentes sistemas éticos que existen pueden ubicarse debajo de una de estas dos categorías: aquellos que creen en la existencia de valores absolutos (absolutismo) y aquellos que niegan o rechazan todo imperativo moral o absoluto (no absolutismo). En otras palabras, los sistemas absolutistas entienden que hay verdades o absolutos por medio de los cuales podemos medir objetivamente la conducta de los hombres, y bajo esta categoría mencionamos tres sistemas específicos:

1. el absolutismo graduado o gradual,
2. el absolutismo conflictivo o en conflicto, y
3. el absolutismo no calificado o incondicional.

Por otro lado, también señalamos que los sistemas no absolutistas, que niegan la existencia de toda ley moral o absoluto, abarcan los siguientes sistemas éticos:

1. la antinomia,
2. la ética situacional,
3. el relativismo cultural,
4. el generalismo.

Aunque ya hemos definido brevemente cada uno de estos sistemas éticos, a continuación estaremos revisando en mayor detalle algunos de ellos. Para comenzar, veamos en qué consiste el absolutismo gradual, un sistema ético que puede ser observado en diferentes historias contenidas en el relato bíblico.

Cómo entender el absolutismo gradual

En un capítulo anterior, definimos brevemente el absolutismo conflictivo o en conflicto y el absolutismo no calificado o incondicional. Pero en este capítulo queremos enfocarnos mas ampliamente en el entendimiento del absolutismo gradual. Básicamente, el absolutismo gradual plantea que, en ocasiones, pueden existir verdades o absolutos morales encontrados. En ese caso, debemos obedecer el mayor de los imperativos y, al hacerlo, no estaríamos pecando. De modo que, la primera premisa que podemos establecer en cuanto al absolutismo gradual es que hay leyes morales superiores e inferiores, de lo cual la Biblia también nos habla. Por ejemplo, el pasaje de Mateo 23:23 cita al Señor Jesucristo diciendo: «¡Ay de vosotros, escribas y fariseos, hipócritas!, porque pagáis el diezmo de la menta, del eneldo y del comino, y habéis descuidado los preceptos de más peso de la ley: la justicia, la misericordia y la fidelidad; y estas son las cosas que debíais haber hecho, sin descuidar aquellas». Con esta declaración, Cristo claramente estableció que hay preceptos en la Palabra que tienen más peso que otros. De igual manera, en un momento dado, los fariseos se acercaron a Jesús para ponerlo a prueba y le preguntaron: «Maestro, ¿cuál es el gran mandamiento de la ley?» (Mat. 22:36). A lo que Cristo respondió: «Amarás al Señor tu Dios con todo tu corazón, y con toda tu alma, y con toda tu mente. Este es el grande y el primer mandamiento. Y el segundo es semejante a este: Amarás a tu prójimo como a ti mismo. De estos dos mandamientos dependen toda la ley y los profetas» (Mat. 22:37-40). Jesús no reprendió a los fariseos diciéndoles que todos los mandamientos son iguales, sino que, con su respuesta, reconoció que ciertamente en la Palabra de Dios hay principios que son mayores que otros.

Por otro lado, el libro de Proverbios afirma que «seis cosas hay que odia el Señor, y siete son abominación para Él» (Prov. 6:16). Que existan determinados pecados que el Señor odia más que otros nos deja ver que hay mandamientos que Él coloca por encima de otros. En un sentido, es correcto decir que Dios abomina todos los pecados, pero aparentemente hay ciertas cosas que odia más que otras y que señala de manera particular en este y otros pasajes de la Escritura.

En la Palabra de Dios encontramos historias de personas que mintieron justamente por preservar un principio mayor, lo cual nos deja ver que en este mundo caído, hay conflictos morales inevitables, aun para el mejor de los humanos. Por ejemplo, en un momento dado, Dios ordena a Josué entrar a la tierra prometida y eliminar a todos sus habitantes. Pero Josué sabe que la ley de Moisés dice «no matarás», una ley que fue dada por el mismo Dios que ahora le está ordenando matar a toda una población. De modo que, aparentemente, existen circunstancias especiales en las que el Dador de la ley nos da permiso para actuar en contra de lo que Él mismo ha prescrito. Ahora bien, el hombre no puede decidir esto por sí mismo; Dios, quien es el estándar y el autor de la ley, es el único que puede hacerlo.

Las excepciones a las reglas las podemos observar de una u otra manera en la cotidianidad. Por ejemplo, un semáforo en rojo es señal de que debemos detenernos, pero en ocasiones aparece un oficial de tránsito y nos indica que debemos seguir avanzando a pesar de que el semáforo sigue marcando una luz roja. La razón por la que cruzamos aun cuando el semáforo está en rojo es que la misma ley que establece las señales de tránsito le ha dado a ese oficial la autoridad para obviar las leyes de tránsito bajo determinadas circunstancias. Ciertamente, en esos momentos hay una violación de una ley, pero no de la ley en general, porque el agente de tránsito representa la ley. De esa misma manera, cuando Josué recibe la orden de eliminar a todos los habitantes de Jericó, su obediencia a esa orden implicaba inevitablemente una violación de un principio de la ley escrita dada a los hombres por medio de Moisés, pero no una violación de la ley general, porque Dios, quien ordena la matanza, es la ley.

La historia de Abraham y su hijo Isaac nos muestra otro ejemplo de estos conflictos morales inevitables cuando Dios decide probar la fe de Abraham ordenándole tomar a su hijo y ofrecerlo en sacrificio a Él. Todos conocemos la historia y sabemos que al final Dios evitó que Abraham matara a Isaac, pero él estaba dispuesto a hacerlo por obediencia al Señor, a pesar del conflicto moral que esto pudo haberle causado en su interior.

Como ya hemos mencionado, según el absolutismo gradual, Dios no culpa a la persona cuando viola una ley menor por guardar una ley o principio mayor. Y es allí donde radica la diferencia entre este sistema ético y el absolutismo en conflicto, que entiende que la persona sí ha pecado y debe confesar su falta a Dios. Esta característica del absolutismo gradual la encontramos ilustrada en una historia relatada en el evangelio de Mateo. Resulta que en una ocasión Jesús pasaba entre los sembrados en el día de reposo y Sus discípulos, al tener hambre, arrancaron espigas y comieron. Cuando los fariseos se percataron de esto, reprendieron a Jesús, porque Sus discípulos hacían lo que no era lícito hacer en el día de reposo (Mat. 12:2). Frente a esto, Jesús respondió:

¿No habéis leído lo que hizo David cuando él y sus compañeros tuvieron hambre, cómo entró en la casa de Dios y comieron los panes consagrados, que no les era lícito comer, ni a él ni a los que estaban con él, sino solo a los sacerdotes? ¿O no habéis leído en la ley, que en los días de reposo los sacerdotes en el templo profanan el día de reposo y están sin culpa? Pues os digo que algo mayor que el templo está aquí. Pero si hubierais sabido lo que esto significa: «MISERICORDIA QUIERO Y NO SACRIFICIO», no hubierais condenado a los inocentes. Porque el Hijo del Hombre es Señor del día de reposo (Mat. 12:3-8).

Con estas palabras, Cristo les deja ver a los fariseos que estaban tratando de guardar el día de reposo por encima de otros principios de la ley que debían observar primero; y lo estaban haciendo a tal punto que prácticamente habían hecho un dios de ese mandamiento. Los fariseos exigían a los discípulos el cumplimiento de la ley en cuanto al día de reposo, mientras ellos mismos violaban con sus acciones otros principios más importantes de la ley de Dios. Y Jesús entonces aprovecha la ocasión para recordarles que cuando David y sus hombres entraron al templo y comieron de los panes consagrados, Dios no les contó eso como culpa, porque solo estaban tratando de preservar sus vidas, ya que no habían comido en mucho tiempo y estaban siendo perseguidos. Asimismo, Él les recuerda cómo los sacerdotes profanan el día de reposo trabajando en el templo y, sin embargo, están sin culpa delante de Dios. ¿Se percata de cómo la Palabra nos enseña que cuando alguien elige honrar un principio mayor por encima de uno menor (cuando ambos representan prohibiciones dadas por Dios) el Señor no culpa a esa persona? Es bajo estas premisas, y algunas otras que veremos más adelante, que el absolutismo gradual descansa.

Al igual que sucedió durante la Alemania de Hitler con Corrie Ten Boom y su familia, en el relato bíblico encontramos historias de gente que mintió para preservar la vida de otras personas, como el caso de las parteras de los hebreos que mencionamos anteriormente (Ex. 1:15-21). Este caso en particular cae dentro del absolutismo gradual, pues la misma Escritura nos dice que «por haber las parteras temido a Dios [y no hacer como el rey de Egipto les había ordenado] Él prosperó sus familias» (Ex. 1:21). Note que la motivación detrás de la mentira de las parteras fue el temor a Dios. Eso es lo que marca la diferencia en este caso, pues cuando nosotros decidimos mentir usualmente no es por temor a Dios ni porque estamos tratando de preservar vidas. En cambio, mentimos por temor a los hombres, ya sea porque no queremos quedar mal frente a los demás o porque no queremos ofender a alguien.

De modo que no piense que el absolutismo gradual tiene que ver con cualquier dilema en que usted se encuentre que represente escoger entre hacer una cosa u otra, sino que se da cuando nos vemos frente a un dilema moral que tiene que ver exclusivamente con absolutos dados por Dios, como ya mencionamos. Si en algún momento se encuentra en una situación donde tenga que escoger entre dos absolutos dados por Dios, como «no mentirás» y «no matarás», entonces usted está delante de un posible absolutismo gradual. Hacemos esta salvedad porque necesitamos tener mucho cuidado, no sea que comencemos a ver absolutismos graduales donde no los hay.

De igual manera, en la Palabra de Dios encontramos otros mandamientos que aparentan ser opuestos. Por ejemplo, la Escritura nos manda a someternos a las autoridades que gobiernan (Rom. 13:1), pero también la Palabra nos enseña que debemos obedecer a Dios antes que a los hombres (Hech. 5:29). Entonces, si en el día de mañana las autoridades de turno nos exigen hacer algo que es contrario a la Palabra de Dios, ¿cuál de los dos imperativos debemos obedecer? Esto representa un caso más de absolutismo gradual, pues hay un imperativo moral que es mayor que el otro, el cual debemos obedecer primero, y Dios no nos culpará al hacerlo. Asimismo, la Palabra de Dios nos manda a amar a nuestro prójimo (Lev. 19:18), pero también nos dice que debemos amar a Dios con todo nuestro corazón, con toda nuestra alma y con toda nuestra fuerza (Deut. 6:5). Por tanto, si abrazar la causa cristiana nos cuesta nuestra relación con los demás, debemos recordar que la Palabra nos manda amar y obedecer a Dios primero que a los hombres.

Por otro lado, la Biblia nos enseña que la misericordia está por encima de la veracidad. Esto ya lo vimos ejemplificado en la misericordia que las parteras en Egipto mostraron para con los niños hebreos cuando decidieron mentir a Faraón para salvar las vidas de esos recién nacidos. De igual manera, cuando Rahab escondió a los dos espías enviados por Josué a explorar la tierra prometida, les mostró misericordia al decidir mentirle al rey de Jericó para salvar sus vidas (Jos. 2). Rahab mostró misericordia y preservó la vida de dos hombres del pueblo escogido de Dios y eso hizo que su nombre fuera contado entre los héroes de la fe que aparecen en el libro de Hebreos (Heb. 11:31).

En fin, todas estas historias que hemos mencionado nos dejan ver que ciertamente en la Palabra de Dios hay casos de absolutismo gradual.

El absolutismo gradual no es relativismo ni ética situacional

Cuando leemos estas historias, parecería como si todo fuera relativo o como si uno pudiera mentir en ciertas situaciones, pero no es así. Por eso, a continuación, vamos a presentar un cuadro comparativo donde se podrá observar claramente que el absolutismo gradual no es lo mismo que el relativismo o la ética situacional. Quizás estos sistemas se parezcan en la superficie, pero en el fondo son muy distintos. Para el estudio del absolutismo gradual, recomendamos leer la obra de Norman Geilser, *Christian Ethics* [Ética cristiana].[20]

	Abosultismo gradual	**Relativismo**	**Ética Sit.**
Absolutos	Sí	No	No
Fuente de la verdad	Dios	El hombre	El hombre
Máximo valor	Su verdad	La opnión individual	El amor
Excepciones a la regla	No	Sí	Sí
Exoneraciones	Sí	No	No

Note que en este cuadro aparecen tres columnas que representan los tres sistemas éticos bajo análisis: el absolutismo gradual, el relativismo y la ética situacional. Por otro lado, hay cinco filas que indican las diferentes áreas que vamos a considerar al momento de comparar

[20]Norman Geisler, *Christian Ethics* (Grand Rapids: Baker Academics, 2010), págs. 97-115.

estos sistemas. Para comenzar, lo primero que se puede observar es que en el absolutismo gradual hay absolutos, mientras que en la ética situacional y el relativismo no los hay. Ahora bien, en el relativismo obviamente todo es relativo y por eso no hay valores absolutos, pero esto no es lo que la ética situacional postula. En la ética situacional, el amor justifica ciertas violaciones a las reglas, por tanto, en ese sistema tampoco hay valores absolutos.

Otra área en que estos tres sistemas se diferencian es en la fuente de la verdad. En el absolutismo gradual, la fuente de la verdad es Dios, quien la ha revelado al hombre a través de la conciencia, la creación y la Escritura, como ya hemos explicado. Pero en el relativismo y la ética situacional, la fuente de la verdad es el hombre. El individuo es quien define la verdad y determina los criterios para elegir una cosa u otra. De ahí que la verdad de acuerdo con estos sistemas sea subjetiva y situacional.

Por otro lado, el máximo valor en el absolutismo gradual es la verdad de Dios. Esta es la razón por la que los dilemas morales a que este sistema hace referencia tienen que ver exclusivamente con absolutos dados por Dios. Por el contrario, en el relativismo, el máximo valor es la opinión individual. Cada persona determina lo que está bien o está mal, según su propio criterio. De manera que, desde el punto de vista del relativismo, dos personas pudieran pensar de manera distinta con relación a un asunto en particular y ambas estar en lo correcto. Mientras tanto, en la ética situacional, el máximo valor es el amor, y este determina lo que debe hacerse en cada situación. El problema, como ya dijimos, es quién va a definir lo que es el amor.

Otra forma de diferenciar estos sistemas es saber si aceptan o no excepciones a las reglas. Aunque parezca lo contrario, en el absolutismo gradual no hay excepciones a las reglas, y de esto vamos a hablar más adelante. Sin embargo, en el relativismo obviamente sí las hay, pues cada quien define lo que es bueno o malo, correcto o incorrecto. Y lo mismo sucede en la ética situacional.

Finalmente, otro punto en el que el absolutismo gradual difiere de estos otros dos sistemas es en lo que muchos catalogan como excepciones a las reglas, pero que técnicamente son exoneraciones. En otras palabras, cuando alguien viola un imperativo menor por salvaguardar uno mayor, como el caso de las parteras en Egipto que mintieron para salvar vidas, eso no significa que Dios entienda que esa persona no ha violado ningún principio, sino que Él ha decidido exonerar a ese individuo del castigo que le corresponde por haber violado dicho principio. Si le cuesta trabajo entender esto, solo tiene que ir a la cruz. Que Cristo muriera por nuestros pecados no significa que no seamos culpables ante Dios de haber violado Su ley, sino que Él decidió exonerarnos del castigo de la ley a causa del sacrificio de Cristo en nuestro favor. Otro ejemplo sería el caso de un juez que tiene la encomienda de juzgar a alguien acusado de violar una ley de tránsito, y al escuchar las razones que llevaron a esa persona a cometer dicha violación, decide exonerarla de culpa. Ese juez tiene el derecho de obligar a esa persona a pagar una multa porque ciertamente ha violado una ley de tránsito, pero también tiene la autoridad para exonerarla si así lo entiende prudente. De esa misma manera, Dios es autoridad por encima de la ley escrita, y si decide exonerar a alguien que ha violado Su ley, ese individuo queda libre de todo castigo.

Lo anterior es para dejar en claro que excepciones y exoneraciones no son exactamente la misma cosa. En el absolutismo graduado no hay excepciones, como dijimos anteriormente, sino exoneraciones, y lo sucedido en la cruz del Calvario es una ilustración perfecta de lo que podría ser un absolutismo gradual. En la cruz, Dios castigó al inocente por el culpable. Un acto de esta naturaleza normalmente sería considerado inmoral, pero no fue así en la cruz, porque hubo un absoluto mayor (la misericordia) que prevaleció sobre otro absoluto de Dios (la justicia).

Ahora bien, como Dios es Dios, Él pudo proveer un sacrificio tan perfecto que, en la misma persona, Él llevó a cabo ambos absolutos. En Cristo, Dios Padre tuvo misericordia de nosotros y nos perdonó, y a la vez llevó a cabo Su justicia. ¡Solo Dios pudo haber hecho algo tan extraordinario y lleno de sabiduría! Entonces, la razón por la que el pecador perdonado no va al infierno es porque la misericordia prevaleció sobre la justicia. Una evidencia más de que hay absolutos que prevalecen sobre otros.

El no absolutismo

En un capítulo anterior, hablamos también de la existencia de sistemas éticos no absolutistas y mencionamos 1) la antinomia, 2) el relativismo cultural, 3) la ética situacional y 4) el generalismo. Revisemos brevemente estos sistemas:

1) La antinomia

Como ya hemos mencionado, la antinomia es un sistema ético que rechaza toda ley o absoluto moral. Y si no hay una ley moral, eso implica que tampoco hay un dador de la ley. Por tanto, la antinomia es un sistema básicamente ateo.

Dentro de este sistema ético podemos ubicar el existencialismo, que tiene como uno de sus principales representantes al filósofo francés Jean Paul Sartre (1905-1980), según vimos anteriormente. En esencia, el existencialismo postula que lo más importante, por encima de cualquier otra cosa, es que el hombre es un ser completamente libre e independiente. Asimismo, esta corriente filosófica enseña que ninguna acción ética o moral tiene significado; el hombre determina sus propios valores y no está atado absolutamente a nada ni a nadie. Y, una vez más, si no hay ley, tampoco hay un dador de la ley.

De igual manera, bajo este sistema ético no absolutista podemos encontrar la ética evolucionista —promovida por Charles Darwin (1809-1882), y secundada por otros biólogos como Thomas Henry Huxley (1825-1895) y Julia Huxley (1887-1975)—, que entendía que todo aquello que favoreciera a la evolución era considerado como bueno y válido, independientemente de lo que fuera. De hecho, algunos opinan que Adolfo Hitler fue influenciado por las enseñanzas de Charles Darwin, y se apoyó en la teoría darwinista de «la supremacía del más fuerte», de la cual infirió que la raza aria era más pura y superior a las demás. Esto nos permite ver cómo una enseñanza impartida en un salón de clases llega posteriormente a encontrar un lugar dentro del sistema de gobierno. Ciertamente, las ideas tienen consecuencias y por eso la necesidad de revisar todas estas cosas.

Por su parte, Thomas Henry Huxley fue considerado como el bulldog de Darwin, ya que le dio la base biológica para promover la teoría de la evolución y la ética de la evolución.

Otro sistema ético que rechaza todo principio o valor objetivo es el nihilismo (del latín nihil: «nada»). El filósofo ateo Friedrich Nietzsche (1844-1900) apoyó la filosofía nihilista, que esencialmente plantea que la vida carece de sentido y, por tanto, nada vale la pena. De ahí el rechazo de todo dogma o valor absoluto. Nietzsche escribió varias obras literarias, todas ateas, y en una de ellas, titulada *La ciencia jovial*, cuenta la historia de un loco que camina por una ciudad a plena luz del día con una lámpara encendida buscando a Dios. Mientras va por todas partes preguntando desesperadamente: «¿Dónde está Dios?», se encuentra con un grupo de personas que empiezan a burlarse de él diciéndole que tal vez Dios se ha ido de viaje, se ha perdido o tiene miedo y se ha escondido. Al rato, el loco les responde: «Dios ha muerto… y nosotros lo hemos matado».

La frase «Dios ha muerto» se ha convertido en una de las más famosas en la historia del pensamiento humano, y con esta, Nietzsche quiso expresar que al dios que el hombre poco desarrollado construyó en su mente, el hombre desarrollado lo mató. Por tanto, como Dios no existe, el hombre no depende de Él ni está obligado a rendirle cuentas a nadie porque tampoco existe una ley moral o verdad absoluta dada por Dios que determine la conducta de los individuos. Esta es la razón por la que este punto de vista filosófico pertenece a la categoría del antinomianismo.

David Hume (1711-1776) es conocido como uno de los filósofos más escépticos de toda la historia. Básicamente, el escepticismo postula que no podemos tener la certeza de nada —como la existencia de Dios— porque todo se presta para ser puesto en duda. Por tanto, todo juicio termina quedándose en el aire, sin conclusión. En lo particular, no entiendo cómo las personas pueden vivir de esa manera, cómo pueden poner todo en duda constantemente, pues llega un momento en que comienzan a dudar hasta de su propia existencia. En su libro *¿Puede el hombre vivir sin Dios?*, el apologista Ravi Zacharias recuerda una conversación entre un estudiante y su profesor: «"¿Cómo sé que existo?", preguntó el estudiante en una clase de filosofía. Y el profesor le respondió: "¿Y quién diré que está preguntando?"».[21] Esto nos deja ver hasta dónde puede llegar a confundirse el hombre cuando abraza este tipo de corrientes filosóficas.

Por otro lado, tenemos a los epicúreos, que son la versión antigua de los hedonistas de hoy. El libro de los Hechos los menciona cuando Lucas relata que Pablo discutía con algunos filósofos epicúreos y estoicos en el Areópago (Hech. 17:17-19). Los epicúreos creían que el valor más alto en la vida era el placer y, por ende, el placer era la esencia de lo bueno, y el dolor, la esencia de lo malo. Su filosofía era vivir para lo que produzca el mayor placer y el menor dolor. Por tanto, para los epicúreos no hay una ley moral absoluta porque lo que determina sus acciones es el placer que estas le produzcan. ¿Se imagina vivir en una sociedad donde esa sea la forma de pensar de los individuos? No tiene que imaginárselo mucho porque esa es la misma filosofía hedonista de nuestros días, lo cual nos deja ver que ciertamente no hay nada nuevo debajo del sol. La búsqueda del placer es tan antigua como las civilizaciones.

2) El relativismo cultural de nuestros días

La ética cultural es uno de varios sistemas éticos que no creen en absolutos. Ésta pudiera definirse de varias maneras, pero como se infiere de su nombre, la ética cultural plantea que los valores morales dependen de la cultura. Por consiguiente, la cultura es considerada como la norma ética por excelencia.

Este sistema ético ha tenido diferentes exponentes, pero muchos consideran a John Dewey como el más conocido. Dewey, quien también es reconocido como el padre de la educación en Estados Unidos, fue uno de los fundadores del pragmatismo, junto a Charles Sanders Peirce y William James, según vimos anteriormente.

La ética cultural afirma que el valor más alto es la cultura. Ahora bien, esa filosofía es imposible de sostener de manera consistente, ya que aquellos que defienden la ética cultural estarían de acuerdo en

[21] Ravi Zacharias, *¿Puede el hombre vivir sin Dios?* (Nashville: Grupo Nelson, 1995), p. 166.

que los humanos no deben comerse unos a otros y, sin embargo, hay tribus donde eso es parte de la cultura. Asimismo, esas personas con toda probabilidad condenarían la antigua costumbre tribal de enterrar viva a la esposa de un cacique cuando este moría, de modo que ella lo acompañara en la próxima vida. Estas y otras tantas costumbres que forman o han formado parte de algunas culturas serían completamente inaceptables en otras, lo cual hace de la ética cultural un sistema muy difícil de defender.

En la ética cultural relativista de la sociedad de hoy, como no hay absolutos, la base de toda creencia se encuentra arraigada en la cultura, en la forma de crianza y en la presión social. Entonces resulta que, no solo la cultura general, sino también la forma como hemos sido criados en nuestros hogares, así como la presión de la sociedad en que vivimos, determinan cuáles son las normas morales que han de regir nuestra conducta.

Lamentablemente, muchos cristianos practican la ética cultural en sus decisiones diarias, incluso sin percatarse de ello, pues se han conformado a la cultura en medio de la cual se desenvuelven. Por ejemplo, en la República Dominicana, donde resido, es una práctica común que las personas elaboren dos contratos a la hora de comprar o vender un inmueble; uno por el valor real de la propiedad y otro con el valor que van a presentar ante las autoridades de impuestos internos. Esto es algo deshonesto e ilegal, mas hay un gran número de cristianos que lo hacen y no piensan que están haciendo algo malo, porque en este país es algo muy común. Sin embargo, hay otros creyentes que hemos comprado inmuebles en este mercado, y no hemos accedido a conformarnos a esta práctica que se ha vuelto parte de nuestra cultura, pero que deshonra el nombre de Dios y las leyes de la nación. De modo que es posible vivir en el mundo sin conformarse a él.

Por otro lado, también es triste ver que hay personas que aun llamándose cristianas se conforman a la cultura para las cosas que les convienen, pero para aquello que no les deja beneficios inmediatamente sacan la Biblia como su bandera y dicen: «No puedo hacer eso porque yo soy cristiano». Así que la ética cultural no es algo que solo se ve entre inconversos, y por eso los creyentes debemos conocer estas cosas y estar pendientes de que no afecten nuestro caminar con el Señor. De hecho, el apóstol Pablo llamó a los creyentes a no conformarse a los patrones de este mundo (Rom. 12:2). El incrédulo ya está adaptado a las corrientes del mundo; por tanto, el llamado del apóstol estaba y está dirigido al creyente, a fin de que este examine sus pensamientos y sus acciones, y no tome la forma de la cultura a su alrededor.

La sociedad alemana en la época de Hitler creía en su gran mayoría que la raza aria era superior a las demás y, bajo ese criterio, asintió a la matanza de millones de judíos. Esa idea de superioridad era una ética cultural y mucha gente la aceptó como buena y válida a pesar de ser inmoral. Y el mismo principio lo podemos ver expresado de múltiples maneras en diferentes culturas. Hay un refrán muy popular en la cultura anglosajona, cuya expresión original proviene del latín *cum Romae fueritis, Romano vivite more*, que dice: *«When in Rome, do as the Romans do»*. Esta frase se traduce al español: «Cuando vayas a Roma, vive como un romano», aunque en algunos lugares la frase se ha dado a conocer como «allí donde fueres, haz lo que vieres», implicando que debemos adaptarnos a las costumbres del país donde nos encontremos.

El cristiano frente a la ética relativista

Una de las áreas en donde el cristiano más peca es en la relacionada al manejo de sus finanzas, y específicamente al pago de impuestos. Una cantidad significativa de cristianos peca de evasión fiscal al momento de pagar sus impuestos, y lo peor es que no creen que están haciendo algo incorrecto, pues según algunos, están pagando más que la mayoría de los contribuyentes. Y según otros, el gobierno hace mal uso de los impuestos. También está la práctica generalizada de sumarse a lo que la mayoría hace, y no pagar sus impuestos.

Estos y tantos otros ejemplos son muestra de que la ética cultural es una filosofía que puede observarse de manera práctica en la vida diaria; por eso resulta tan necesario analizar constantemente nuestras vidas y ver en qué áreas estamos fallando al adoptar los patrones y las corrientes de este mundo, para que entonces podamos ser transformados por la Palabra y mejorar así nuestra vida de santidad y nuestra relación con Dios.

Esta es precisamente la advertencia que el apóstol Pablo hace a los creyentes en Roma, y que también aplica para el creyente de hoy: «Y no os adaptéis a este mundo, sino transformaos mediante la renovación de vuestra mente, para que verifiquéis cuál es la voluntad de Dios: lo que es bueno, aceptable y perfecto» (Rom. 12:2). Pablo nos está llamando a hacer dos cosas: en primer lugar, no adaptarnos al patrón del mundo o la cultura en que vivimos; y, en segundo lugar, transformar nuestra conducta externa por medio de la renovación de nuestra mente, pues es la única forma en que podremos resistir conformarnos a los patrones de la cultura que nos rodea. Recuerde que si su mente no es transformada a través del estudio de la Escritura y el obrar del Espíritu Santo mientras medita en la Palabra de Dios, usted terminará adaptándose fácilmente a las corrientes y las filosofías de este mundo.

El texto de Romanos 12 explica por qué es vital que rechacemos los patrones del mundo y renovemos nuestra mente: «para que verifiquéis cuál es la voluntad de Dios: lo que es bueno, aceptable y perfecto» (Rom. 12:2b). Una de las razones por la que muchas personas tienen dificultad en encontrar la voluntad de Dios es porque están adaptadas a la cultura. Cuando el hijo de Dios no renueva su mente con la verdad, termina adaptándose a la cultura y como resultado, no puede verificar cuál es la voluntad de Dios. De ahí que muchos andan como perdidos, sin saber a qué Dios los está llamando.

Observe cómo el apóstol Pablo, escribiendo a los colosenses, lo expresa de otra manera: «Mirad que nadie os haga cautivos por medio de su filosofía y vanas sutilezas, según la tradición de los hombres, conforme a los principios elementales del mundo y no según Cristo» (Col. 2:8). Este es un claro llamado a cuidarnos, no sea que nos adaptemos a tradiciones de hombres, haciéndonos entonces prisioneros de las formas de pensar o de actuar típicas de la cultura, en vez de ser prisioneros de Cristo.

El cristiano necesita una mente bíblica para poder vivir éticamente. La razón principal de la ausencia de un buen caminar cristiano es la falta de una mente bíblica, y eso está directamente relacionado con la ética cristiana porque ese sistema ético está basado precisamente en principios y valores que han sido revelados por Dios al hombre a través de su Palabra, y que al seguirlos nos ayudan en nuestro proceso de santificación.

3) La ética situacional

Como mencionamos anteriormente, la ética situacional postula que el amor es la única norma que existe para determinar lo bueno y lo malo. El principal exponente de este sistema ético fue el profesor Joseph Fletcher (1905-1991), quien en el año 1966 publicó un libro titulado *Situation Ethics: The New Morality* [Ética situacional: La nueva moral], que levantó una gran controversia en todos los ámbitos de la sociedad. Básicamente, Fletcher postulaba que todo aquello que se hace en base al amor es bueno y válido. Pero como ya dijimos, el problema es que sin absolutos no puede existir una definición objetiva del amor.

Es más, podemos llegar incluso a usar el amor como una excusa para llevar a cabo un sinnúmero de acciones completamente inmorales. En nombre del amor, podemos justificar las relaciones sexuales prematrimoniales, extramaritales o entre personas de un mismo sexo. Asimismo, en nombre del amor podemos aprobar que se le quite la vida a un bebé que viene con malformaciones congénitas o que se practique la eutanasia a una persona que padece de una enfermedad terminal. De manera que este sistema ético termina siendo insostenible desde un punto de vista objetivo, pues cada individuo es autogobernable, autosuficiente y moralmente independiente.

Pilares de la ética situacional

En su libro, Joseph Fletcher menciona cuatro pilares o principios sobre los cuales se sustenta la ética situacional: el pragmatismo, el relativismo, el positivismo y el personalismo. No abundaremos mucho en cada principio, pues ya hemos definido algunos de estos conceptos, pero trataremos de explicar rápidamente su relación con la ética situacional.

Ante todo, el pragmatismo propone que es bueno todo aquello que funciona, que es conveniente o que satisface; y en la ética situacional esto se consigue anteponiendo el amor en cualquier situación. Por otro lado, dicho sistema ético se sustenta además en el relativismo, lo que implica que «la ética situacional hace uso completo de principios para ser tratados como máximas, pero no como leyes o preceptos».[22] En otras palabras, hay principios que proveen cierta guía al hombre, pero no deben verse como absolutos y pueden ser obviados según la circunstancia lo amerite.

Otro pilar de la ética situacional es el positivismo, y se muestra en que los valores no son encontrados o derivados de manera racional, sino de forma volitiva. Cada persona decide cuáles serán sus valores y estos son expresiones de las emociones y los sentimientos del individuo. Es decir que cada persona hace ejercicio de su voluntad conforme a cómo determine que en cierta circunstancia una acción pudiera ser hecha en base al amor.

El último y cuarto pilar es el personalismo, un sistema filosófico en el cual la persona es el valor supremo. Según Fletcher, la ética situacional coloca a las personas en el centro de su interés, pues son las que tienen valor, y no las cosas. De manera que, usar a las personas y amar las cosas es una perversión. Ahora, el problema está en que, bajo esa premisa, las personas son siempre puestas por encima de toda ley moral o absoluto, y todo principio ético pierde su valor a menos que esté relacionado con la persona. Entonces resulta que, según la ética situacional, una persona que ha cometido adulterio pudiera elegir mentir con la excusa de no querer herir a su cónyuge o a fin de no hacer pasar vergüenza a la persona con la cual adulteró, y todo en base al amor. Mas esto es algo completamente inmoral y contrario a la ley de Dios, lo cual nos confirma una vez más que todo sistema de ética no absolutista es incompatible con la ética cristiana.

4) El generalismo

El generalismo, como explicamos en el capítulo 3, plantea que existen algunos imperativos morales, pero no de manera absoluta. Existen

---

[22] Joseph Fletcher, *Situation Ethics: The New Morality* (Louisville: Westminster John Knox Press, 1966), p. 31.

circunstancias donde el imperativo moral pudiera ser violentado sin que se incurra en una acción que pudiera calificarse como «mala». Sin embargo, algunos que abrazan el generalismo insisten en que hay ciertas reglas que nunca deben ser violadas, ya que de ser así, traerían malas consecuencias. Bajo el generalismo, algunos colocan al utilitarismo, sobre todo el utilitarismo de Jeremy Bentham (1748-1832).

Técnicamente, el utilitarismo es una teoría que plantea que la mejor acción es aquella que produce el mayor beneficio para el mayor número de personas. En otras palabras, lo que determina el valor moral del accionar de un individuo es si su proceder resultó o no en el mejor beneficio posible para la mayoría, que es lo que se busca según esta creencia. Por tanto, los utilitaristas no creen en la existencia de una ley moral universal que determina la conducta de las personas, sino que ven las consecuencias de cualquier acción como el único estándar del bien y del mal.

En esencia, esta es la misma filosofía que abrazan muchos de los que hoy en día defienden y aprueban acciones inmorales como el aborto, supuestamente en beneficio de la mayoría. Mas toda ley o accionar que contribuya a la eliminación antojadiza de la vida humana en su momento más vulnerable será siempre inmoral, no importa cuántas personas aleguen beneficiarse de ella.

Para una mejor comprensión del generalismo, volvemos a recomendar la obra de Norman Geisler, citada mas arriba, *Christian Ethics* (Ética Cristiana).

4

La ética cristiana: una visión ampliada

Como hijos obedientes, no os conforméis
a los deseos que antes teníais en vuestra
ignorancia, sino que así como aquel
que os llamó es santo, así también sed
vosotros santos en toda vuestra manera
de vivir; porque escrito está: Sed santos,
porque Yo soy santo.
(1 Ped. 1:14-16)

La ética cristiana y el sentido del deber

Es importante aclarar que el sentido del deber en la ética cristiana luce muy diferente a lo que otros sistemas éticos han definido como sentido del deber. Por ejemplo, el filósofo Immanuel Kant, quien nunca negó la existencia de Dios a pesar de no ser cristiano, enseñó que, en la conciencia del ser humano, existían «imperativos categóricos», que él definió como «un principio objetivo, racionalmente necesario e incondicional que siempre debemos seguir a pesar de cualquier deseo o inclinación natural que podamos tener a lo contrario». Todos los requisitos morales específicos, según Kant, están justificados por este principio, lo que significa que todas las acciones inmorales son irracionales porque violan los imperativos categóricos.[23]

---

[23] *Kant's Moral Philosophy*; primera publicación: 23 de febrero de 2004; rev. 7 de julio de 2016, en *Stanford Encyclopedia of Philosophy* en línea: https://plato.stanford.edu/entries/kant-moral.

En otras palabras, para Kant, el sentido del deber es determinado por la razón y la conciencia del hombre, lo cual implica entonces que el hombre no necesita de Dios para concluir que hay deberes que de manera categórica lo obligan a comportarse de cierta manera. Sin embargo, el mismo Kant se maravillaba de dos cosas que él no podía explicar. Estas son sus palabras exactas: «Dos cosas llenan la mente con admiración y asombro cada vez más nuevos y crecientes, mientras más a menudo y constantemente reflexionamos sobre ellos: el cielo estrellado sobre mí y la ley moral dentro de mí». La explicación para ambas cosas no era más que la existencia del Dios Creador. Estas últimas palabras fueron colocadas por sus amigos en la lápida de su tumba, tomadas de su libro, *La crítica de la razón pura.*[24]

Hasta cierto punto, lo anterior pudiera parecerse a lo que nosotros vemos en la ética cristiana, porque en el cristianismo también hay «imperativos categóricos», por así decirlo, pero estos no simplemente son deducidos por la razón, y no dependen tan solo de la conciencia del hombre, sino que la mayoría nos ha sido dada por medio de una revelación especial de parte de Dios.

A lo largo de la historia, han existido personas moralistas que entienden que ciertamente la conciencia humana le dicta al hombre lo que debe o no debe hacer, una especie de ley natural en su conciencia, pero que no es necesario que haya un Dios para que esto suceda, pues el hombre es capaz de determinar esas cosas haciendo uso de la razón. Sin embargo, nosotros sabemos que fue Dios quien escribió esa ley en el corazón de cada hombre (Rom. 2:14-16), tal como veremos más adelante.

El sentido del deber del cristiano

Como mencionamos anteriormente, el sentido del deber del cristiano tiene que ver con un carácter y una conducta que se conforman a los principios revelados por Dios. Por consiguiente, el sentido del deber

[24]*Kant's Philosophical Development*; primera publicación: 3 de noviembre de 2003; rev. 22 de noviembre de 2019, en *Stanford Encyclopedia of Philosophy* en línea: https://plato.stanford.edu/entries/kant-development.

del cristiano está relacionado con la conciencia del hombre; con la revelación especial de Dios, que a su vez tiene que ver con el carácter de Dios; con lo que Dios ha hecho por nosotros; y, finalmente, con lo que somos en Cristo. Así que, a continuación, veremos algunos pasajes de la Escritura que ilustran cada uno de estos conceptos.

a) El sentido del deber y la conciencia (Rom. 2:14-16). Ciertamente, el sentido del deber tiene que ver con la conciencia, pues Dios ha dotado al ser humano de una conciencia que lo ayuda a tomar decisiones, pero la mera conciencia no es suficiente ni lo es todo. En la carta a los romanos, Pablo se dirige a los creyentes que se encontraban en Roma diciéndoles:

Porque cuando los gentiles, que no tienen la ley, cumplen por instinto los dictados de la ley, ellos, no teniendo la ley, son una ley para sí mismos, ya que muestran la obra de la ley escrita en sus corazones, su conciencia dando testimonio, y sus pensamientos acusándolos unas veces y otras defendiéndolos, en el día en que, según mi evangelio, Dios juzgará los secretos de los hombres mediante Cristo Jesús (Rom. 2:14-16).

Este pasaje claramente nos deja ver que, aunque los gentiles no tenían la ley de Moisés, sí contaban con una ley escrita en su conciencia, y esa conciencia se encargaba de acusarlos cuando habían hecho algo malo o de defenderlos si habían obrado correctamente.

Por otro lado, el relato bíblico pone en evidencia que Dios acusó al hombre de pecar mucho antes de que la ley fuera dada a Moisés. En Génesis 9:6, Dios dice que si alguien derramaba la sangre de un hombre, su sangre debería ser derramada, porque el hombre fue hecho a imagen de Dios. La dignidad de la vida humana radica en que fuimos hechos a imagen de Dios; por eso, cuando Caín mató a Abel (Gén. 4), fue culpable de cometer un grave pecado; y aunque el sexto mandamiento («No matarás») aún no había sido dado, Dios ya había escrito ese principio en la conciencia del hombre.

De igual manera, aunque el séptimo mandamiento aún no había sido escrito en las tablas del pacto, cuando el rey Abimelec casi comete adulterio con la esposa de Abraham porque él le había dicho que

Sara tan solo era su hermana, el rey fue a ver a Abraham y le dijo: «¿Qué nos has hecho? ¿Y en qué he pecado contra ti, para que hayas traído sobre mí y sobre mi reino un pecado tan grande? Me has hecho cosas que no se deben hacer» (Gén. 20:9). La reacción de Abimelec es evidencia de que reconoció que unirse a la mujer de otro hombre era algo pecaminoso.

En fin, en el libro de Génesis podemos encontrar a Dios acusando al hombre de violar prácticamente cada uno de los Diez Mandamientos antes de que la ley fuera dada a Moisés. Y la razón es muy sencilla: hay una ley moral escrita por Dios en la conciencia de todo ser humano.

Si el hombre realmente evolucionó de la materia, ¿cómo se explican entonces los valores morales universales? Por ejemplo, en ninguna cultura un padre aceptaría como algo bueno que secuestren a su hija, abusen sexualmente de ella y luego la maten. Esa capacidad de distinguir entre lo bueno y lo malo, lo correcto y lo incorrecto, las virtudes y los vicios, es algo que trasciende las culturas y que solo se puede explicar por medio de un dador de la ley que la ha escrito en la conciencia de cada hombre.

b) El sentido del deber y la revelación especial de Dios (1 Ped. 1:14-16).

Además de involucrar la conciencia del hombre, el sentido del deber del cristiano está directamente relacionado con la revelación especial de Dios. En su primera carta, el apóstol Pedro nos recuerda: «Como hijos obedientes, no os conforméis a los deseos que antes teníais en vuestra ignorancia, sino que así como aquel que os llamó es santo, así también sed vosotros santos en toda vuestra manera de vivir; porque escrito está: Sed santos, porque Yo soy santo» (1 Ped. 1:14-16).

Es decir que, hay una forma en que el cristiano tiene que conducirse en la vida, una santidad que se supone que debe exhibir, y esta depende de quién Dios es; y Dios ha decidido revelar Su carácter a los hombres a través de la Escritura. Asimismo, Dios ha plasmado en Su Palabra lo que espera de aquellos que son llamados hijos de Dios. Por tanto, el sentido del deber del cristiano está informado no solo por su consciencia, sino también por los principios y preceptos contenidos en la Palabra de Dios.

c) El sentido del deber y lo que Dios ha hecho por nosotros (Rom. 12:1).

En su carta a los romanos, el apóstol Pablo invierte los primeros once capítulos en describir el pecado y la corrupción del hombre, refiriéndose tanto a gentiles como a judíos, revelando así su estado de condenación, su necesidad de justificación delante de Dios y cómo Dios mostró Su misericordia santificándonos por medio de Cristo. Entonces, considerando todo lo anterior, en el capítulo 12, Pablo les dice: «Por consiguiente, hermanos, os ruego por las misericordias de Dios que presentéis vuestros cuerpos como sacrificio vivo y santo, aceptable a Dios, que es vuestro culto racional» (Rom. 12:1). A partir de entonces, Pablo procede a describir cómo debe ser la conducta del creyente (la ética cristiana), teniendo como ancla lo que Dios ha hecho por el hombre. De modo que, el llamado a presentar nuestros cuerpos como sacrificio vivo y santo, aceptable a Dios, se realiza luego de explicar a lo largo de once capítulos todo lo que Dios hizo por nosotros en Cristo; y Pablo define esa conducta —ese sentido del deber— como nuestro «culto racional»; es decir, la respuesta lógica a lo que Dios hizo por Sus escogidos.

En la gramática de la lengua española, existen diferentes modos verbales para indicar la forma en que se expresa la acción del verbo: el modo indicativo, el modo subjuntivo, y el modo imperativo. Así pues, al leer la Palabra de Dios, podemos observar que hay verbos que están en modo indicativo, el cual se utiliza para expresar acciones concretas o afirmaciones, pero también hay verbos que están en modo imperativo, los cuales sirven para expresar alguna orden o advertencia. Ahora bien, antes de darnos el imperativo (lo que estamos obligados a hacer), Dios siempre nos da el indicativo (lo que Él ha hecho). Y esto lo podemos observar claramente en el libro de Romanos. Los primeros once capítulos están en modo indicativo, pues en ellos se describe todo lo que Dios ha hecho por el hombre; pero a partir del capítulo 12, vemos que los verbos aparecen conjugados en modo imperativo, expresando así lo que Dios espera de nosotros (p. ej., «Por tanto, presentad vuestros cuerpos como sacrificio»). El sentido del deber del cristiano está directamente relacionado con lo que Dios ha hecho por el hombre.

d) El sentido del deber y lo que somos en Cristo (1 Ped. 2:9). Por otro lado, el sentido del deber del cristiano está estrechamente relacionado con lo que somos en Cristo. El apóstol Pedro nos recuerda la razón por la que Dios espera que nos comportemos de una determinada manera: «Pero vosotros sois linaje escogido, real sacerdocio, nación santa, pueblo adquirido para posesión de Dios, a fin de que anunciéis las virtudes de aquel que os llamó de las tinieblas a su luz admirable» (1 Ped. 2:9). Entonces, conociendo quiénes somos en Cristo, nuestra respuesta lógica debe ser procurar caminar de una manera digna de Aquel que nos llamó.

Esto es algo que vemos aun en el mundo. El equipo profesional de béisbol New York Yankees es conocido y admirado por su ética de juego, la cual no está relacionada al carácter moral de sus integrantes, sino al trabajo, la disciplina y la excelencia que se espera de los miembros de esta organización. De ahí que, cuando un nuevo pelotero es contratado por ellos y le hacen formal entrega de su uniforme, dentro de las cosas que le dicen, está la frase: «Ahora eres un Yankee», con lo cual le están diciendo: «Compórtate como es digno de un Yankee».

Asimismo, cuenta la historia que, entre las tropas del emperador Alejandro Magno, había un soldado que se caracterizaba por su cobardía. Un día, el emperador lo mandó a buscar y cuando lo tuvo en frente le preguntó cuál era su nombre. Cuando el soldado le informó que su nombre era Alejandro, el emperador le dijo indignado: «O cambias de actitud, o cambias de nombre». De esa misma manera, ahora que somos cristianos, Dios espera que cambiemos nuestra vieja manera de vivir y nos comportemos como cristianos. Ahora que somos «linaje escogido, real sacerdocio, nación santa», el nombre de Dios y Su santidad están en juego cada vez que nuestras palabras o acciones desdicen el llamado que hemos recibido de parte de Dios. Por tanto, comportémonos como verdaderos cristianos y honremos el privilegio que se nos ha dado de ser llamados hijos de Dios.

En conclusión, el sentido del deber del cristiano está relacionado con la conciencia del hombre, con la revelación especial de Dios, que refleja Su carácter, con lo que Él ha hecho por nosotros, y con quiénes somos en Él. Estas verdades le dan a la ética cristiana otra connotación.

La importancia de la ética cristiana

El doctor Stanley J. Grenz escribió un libro sobre fundamentos de ética cristiana titulado *The Moral Quest* [La búsqueda moral], donde sabiamente expresa lo siguiente:

> Todos nosotros somos especialistas en ética. Todos nos enfrentamos a preguntas éticas, y estas preguntas son de gran importancia. Como cristianos, sabemos por qué esto es así: vivimos nuestros días en la presencia de Dios. Y ese Dios tiene preferencias. Dios desea que vivamos de cierta manera, mientras que desaprueba otras formas en que podríamos elegir vivir. Aunque todos viven delante de Dios, muchas personas ignoran o eligen ignorar esta situación. Como cristianos, por el contrario, reconocemos fácilmente nuestra posición delante de Dios. Sabemos que somos responsables ante un Dios que es santo. Dios no solo no puede tener participación en el pecado, sino que el Dios de la Biblia debe hacer desaparecer a las criaturas pecaminosas de Su presencia. Conociendo esto, abordamos la vida con seriedad. Cómo vivimos es importante. Nuestras elecciones y acciones hacen una diferencia; ¡cuentan por la eternidad! Por tanto, admitimos que buscar vivir como cristianos éticos no es una tarea pequeña.[25]

Con estas palabras, el autor está tratando de comunicarnos la razón por la cual la ética cristiana es tan importante, y es porque tenemos un Dios santo delante de quien vivimos, nos movemos y existimos

---

[25] Stanley J. Grenz, *The Moral Quest: Foundations of Christian Ethics* (Downers Grove: InterVarsity Press, 2000), págs. 17-18.

(Hech. 17:28). Cada vez que tomamos una decisión, cada vez que tenemos un pensamiento, cada vez que nos dirigimos en una dirección y no en otra, lo estamos haciendo delante de Dios. Recordar esto hace que nuestra actitud ante la vida sea más sobria. Pero, lamentablemente, la mayoría de los cristianos no toman la vida con la sobriedad que esta realmente amerita, y peor aún, muchos piensan que tomar la vida seriamente es señal de que somos unos aburridos. Muchos parecen olvidar que la Palabra de Dios nos exhorta a vivir en este mundo sobria, justa y piadosamente (Tito 2:12).

Por otro lado, cuando el doctor Grenz afirma que Dios no tiene comunión alguna con el pecado y que, de hecho, remueve a toda criatura pecaminosa de Su presencia, sus palabras nos recuerdan cómo Dios expulsó a Adán y Eva del jardín del Edén luego de que pecaron (Gén. 3:23-24), y cómo en un momento dado Dios le dijo a Moisés que enviaría un ángel para que fuera delante del pueblo de Israel, pues Él ya no iría en medio de ellos, no fuera que los destruyera en el camino, porque eran un pueblo de dura cerviz (Ex. 22:2-3). Con esto, el autor está tratando de ayudarnos a entender que la manera como el creyente se conduce en la vida tiene un impacto en su relación con Dios, pues Él no puede habitar en medio del pecado. Cuando Dios se encuentra con el pecado, o lo destruye o se aleja de aquellos que están pecando. En la cruz, aun Su Hijo experimentó el abandono temporal del Padre cuando cargó con nuestros pecados. Y de ahí Su clamor: «Dios mío, Dios mío, ¿por qué me has abandonado?».

Todas nuestras decisiones son importantes para Dios. Él observa y juzga las motivaciones detrás de cada una de nuestras acciones, sin importar cuán triviales parezcan. A Dios, por ejemplo, le importa la manera en que usamos el dinero. Él observa cómo tan fácilmente lo gastamos yendo a cenar a un restaurante, pero lo pensamos dos veces antes de invertir dinero en un buen recurso que nos ayude a fomentar nuestra vida espiritual. Asimismo, a Dios le importan las razones que nos llevan a poner a nuestros hijos en este colegio y no en aquel otro. Todas estas pequeñas decisiones están relacionadas con la ética cristiana y Dios las ve. Entender y reconocer esto le dará a la vida un mayor peso.

C. S. Lewis lo entendió de la siguiente manera:

> A menudo, la gente piensa que la moralidad cristiana es una especie de regateo en el cual Dios dice: «Si guardas un montón de reglas, te recompensaré; si no, haré lo contrario». No creo que esta sea la mejor manera de considerar el asunto. Más bien, diría que cada vez que hacemos una elección, estamos convirtiendo nuestra parte central, la parte que tiene la facultad de escoger, en algo un tanto diferente de lo que era antes. Y tomando nuestra vida como un todo, con todas nuestras innumerables elecciones, a lo largo de nuestra vida estamos lentamente convirtiendo esa parte central en una criatura celestial o en una criatura diabólica; en una criatura que se halla en armonía con Dios, con todas las demás criaturas y con ella misma, o en una que se halla en estado de guerra y de odio con Dios, con su prójimo y consigo misma. Ser una clase de criatura es el cielo; es decir, es gozo, paz, conocimiento y poder. Ser la otra es locura, horror, insensatez, rabia, impotencia y soledad eterna. Todos nosotros a cada momento estamos avanzando hacia uno u otro de estos estados. [26]

Lo que Lewis está diciendo es que cada vez que tomamos una decisión, nuestro hombre interior se va conformando ya sea a la imagen de Cristo, lo cual traería paz y armonía con Dios, o a la imagen de Satanás, que trae consigo insensatez, rabia, impotencia y, por ende, enemistad con Dios. Esta cita de Lewis nos muestra que las decisiones cotidianas no son simplemente decisiones. Cada decisión que tomamos revela, por un lado, lo que somos y, por otro lado, nos convierte en algo que antes no éramos. Nuestras decisiones nos van transformando en alguien cada vez más semejante a Dios o al enemigo. Es como si nuestra vida entera fuera un largo tornillo de muchas roscas, y cada decisión fuera una rosca. Entonces, con cada

---

[26] C. S. Lewis en *Mere Christianity*, citado por Gary Tyra en *Pursuing Moral Faithfulness: Ethics and Christian Discipleship* (Downers Grove: InterVarsity Press, 2015), p. 34.

decisión revelamos cómo estamos atornillados, pues se están revelando nuestras roscas. Además, cada vez que tomamos una decisión nos vamos enroscando en la dirección de Dios o desenroscando en la dirección de Satanás.

Requisitos de la ética cristiana

Para el cristiano, vivir éticamente requiere varias cosas:

En primer lugar, conocimiento de la Palabra de Dios. Jesús, orando al Padre, dijo: «Santifícalos en la verdad; tu palabra es verdad» (Juan 17:17). La Palabra nos santifica y la santificación nos permite vivir con una ética cristiana.

Por otro lado, necesitamos la guía del Espíritu, pues el Espíritu Santo es quien nos va a guiar a toda verdad (Juan 16:13). Y la ética cristiana tiene que ver justamente con la guía hacia la verdad a fin de poder conducirnos sabiamente. Además, vivir éticamente requerirá tener una mente bíblica (Rom. 12:2), lo cual implica que hemos cambiado los viejos patrones del mundo por la verdad de Dios, y esto solo ocurre en la medida en que el Espíritu de Dios renueva nuestra mente mediante el estudio y la meditación constante en la Palabra de Dios.

Asimismo, si anhelamos caminar éticamente, necesitamos cultivar un carácter cristiano; es decir, desarrollar el fruto del Espíritu, que es «amor, gozo, paz, paciencia, benignidad, bondad, fidelidad, mansedumbre y dominio propio» (Gál. 5:22-23).

Por último, para saber cómo andar correctamente, vamos a necesitar sabiduría, y la encontramos en la Palabra de Dios, que hace sabio al sencillo (Sal. 19:7). Para ser sabios, no necesitamos ir a la universidad y obtener un doctorado; lo que necesitamos es conocer y aplicar la Escritura. La Palabra de Dios nos hace sabios, aun si somos personas sencillas. Tal como sucedió con Pedro, que era un hombre sencillo y sin mucha preparación, pero la verdad de Dios lo hizo sabio.

En la Escritura, la sabiduría frecuentemente se presenta como una habilidad, más que como un mero conocimiento intelectual; es conocer «cómo» y no tan solo «qué». Por ejemplo, cuando las ovejas escuchan la Palabra de Dios predicada el domingo en la mañana, por lo general terminan con un conocimiento del «qué»: ¿Qué dice el libro de Hechos? ¿Qué enseñó Pablo sobre la justificación? ¿Qué dice Juan 3:16? Ese es el *qué*. Ahora bien, donde el cristiano falla es en entender el *cómo*: ¿Cómo se aplica este pasaje a mi vida? ¿Cómo voy a vivir el lunes por la mañana a la luz del pasaje predicado? ¿Cómo voy a manejar mis finanzas? ¿Cómo voy conducirme en mis relaciones con los demás? Es decir, la sabiduría tiene que ver con cómo aplicamos el conocimiento con prudencia y sentido común, pero sobre todo, con temor de Dios, que es el principio de la sabiduría (Prov. 1:7). Esto es importante porque mientras mejor entendamos el «cómo», más fácil nos resultará vivir éticamente.

Una vida ética comienza por una correcta manera de pensar, que luego nos permite hablar y actuar con prudencia. Un pensamiento errado producirá siempre una conducta errada, pues nuestros pensamientos determinan nuestro comportamiento. Nadie ha pecado sin que primero haya pensado en pecar. Antes de que Adán y Eva comieran del fruto del árbol que estaba en medio del huerto, pensaron en lo agradable y codiciable que era aquel fruto prohibido, y entonces lo tomaron y comieron. Esta es la razón por la que el apóstol Pablo hace la siguiente recomendación en su carta a los filipenses: «Por lo demás, hermanos, todo lo que es verdadero, todo lo digno, todo lo justo, todo lo puro, todo lo amable, todo lo honorable, si hay alguna virtud o algo que merece elogio, en esto meditad» (Fil. 4:8). Este es un llamado a enfocarnos en todo lo que es verdadero, aquello que procede de Dios. En ese sentido, cuando mi esposa y yo estamos conversando acerca de algo, en ocasiones nos decimos: «Sí, pero recuerda que eso es especulación». Esta es una forma de ayudarnos a enfocarnos en todo lo que es verdadero porque los seres humanos tendemos a especular mucho, y la especulación por lo general nos lleva a hacer malas conjeturas que luego nos llevan a cometer malas acciones.

Hay una sola cosa que nos puede llevar a una buena acción: lo verdadero. Y lo verdadero está relacionado con todo lo digno, todo lo justo, todo lo puro, todo lo amable, todo lo honorable, y todo lo que es virtuoso. Pensar en estas cosas refresca y enfoca nuestra mente, y luego nos ayuda a actuar correctamente. Todo comienza con la mente, y Dios lo sabe, por eso a lo largo de todo el Antiguo y el Nuevo Testamento se enfatiza la idea de no conformarnos a los patrones de este mundo, sino de ser transformados por medio de la renovación de nuestra mente (Rom. 12:2).

La importancia de la mente en la vida cristiana

La mente es el centro de operaciones del ser humano. Determina nuestros pensamientos, nuestras emociones, nuestras decisiones y nuestras acciones; por eso la necesidad de mantener la mente bien aguda mediante la Palabra de Dios. Nuestra vida entera, en términos de cómo la vivimos, depende de la mente, porque esta dirige el corazón y la voluntad del hombre. Cuando usted se enamoró, ciertamente sus emociones estuvieron involucradas en el proceso, pero lo primero que sucedió fue que su mente pensó: «¡Vaya! ¡Qué muchacha tan bonita!», o alguna expresión similar. Nosotros sentimos, decidimos y actuamos después de que la mente ha pensado, y así sucede todo el tiempo.

Ahora bien, la mente piensa de acuerdo con valores que hemos acumulado a través de los años. Un valor es algo que tiene mérito o significado para nosotros y que nos lleva a reaccionar o comportarnos de una forma determinada. En cuanto a esto, anteriormente mencionamos que la ética cultural sostiene que los valores morales del individuo dependen de la cultura, de la forma de crianza y de la presión social. En otras palabras, cada una de estas cosas causa un impacto en nosotros desde temprana edad y determina cuáles serán las normas que habrán de regir nuestra conducta.

Permítame ilustrarlo de la siguiente manera: Dios diseñó el cuerpo humano de tal forma que este transforma la vitamina D en su forma activa cuando la piel se expone directamente al sol, y esta vitamina es fundamental para la fijación del calcio. Sin embargo, en mi país, República Dominicana, la mayoría de los niños crece escuchando a sus padres decirles que no deben estar a la intemperie porque el sol es muy fuerte. Poco a poco, eso les va inculcando la idea de que estar expuestos al sol es algo perjudicial y debe ser evitado, lo cual explica por qué es tan frecuente que encontremos personas con niveles bajos de vitamina D. Esta ilustración médica nos permite entender que hay valores, morales y no morales, que nos son inculcados desde muy pequeños sin que incluso nos demos cuenta.

Cada uno de nosotros tiene formas de comportamiento que se derivan de valores que hemos absorbido desde temprana edad, y que son una especie de respuesta involuntaria o reflejo, como cuando el médico golpea la rodilla con un pequeño martillo y la pierna se mueve de forma automática hacia delante. De igual manera, nuestros valores dan origen a nuestras emociones, sentimientos, deseos, hábitos y patrones de comportamiento. Al europeo y al norteamericano no les agrada mucho cuando la gente se les acerca demasiado, porque desde muy temprano han aprendido que hay un espacio personal que debe ser respetado guardando cierta distancia física de la otra persona. Sin embargo, entre latinos, es muy normal que la gente se acerque bastante al interactuar con los demás. Estas son cosas que se aprenden con el paso del tiempo y que de una u otra manera definen los valores morales y la eventual conducta del individuo. Los valores que hemos adquirido de esta forma están profundamente arraigados en cada uno de nosotros, y si no tomamos el tiempo para examinarlos y desarraigarlos, terminarán saliendo y explotarán como una bomba de tiempo en el momento en que menos pensamos.

«Vamos acumulando nuestros valores como gérmenes o microbios por las calles de la vida». Esta frase es atribuida a Francis Schaeffer. Es decir, así como la gente se contagia de la gripe, sin siquiera darse cuenta, los valores morales van siendo absorbidos por los individuos de manera inconsciente, simplemente por vivir en tal o cual lugar, o por pertenecer a determinada familia. A la larga, todos esos valores que hemos acumulado afectan nuestra identidad, cómo pensamos y cómo vivimos.

Como nadie ignora, el mayor problema de esta generación es la falta de sabiduría que no le permite discernir correctamente. Cuando no hay sabiduría ni buen discernimiento, resulta imposible desarrollar convicciones profundas, y sin convicciones profundas jamás podremos desarrollar un carácter piadoso. Por tanto, no debe extrañarnos la falta de ética cristiana que a menudo vemos hoy en día. No se trata simplemente de aprender ciertas reglas de comportamiento, es cuestión de transformar nuestra mente, y la transformación entonces resulta en una conducta éticamente correcta.

Continuando con el tema de la importancia de la mente en la vida cristiana, es importante destacar que la manera en que pensamos determina nuestras convicciones. Una convicción es una creencia profundamente arraigada en una persona, que la sostiene en la misma posición independientemente de las circunstancias. Una persona de firmes convicciones no va a ser movida por el relativismo cultural, el pragmatismo o la ética situacional. Si tiene convicciones cristianas profundas, arraigadas en la Palabra de Dios, esas convicciones la sostendrán ante cualquier circunstancia. Una férrea convicción basada en la Escritura fue lo que hizo que Sadrac, Mesac y Abednego estuvieran dispuestos a pararse frente al rey Nabucodonosor y declarar: «Ciertamente nuestro Dios a quien servimos puede librarnos del horno de fuego ardiente; y de tu mano, oh rey, nos librará. Pero si no lo hace, has de saber, oh rey, que no serviremos a tus dioses ni adoraremos la estatua de oro que has levantado» (Dan. 3:16-18). Esa misma convicción es la que ha sostenido a cada creyente que a lo largo de la historia se ha parado firme y no ha cedido ante los embates del mundo. Esa convicción es la que hoy en día le hace falta al pueblo de Dios. Las elecciones presidenciales en nuestros países latinoamericanos demostraron que el pueblo de Dios votó políticamente y no por convicción, algo que debe ser causa de vergüenza para toda la comunidad cristiana. Una evidencia más de que, desde la época del rey Saúl, las naciones tienen los gobernantes que se merecen, como alguien ha dicho.

Ahora bien, la razón por la que no tenemos una mente bíblica es por algo de lo que el Señor se queja contra el pueblo de Israel: «Ninguno reflexiona» (Isa. 44:19). Sinceramente, ¿cuántos de nosotros nos quedamos rumiando el sermón cuando salimos de la iglesia cada domingo? Para la mayoría de los cristianos, el sermón usualmente termina con el *amén* unísono de la congregación cuando el pastor termina de orar y se retira del púlpito; por eso las prédicas que escuchamos no surten efecto en nuestras vidas. Cuando Dios dice «Ninguno reflexiona», es porque la reflexión es más que escuchar. Usted necesita tomar dos, tres, cuatro o incluso una sola idea del sermón dominical y quedarse rumiándolas toda la semana. Dios es testigo de que esa ha sido mi práctica hasta el día de hoy y de esa forma Él me ha ido transformando día a día. Si, por ejemplo, estoy leyendo un libro cristiano, trato de quedarme con varias ideas claves que el autor haya expuesto sobre el tema, y por lo general medito en ellas durante meses, pues eso es lo que va a transformar mi forma de pensar y lo que me va a permitir aplicar esas cosas en el día a día.

El pastor John Piper ha dicho que «los libros no cambian a la gente, los párrafos sí… y a veces las frases»,[27] con lo cual estamos muy de acuerdo. Ahora, con esto no estamos tratando de quitarles mérito a los libros ni insinuar que con tan solo leer una que otra frase de un libro seremos inmediatamente transformados. La idea es que podamos tomar la verdad que hemos recibido, ya sea que la hayamos escuchado en un sermón o leído en las páginas de un libro, y continuemos reflexionando sobre ella y aplicándola día a día hasta que transforme nuestro pensamiento y nuestro accionar.

En el libro de Isaías, el Señor revela las consecuencias de la ausencia de una mente bíblica: «Por eso va cautivo mi pueblo por falta de discernimiento; sus notables están muertos de hambre y su multitud reseca de sed» (Isa. 5:13). El pueblo de Dios estaba muriendo de hambre y sed, pero no por falta de alimento ni escasez de agua; la causa primaria era la falta de discernimiento, pues el pueblo había cavado para sí cisternas agrietadas incapaces de retener agua, tal como Dios lo denunció a través del profeta Jeremías (Jer. 2:13). En la Biblia, las cisternas agrietadas representan aquello en lo que hombre confía y que no es Dios. Lamentablemente, muchos hoy en día viven afanados, poniendo su esperanza en cosas que nunca serán capaces

---

[27] John Piper, *Los libros no cambian a la gente, los párrafos sí* (Minneapolis: 16 de julio, 2013). Disponible en línea en https://www.desiringgod.org/articles/books-dont-change-people-paragraphs-do?lang=es

de brindarles lo que verdaderamente necesitan.

Por ejemplo, un gran número de padres cristianos elige la educación de sus hijos por el nivel académico del centro docente, sin necesariamente tomar en cuenta qué tipo de formación espiritual esa institución académica le va a proveer a sus hijos. Con esto no estamos diciendo que lo académico no sea importante, sino que es algo secundario, pues nadie se salva por tener un buen índice académico. Lo que verdaderamente debe interesarnos es que nuestros hijos sean expuestos a la verdad, para que puedan desarrollar una mente bíblica que en el futuro les permita tomar buenas decisiones. La ausencia de una mente bíblica imposibilita el discernimiento espiritual, lo cual trae graves consecuencias, tal como leemos en Isaías 5:13.

Una vez más, la razón por la que mencionamos estos ejemplos es porque si no estudiamos la ética cristiana a la luz de nuestras decisiones cotidianas, incluyendo en qué colegio colocamos a nuestros hijos, jamás podremos entender de qué manera la ética cristiana se relaciona con todas las decisiones que hemos de tomar en nuestra vida.

Para ponderar

A continuación, algunas verdades en las que vale la pena tomarnos el tiempo de meditar. En primer lugar, al venir a Cristo, necesitamos reexaminar todos nuestros valores; de lo contrario, seguiremos pensando y viviendo como antes. Puesto en el lenguaje de la ética, seguiremos viviendo culturalmente.

En segundo lugar, debemos entender que los viejos valores fueron absorbidos por nuestra mente como por ósmosis, pero los nuevos valores deben ser recogidos de manera intencional. En otras palabras, para asimilar valores negativos no necesitamos hacer absolutamente nada, solo vivir en este mundo caído. Sin embargo, para poder incorporar valores positivos debemos hacer el esfuerzo de leer y estudiar la Palabra de Dios; necesitamos reflexionar en las verdades contenidas en la Escritura e intencionalmente aplicar esas verdades a nuestra vida. Entonces, con el paso del tiempo, esos principios pasarán a formar parte de nosotros y podremos aplicarlos naturalmente.

En tercer lugar, necesitamos ser conscientes de que los viejos valores son como una bomba de tiempo que explota cuando menos lo esperamos. Esos valores están dormidos en alguna parte de nuestra mente, como un oso en estado de hibernación, pero resulta que un día, de la nada, despiertan y salen a flote. De ahí la importancia de sustituir los viejos valores por nuevos.

¿Alguna vez ha visto a alguien comportarse de una manera completamente contraria a lo que usted conoce y esperaría de esa persona? ¿Cuántas veces hemos dicho: «¡La verdad que no esperaba esa reacción de parte de esa persona!»? No es que esa persona de repente cambió, sino que el valor que la hizo comportarse de esa manera nunca fue desarraigado, y como estaba ahí y estaba germinando, un día salió a flote producto de las circunstancias. Por eso es tan importante examinar todos, absolutamente todos nuestros valores, pues al final los perjudicados somos nosotros mismos.

En lo personal, trato de examinar mis valores continuamente, aún los ya cultivados, pues no soy infalible y puede que tenga algún valor que haya sido mal cultivado, o medianamente cultivado, y que necesite entonces terminar de desarrollar o desenterrar por completo de mi mente. Como pastor, hoy en día no pienso exactamente igual que cuando planté nuestra iglesia hace 22 años. Doctrinalmente, sí, aunque en esta área hay conceptos que han sido afinados y en otras áreas hay muchas cosas que han cambiado con mi crecimiento. Esto sucede en la medida en que nos mantenemos examinando cuáles son nuestros valores, lo cual nos hace crecer, madurar y seguir aprendiendo. En fin, eso nos hace poder caminar de una mejor manera, es decir, éticamente.

Sin duda alguna, lo que más puede bendecir nuestra vida es la presencia de Dios y el estudio de Su Palabra; pero en términos prácticos, la bendición viene producto de la gracia de Dios y una vida de integridad en todos los ámbitos. Y queremos hacer énfasis en que la integridad debe verse reflejada en todos los aspectos porque muchas veces cometemos el error de pensar que la integridad solo se requiere en las grandes áreas, o aquellas que pudieran ser más escandalosas porque todo el mundo las ve; mas no es así. Es en las pequeñas áreas, en las pequeñas decisiones del día a día, donde nuestra integridad es probada. Dios dice que, si le somos infieles en las pequeñas cosas, también le seremos infieles en las grandes. El individuo que no puede robarse cinco pesos porque entiende que es algo pecaminoso, jamás se robará un millón de pesos, porque reconoce que eso sería una barbaridad delante de Dios. Por tanto, es importante comenzar a corregir el curso de nuestra vida a partir de las pequeñas decisiones, pues es en lo pequeño que Dios nos examina. Y con el tiempo, esa práctica resultará en una ética cristiana que honre a Dios.

La intención de este libro es ayudar al lector a pensar, para que entonces el Espíritu de Dios y Su Palabra puedan transformarlo. El poder de transformación está en la Palabra y el Espíritu de Dios, pero lo que aprendemos nos ayuda a sanear nuestra mente y a pensar de manera más bíblica.

5

Su cosmovisión y su ética del diario vivir

Él te ha declarado, oh hombre, lo que es bueno. ¿Y qué es lo que demanda el Señor de ti, sino solo practicar la justicia, amar la misericordia, y andar humildemente con tu Dios?
(Miq. 6:8)

Toda persona opera conforme a una cosmovisión que ha formado a lo largo de la vida. Para tener una cosmovisión no es necesario recibir una educación formal ni tomar un curso especial en la universidad. La manera en que cada persona ve la vida es su cosmovisión. Por tanto, todo ser humano sobre la faz de la tierra tiene una cosmovisión, y dicha cosmovisión puede acercarse o alejarse de la cosmovisión bíblica, dependiendo de cuánto la mente haya sido impactada por la Palabra de Dios. Pero, en esencia, una cosmovisión es la forma particular en que un individuo interpreta la vida y reacciona ante la misma. De ahí que nunca encontrarás dos individuos con exactamente la misma cosmovisión. Si se trata, por ejemplo, de dos cristianos que están entregados a un cuerpo de doctrinas, con toda probabilidad sus cosmovisiones van a ser muy parecidas, pero el simple hecho de que estas dos personas sean de distintos sexos —o si provienen de dos trasfondos familiares distintos— les hace ver la vida y reaccionar ante ella de forma muy diferente.

Pasaremos a mencionar algunas premisas que nos ayudan a entender la relación entre la cosmovisión de una persona y los principios éticos con los cuales vive.

Primera premisa: Cada ser humano piensa y actúa conforme a una cosmovisión. Esto no es solamente un concepto cristiano; los filósofos ateos también creen que las personas viven de acuerdo con la cosmovisión que poseen.

Segunda premisa: Nuestras cosmovisiones salen a relucir en la manera en que vivimos. Y en ese sentido, si observamos cómo viven los demás, cómo hablan, qué compran, cómo se visten, cómo tratan a sus cónyuges e hijos, podremos tener una idea de la cosmovisión que se esconde detrás de esas acciones.

Tercera premisa: Si el Dios de la Biblia existe, nosotros rendimos cuentas a Él por la forma en que nos comportamos. Por consiguiente, nuestra cosmovisión está íntimamente relacionada con nuestra concepción de Dios. Si nuestra cosmovisión es errónea, no vamos a poder vivir correctamente.

Cuarta premisa: Si Dios no existe, toda conducta humana es permisible. Esto fue precisamente lo que el autor Fyodor Dostoyevski expresó hace muchos años en su famosa novela *Los hermanos Karamazov*: «Si Dios no existe, todo está permitido». Esta es una tesis muy acertada, pues si no hay un Dios en los cielos que juzga todas las acciones de los hombres, no importa cómo usted haya decidido vivir su vida, puede hacer todo lo que se le antoje porque no necesita rendirle cuentas a nadie.

Los componentes de toda cosmovisión

Cuando pensamos en una cosmovisión, observamos que hay elementos básicos que la componen. A continuación, compartimos algunos.[28]

a) La teología

El concepto que el hombre tiene de Dios afecta su forma de ver e interpretar el mundo a su alrededor. En la cosmovisión cristiana, Dios es creador y sustentador de todas las cosas; es sabio, santo, justo,

[28] Ronald H. Nash, *Worldviews in Conflict* (Grand Rapids: Zondervan, 1992), págs. 34-53.

soberano, omnisciente, autosuficiente, amoroso y misericordioso. Si conocemos a Dios de esa manera, ese conocimiento de por sí va a determinar nuestro comportamiento. ¿Por qué? Porque si creemos que Dios ciertamente es santo, entonces todo lo que nos ordena es algo que nos conviene hacer, porque Su santidad va a actuar siempre en nuestro beneficio. Asimismo, si reconocemos a Dios como soberano, no tendremos nada que cuestionarle y responderemos en obediencia cuando nos mande a hacer algo. Por eso decimos que aquello que conocemos acerca de Dios determina nuestro comportamiento.

b) La antropología

La antropología es la ciencia que estudia los aspectos biológicos, culturales y sociales del ser humano. La Palabra de Dios dice que el hombre fue hecho a imagen y semejanza de Dios (Gén. 1:27-28). Por tanto, la cosmovisión cristiana entiende que hay una dignidad intrínseca al ser humano por la manera en que el hombre y la mujer fueron creados por Dios.

c) La metafísica

La mayoría de la gente piensa que la metafísica tiene que ver con misticismo y esoterismo; sin embargo, la metafísica es el área del saber relacionada con el estudio de todo lo que existe y cuál es la realidad suprema. Toda cosmovisión tiene un entendimiento de esa realidad. La cosmovisión cristiana dice que la realidad suprema es Dios y que todo lo que existe fue creado por Él (Gén. 1:1), tal y como veremos más adelante.

d) La axiología

La axiología no es más que el estudio de los valores y de los juicios de valores del individuo. En otras palabras, la axiología tiene por objeto el estudio de lo que es bueno y lo que es malo. En Su Palabra, Dios nos dice: «Sed santos, porque yo soy santo» (Lev. 11:44). Asimismo, el apóstol Pedro nos exhorta a considerar lo siguiente: «así como aquel que os llamó es santo, así también sed vosotros santos en toda vuestra manera de vivir; porque escrito está: Sed santos, porque

Yo soy santo» (1 Ped. 1:15-16). De modo que, la manera como debemos comportarnos está íntimamente relacionada con lo que Dios es; y también podemos ver que nuestro concepto de Dios está íntimamente relacionado con la ética cristiana.

e) La epistemología

La epistemología es la rama de la filosofía que estudia el conocimiento y la forma en que este se genera; es decir, cómo sabemos lo que sabemos. En sentido general, el ser humano adquiere el conocimiento a través de los sentidos: la vista, el olfato, el oído, el gusto y el tacto. Hasta cierto punto, la cosmovisión cristiana entiende que los sentidos son confiables, mas no de manera absoluta, en vista de las limitaciones que cada persona tiene producto de la caída del hombre. Sin embargo, dentro del hinduismo, hay una posición que plantea que el mundo es una ilusión de Brahma, uno de sus dioses, y por tanto, nada ni nadie existe realmente, pues todo es una ilusión. Entonces, bajo esa cosmovisión, los sentidos no serían confiables en absoluto.

Así que, toda cosmovisión va a tener estos elementos, y nuestra cosmovisión —en este caso, la cosmovisión cristiana—, va a determinar nuestro comportamiento basándose precisamente en cada uno de esos elementos.

Otras áreas del saber de una cosmovisión

La ética es universalmente reconocida como una de las áreas del saber de toda cosmovisión, junto con la filosofía (principios que nos llevan a pensar acerca de la vida), la biología (que estudia la composición y el funcionamiento de los seres vivos), la psicología (que tiene que ver con el comportamiento del hombre), al igual que la sociología, las leyes y la política (referentes al gobierno de los estados), la economía (relacionada con la necesidad y la administración de los bienes materiales) y la historia (disciplina que estudia y narra cronológicamente los acontecimientos pasados). Todas estas áreas del saber forman parte de una cosmovisión junto con las áreas mayores identificadas previamente.

La cosmovisión cristiana

Michael Palmer define una cosmovisión de la siguiente manera: «es un grupo de creencias y prácticas que definen la manera como una persona aborda los temas más importantes de la vida».[29] Y nosotros añadiríamos que no solo los temas más importantes, sino todos los temas de la vida.

En lo personal, he definido la cosmovisión de la siguiente manera: «Una cosmovisión es un grupo de creencias; sistema de valores o presuposiciones a través de las cuales nosotros, consciente o inconscientemente, analizamos y juzgamos la realidad que nos rodea y reaccionamos ante sus circunstancias».

El ser humano va adquiriendo valores e ideas desde muy temprano en la vida. Nuestros padres nos enseñan lo que es bueno y lo que es malo; nos enseñan que hay un tiempo para jugar y un tiempo para estar quietos y descansar; nos enseñan a hablar correcta o incorrectamente; nos enseñan a respetar a las autoridades y someternos a ellas, y así sucesivamente. En fin, desde que nacemos, vamos acumulando conocimiento y luego, de manera consciente o inconsciente, analizamos nuestro entorno, el comportamiento de la gente a nuestro alrededor, y procedemos a juzgar lo que vemos, incluidas las personas, y a reaccionar ante las circunstancias en base a ese conocimiento previamente adquirido. Esas experiencias van formando nuestra cosmovisión.

En cuanto a la cosmovisión cristiana, podríamos resumirla en cuatro fases o etapas que nos ayudan a entender la vida y la historia de la humanidad: la creación, la caída, la redención y la consumación.

La creación

La Palabra de Dios afirma que en el principio creó Dios los cielos y la tierra (Gén. 1:1). Y luego de crear el universo, Dios evaluó todo lo que había hecho y concluyó que era bueno en gran manera (Gén.

---

[29] Michael D. Palmer, *Elements of a Christian Worldview* (Springfield: Gospel Publishing House, 1998).

1:31). Es importante enfatizar esto porque para los gnósticos, por ejemplo, el mundo en sí mismo es malo y lo único que es bueno y puro es el alma o el espíritu. Mas cuando Dios creó el mundo, toda la creación fue considerada buena, y eso significa que las cosas que Dios creó como parte del mundo, como las playas, son buenas en sí mismas para la recreación del hombre.

La caída

Ahora bien, después de la creación, hubo una caída producto de la desobediencia del hombre, la cual se describe en Génesis 3, y esa caída trastornó toda la existencia del hombre. De manera que en el hombre no hay nada puro, nada completamente santo. Usted nunca ha tenido un pensamiento completamente puro, pues todos nuestros pensamientos están continuamente manchados por el pecado.

Una de las mejores cosas que podemos hacer es amar, pero ni siquiera ese amor es perfectamente puro porque, al amar a otros, hasta cierto punto, lo hacemos de manera egoísta para nuestro beneficio. Ahora, quizás usted pueda amar más o menos egoístamente, pero lo que no puede hacer es amar como Cristo, perfecta e incondicionalmente, porque usted no es Dios. Y ese es solo un ejemplo de cómo la caída trastornó todas nuestras emociones, todos nuestros sentimientos, todas nuestras formas de pensar y todo nuestro accionar; todo nuestro ser quedó manchado por el pecado.

En la teoría reformada, el concepto de la depravación total no implica que el hombre es tan malo como puede ser, pues todos podríamos ser mucho peores de lo que ya somos, ¿no? La depravación total del hombre implica que todas sus facultades quedaron teñidas por el pecado. Este concepto está íntimamente relacionado con la ética cristiana porque nos permite entender mejor la razón por la que los hombres tienden a comportarse pecaminosamente, en vista de la caída.

La redención

Fue precisamente el pecado del hombre lo que hizo que Cristo dejara la gloria, se despojara de Su santidad y tomara forma de siervo, yendo a la cruz del Calvario a pagar el precio del pecado que el hombre no podía pagar. De tal manera que, cuando nos acercamos a Él con el corazón contrito y humillado, y le pedimos perdón, Él nos perdona. Y cuando el pecador reconoce a Cristo como su Señor y Salvador, el Espíritu de Dios viene a morar en él y comienza la labor de reparar todo lo que el pecado dañó producto de la caída.

Nosotros fuimos profundamente dañados por el pecado y todos entramos a la vida cristiana profundamente dañados. Y el daño que se produjo en nosotros se ve expresado en forma de celos, temores, inseguridades, orgullo, egoísmo, autojustificación, así como el culpar a otros. Todo eso forma parte los efectos de la caída del hombre y Cristo comienza entonces, por medio del Espíritu Santo que mora en nosotros y de la Palabra, a eliminar todo lo que fue dañado por el pecado. Él comienza a hacernos menos orgullosos, menos temerosos, menos envidiosos, menos celosos, menos inseguros, menos justicieros, y más amorosos. Ese es el proceso de la redención del hombre. Pero nunca vamos a ser completamente redimidos sino hasta que entremos en gloria.

La consumación/glorificación

Y cuando toda la creación, que gime y sufre dolores de parto esperando el día de la redención (Rom. 8:22), sea finalmente redimida y liberada de la esclavitud de la corrupción que la caída provocó, entonces habrá una consumación y las cosas cambiarán completamente. A partir de entonces, comenzaremos a ver el mundo de otra manera.

Pues ahora mismo, aunque el Espíritu Santo mora en nuestro interior y tenemos una mente informada por la Palabra de Dios, todavía no podemos ver el mundo como Dios lo ve. Por eso Pablo, escribiendo a los corintios, dice: «ahora conozco en parte, pero entonces conoceré plenamente» (1 Cor. 13:12b). Al presente, vemos las cosas en forma velada, pues por más información que tengamos solo conocemos una parte de la historia. Dios es la única persona que ve la vida completamente como es. El hombre no es capaz de ver claramente porque todas sus facultades están teñidas por el pecado. Y como todas sus facultades están teñidas por el pecado, su comportamiento ético frecuentemente no está a la altura del estándar de Dios.

La respuesta cristiana a las preguntas mas importantes de la vida

Hay cuatro preguntas vitales acerca de la vida, cuyas respuestas deben formar parte de toda cosmovisión. La respuesta que demos a esas preguntas nos llevará a vivir de una manera o de otra. No son las únicas interrogantes que existen, pero resumen las preguntas claves que toda cosmovisión debe responder de forma coherente.

La primera pregunta es una pregunta de origen: ***¿De dónde vengo?*** La cosmovisión cristiana entiende que el hombre fue creado por Dios, a Su imagen y semejanza (de esto vamos a hablar un poco más adelante). Sin embargo, eso no es lo que plantean todas las cosmovisiones. Por ejemplo, la cosmovisión materialista dice que el hombre proviene de la evolución de la materia. La respuesta que demos a esta pregunta marca una diferencia en la manera en que vemos y apreciamos la vida humana y sienta la base para responder a las demás interrogantes de la vida.

La segunda pregunta es de propósito: ***¿Para qué estoy aquí?*** A la luz de la Palabra, el hombre fue creado para la gloria de Dios (Isa. 43:7) y con un propósito bien definido: «Somos hechura suya, creados en Cristo Jesús para hacer buenas obras, las cuales Dios preparó de antemano para que anduviéramos en ellas» (Ef. 2:10).

La tercera pregunta tiene que ver con moralidad: ***¿Qué es bueno y qué es malo?*** Esa es una pregunta sobre ética, y como ya hemos mencionado, la cosmovisión cristiana afirma que hay una ley moral que fue revelada por Dios al hombre, de modo que hay un estándar definido de lo que es bueno o malo, y hay además un juez frente al cual todos tendremos que comparecer «para que cada uno sea recompensado por sus hechos estando en el cuerpo, de acuerdo con lo que hizo, sea bueno o sea malo» (2 Cor. 5:10).

Y, finalmente, la cuarta pregunta es de destino: ***¿Para dónde voy?*** La manera en que decidimos vivir en esta tierra determina hacia dónde vamos después de que partamos de ella, no porque Dios vaya a juzgarnos conforme a nuestras obras, sino porque reconocer a Cristo como nuestro Señor y Salvador nos lleva a la gloria. Y recibir a Cristo de esta manera nos lleva a un comportamiento muy distinto que si lo hubiésemos rechazado. Por tanto, cómo vivimos de este lado de la gloria determina nuestro destino final: o vivimos en Cristo y por Cristo, o vivimos en la carne y para nuestra vanagloria. Cuidado, no estamos diciendo que la salvación se obtenga por nuestras obras, sino que nuestra aceptación o rechazo de Cristo nos lleva a obrar de dos maneras muy distintas.

Entender estas cosas nos permite ver que responder a estas cuatro preguntas de una manera completamente diferente a como la fe cristiana responde hará que las personas vivan de forma muy diferente. Por ejemplo, si creemos que somos el mero resultado de la evolución de la materia, eso significa que podemos hacer todo cuanto se nos antoje, porque al final, nadie nos espera del otro lado de la eternidad para juzgarnos o hacernos rendir cuentas. Por tanto, lo más lógico sería dedicarnos a «vivir la buena vida», ¿no es cierto?

De hecho, dejando el cristianismo a un lado, las únicas personas incrédulas que viven consistentemente con sus convicciones son aquellas que realmente viven «la buena vida». ¿Por qué? Porque si verdaderamente creen que no hay nada ni nadie que las juzgue, que no hay un cielo ni un infierno, pues resulta lógico vivir sin ningún tipo de valor y haciendo lo que cada cual quiera. Eso sería obviamente malo, pero congruente con lo que esas personas creen. Por el contrario, el moralista es incongruente, porque no cree que las personas deban ser juzgadas. No cree que haya un cielo ni un infierno, pero trata siempre de hacer lo bueno. Entonces, ¿cuál es el propósito de eso? ¿Por qué tratar de hacer lo bueno? La razón es muy sencilla: porque todavía hay un remanente de la imagen de Dios en el hombre y eso, en el fondo, lo lleva a querer vivir de manera moral.

La cosmovisión cristiana y la ética

A fin de entender la relación entre la cosmovisión cristiana y la ética, vamos a citar al autor Dennis P. Hollinger, quien afirma lo siguiente:

> El fundamento de la ética cristiana es la cosmovisión cristiana, que en último caso, está arraigada en el carácter y en las

> acciones de un Dios trino. Si la cosmovisión es el fundamento de la ética, entonces, obviamente, una cosmovisión cristiana, nuestra teología, nos conduce a un abordaje distinto de la ética, aunque en ocasiones sus posiciones morales pudieran superponerse con las de otras cosmovisiones.[30]

En otras palabras, si verdaderamente la cosmovisión es el fundamento de la ética, nuestra cosmovisión cristiana debe llevarnos a una manera muy distinta de comportarnos en comparación con aquellos individuos que tienen una cosmovisión diferente a la nuestra. Ahora, esta cita también reconoce que hay valores morales de la cosmovisión cristiana que se van a parecer, en algunos casos, a los de otras cosmovisiones. Por ejemplo, la denominada regla de oro, que dice: «todo cuanto queráis que os hagan los hombres, así también haced vosotros con ellos» (Mat. 7:12), o «no hagas a otros lo que no quieres que te hagan a ti», puede encontrarse en múltiples religiones, pero eso no es suficiente para decir que todas las religiones llevan al mismo lugar. Esto simplemente revela que el hombre, por la gracia común que Dios ha derramado sobre todo ser humano, ha llegado a algunas conclusiones similares en diferentes religiones, y esta es una de ellas.

La misma ley moral de la que habla Pablo en Romanos 2 y que Dios ha inscrito en el corazón del hombre ha llevado a ese hombre a formular algunos principios éticos comunes a varias cosmovisiones. No obstante, si nuestra cosmovisión determina la manera en que nos comportamos, entonces el comportamiento del cristiano debe diferir y lucir muy diferente del comportamiento de personas que tienen otras cosmovisiones.

El Dios de la Biblia y la ética cristiana

Si la cosmovisión cristiana que hemos abrazado ha de determinar la manera en que nos comportamos, y la cosmovisión cristiana está

---

[30]Dennis P. Hollinger, *Choosing the Good: Christian Ethics in a Complex World* (Grand Rapids: Baker Academic, 2005), p. 63.

íntimamente relacionada con el Dios de la Biblia, resulta necesario conocer cuál es la relación entre el Dios de la Biblia y la ética cristiana. Y para lograr esto, revisaremos algunos puntos relacionados con la base y la norma de la ética cristiana.

Abraham Kuyper (1837-1920), un notable teólogo y político neerlandés que llegó a ser el primer ministro de Holanda, afirmó: «No hay una sola pulgada cuadrada en todo el domino de nuestra existencia humana sobre la cual Cristo, como soberano Señor de todo, no reclame: ¡mío!».[31]

Si la creemos, esta sola verdad debe determinar cómo vivimos. Ella determina incluso la forma en que usted decide mostrar o no hospitalidad en su casa; la manera en que gasta o invierte su dinero; lo que vende y lo que compra; o en qué tipo de trabajo invierte sus horas. Pues resulta que no importa en dónde usted se encuentre, Dios le dice: «Esa hora es mía, esa casa es mía, esas finanzas son mías, esos hijos son míos, ese cónyuge es mío, esas posesiones son mías».

Asimismo, eso implicaría que debemos vivir de una manera que honre al Dueño de toda nuestra vida. Y en ese sentido, el apóstol Pablo, hablando a los creyentes en Corinto, enfatiza una y otra vez: «por precio habéis sido comprados; por tanto, glorificad a Dios en vuestro cuerpo y en vuestro espíritu, los cuales son de Dios» (1 Cor. 6:20). Cuando vemos las cosas de esa manera, comenzamos a entender mejor el rol que Dios tiene en nuestro comportamiento como cristianos.

El autor Geoffrey Bromiley dijo en una ocasión que «el cristiano debe pensar que Dios es la base de la ética, la norma de la ética y el poder para vivir éticamente».[32] A continuación, tomaremos esta frase de Bromiley y la desglosaremos, para que podamos ver qué implican cada una de las tres afirmaciones que la componen.

a) Dios es la base de la ética.

Todo aquello que es bueno, justo y sabio está relacionado con la naturaleza y las acciones de nuestro Dios. El Dios de la Escritura es la base de

---

[31]Abraham Kuyper, *Sphere Sovereignty* en *Abraham Kuyper: A Centennial Reader*, editado por James D. Bratt (Grand Rapids: Eerdmans, 1998), p. 488.

[32]Geoffrey Bromiley, citado por Dennis P. Hollinger, *Choosing the Good: Christian Ethics in a Complex World* (Grand Rapids: Baker Academic, 2005), p. 64.

la ética cristiana; por tanto, la forma en que Dios se ha revelado en Su Palabra debe ser el fundamento que determine la manera en que cada creyente ha de comportarse en la vida. En ese sentido, y como ya hemos mencionado, Dios espera que Sus hijos se conduzcan en santidad en toda su manera de vivir porque Él es santo (1 Ped. 1:15-16). En otras palabras, nuestra vida y nuestra conducta de santidad están estrechamente relacionadas con el carácter y el accionar de Dios.

b) Dios es la norma de la ética.

Una norma es una regla que se debe seguir o a la cual se deben ajustar las conductas de los hombres; por ejemplo, los Diez Mandamientos o el Sermón del Monte. Dios es la base de esa norma. Cuando Dios nos da los Diez Mandamientos, el hecho de que Él sea como es —un Dios soberano, santo, justo, creador y sustentador de todo lo que existe— hace que le debamos toda nuestra obediencia.

El siguiente pasaje de la Escritura muestra claramente a Dios como la norma de la ética: «Él te ha declarado, oh hombre, lo que es bueno. ¿Y qué es lo que demanda el Señor de ti, sino solo practicar la justicia, amar la misericordia, y andar humildemente con tu Dios?» (Miq. 6:8). Nosotros debemos practicar la justicia, amar la misericordia y andar humildemente (ese es un comportamiento ético), porque es lo que Dios exige de nosotros, y demanda eso porque ha determinado que es bueno. De modo que la base y la norma de la ética es Dios.

Asimismo, observe lo que dice este otro texto bíblico: «Nosotros amamos, porque Él nos amó primero» (1 Jn. 4:19). Amar a los demás es un comportamiento ético, y este pasaje nos está diciendo que la razón por la que amamos a otros es porque Dios nos amó primero. Entonces, una vez más podemos ver que la base de la ética es Dios. Además, Dios nos dice: «amad a vuestros enemigos y orad por los que os persiguen» (Mat. 5:44). Ese es un mandato, una norma ética, y la razón por la que debemos cumplirla es porque Dios lo ha ordenado. Y como Dios es el creador y sustentador de todo lo que existe, el Dios soberano, bueno, justo y santo, nosotros no tenemos más opción que someternos a Él y obedecerle, pues algún día tendremos que rendirle cuentas de todo lo que hayamos hecho.

c) Dios es el poder para vivir éticamente.

Nuestra naturaleza caída con frecuencia nos lleva a actuar de una manera no ética, incluso después de haber nacido de nuevo. En su carta a los romanos, el apóstol Pablo cuenta cómo esa naturaleza caída lo llevaba a hacer cosas que él mismo no aprobaba ni deseaba hacer: «Porque lo que hago, no lo entiendo; porque no practico lo que quiero hacer, sino que lo que aborrezco, eso hago» (Rom. 7:15). El pecado que aún mora en nuestra carne con frecuencia nos impide obedecer la voluntad de Dios; por eso necesitamos a Dios para poder vivir éticamente. Y la Palabra de Dios expresa esto muy claramente: «Dios es quien obra en vosotros tanto el querer como el hacer, para su beneplácito» (Fil. 2:13). El obrar éticamente depende completamente de Dios.

Nosotros no tenemos el poder para obedecer a Dios, por eso Dios vino a morar en nosotros en la persona del Espíritu Santo, a fin de ayudarnos a hacer aquello que no podíamos hacer por nosotros mismos. Esta es la razón por la que el incrédulo solo puede pecar o pecar; mas el creyente tiene la capacidad de elegir entre pecar y no pecar, pues el Espíritu de Dios lo capacita para eso. De ahí lo acertado de la frase del autor Geoffrey Bromiley. Ciertamente, Dios está en el centro de todo comportamiento ético. Él es la base de la ética, la norma de la ética y el poder para el vivir éticamente.

La cosmovisión cristiana frente a otras cosmovisiones religiosas

Comparemos brevemente la cosmovisión cristiana con otras cosmovisiones, para ver de qué manera la fe cristiana impacta radicalmente la manera en que nos conducimos en la vida. Algo esencial que necesitamos entender es que la cosmovisión cristiana tiene dos esferas: la esfera sobrenatural, donde está Dios, y la esfera natural, donde se encuentra el hombre. Dios está arriba en los cielos, en un área que no podemos ver y que excede los términos de la naturaleza; mientras que el hombre está aquí debajo junto al resto de lo creado.

Las siguientes gráficas fueron vistas en alguna fuente a lo largo de mi aprendizaje; pero hace tanto tiempo, que no recuerdo dónde las vi ni he vuelto a encontrarme con ellas. Menciono esto solamente para dejar claro que no reclamo originalidad al presentarlas y mucho menos derechos de autor. Estas gráficas recogen una gran cantidad de información en pocas palabras.

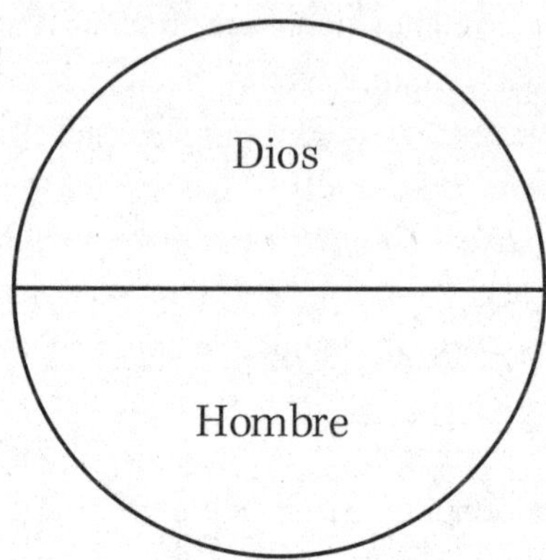

Por otro lado, la cosmovisión cristiana está cimentada en principios bíblicos. De ahí que, en la cosmovisión cristiana:

1) Hay un *monoteísmo*; es decir, la creencia en un solo Dios que existe en tres personas.
2) La creación es *ex-nihilo* o de la nada, lo cual hace referencia a que Dios creó el mundo a partir de la nada.
3) Hay un *sobrenaturalismo*; en otras palabras, hay algo sobrenatural que trasciende este mundo en el que vivimos.
4) El hombre es un *ser necesitado de Dios*. Sin Dios, el ser humano no puede existir porque el único ser autosuficiente es Dios.
5) El hombre fue hecho *a imagen y semejanza de Dios*, quien «formó al hombre del polvo de la tierra, y sopló en su nariz el aliento de vida; y fue el hombre un ser viviente» (Gén. 2:7). Esa es la naturaleza del hombre. El ser humano está compuesto básicamente de dos partes: una material y una espiritual.
6) Si tenemos a Cristo como Señor y Salvador terminaremos en gloria; si no, vamos camino al infierno. Ese es el *destino del hombre*.

Este es un pequeño resumen de la cosmovisión cristiana. En contraste, en la cosmovisión naturalista, por ejemplo, lo sobrenatural no existe y, por tanto, Dios tampoco existe. Lo único que existe es la esfera de lo natural, donde el hombre habita. Por consiguiente, la cosmovisión naturalista es atea y el hombre no fue creado por Dios, sino que es producto de la evolución de la materia. Asimismo, como lo único que existe es el mundo natural, el ser humano vive de manera materialista, sin valores y sin la obligación moral de rendirle cuentas a Dios, pues esta cosmovisión niega Su existencia. Entonces, como Dios no existe, tampoco gobierna. Por eso el hombre naturalista se considera un ser autónomo; contrario a la cosmovisión cristiana donde Dios es visto como el dueño del cielo y la tierra, y el hombre como un ser dependiente de su Dios. Esta cosmovisión plantea que el «método científico deber ser usado en todas las áreas de la realidad, incluyendo el espíritu humano».[33]

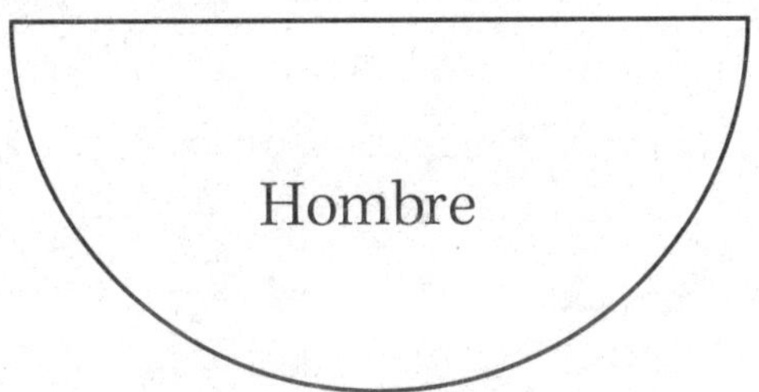

Además, como no hay un Dios que determine lo que es bueno y lo que es malo, en la cosmovisión naturalista la razón humana es la que dicta lo que es bueno y lo que es malo, y cómo hemos de comportarnos. Por otro lado, bajo la cosmovisión naturalista, la esperanza del hombre está puesta en la ciencia. La ciencia es la que puede resolver los problemas del hombre; la ciencia permite al hombre desarrollar vacunas para que los virus y las bacterias no terminen eliminándolo. Por eso decimos que en la cosmovisión naturalista el hombre tiene su esperanza y su confianza puesta en la ciencia. Muy diferente a la cosmovisión cristia-

[33] *Naturalism, Stanford Encyclopedia of Philosophy* en línea, Primera publicación 22 de febrero de 2007; rev. 15 de septiembre de 2015: https://plato.stanford.edu/entries/naturalism.

na, donde la esperanza del hombre está puesta en Cristo como Señor y Salvador y nuestro único camino a la gloria eterna.

Ahora comparemos brevemente la cosmovisión cristiana con la cosmovisión panteísta. En la cosmovisión panteísta, todo es dios. Y observe que la palabra dios está escrita en minúsculas a propósito, a fin de diferenciar ese dios del Dios de la Biblia. Entonces, en la cosmovisión panteísta, como en la cristiana, hay dos esferas, la natural y la sobrenatural, pero ambas están entrelazadas y superpuestas porque en el panteísmo todo es dios. Es decir, esta cosmovisión plantea que todo lo que existe en el mundo natural es simplemente una extensión de dios. Por lo tanto, en la cosmovisión panteísta hay un monismo, lo cual implica que dios es una sola sustancia, una sola existencia, y que todo lo que existe está constituido y se deriva de esa única sustancia; de ahí que todo es dios.

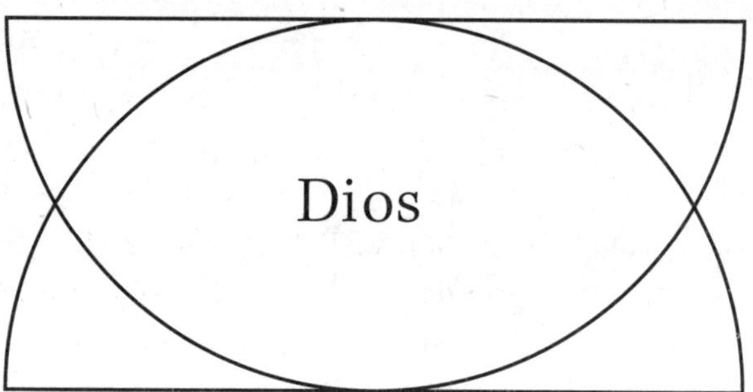

Esto es contrario a la cosmovisión cristiana, donde Dios trasciende el mundo natural, pues Él habita en la esfera de lo sobrenatural, y todo lo que existe es creación de Dios.

Asimismo, en la cosmovisión panteísta, como su nombre indica, el hombre y todo lo que existe es dios. De manera que, bajo esta cosmovisión hay una divinidad humana, pues si todo es dios, el hombre no es un ser creado, sino que es una extensión de ese dios.

Por otro lado, la cosmovisión panteísta cree en la existencia de una conciencia cósmica. En otras palabras, el panteísta entiende que el universo tiene un conocimiento y una sabiduría que el hombre debe descubrir, y ese conocimiento se alcanza a través de la meditación e introspección. Por eso alguien decía que la meditación no es más que pasarse el tiempo mirándose el ombligo tratando de ver hacia dentro, pues la verdad está en el interior del hombre. Sin embargo, en la cosmovisión cristiana la verdad está fuera del hombre y Dios es quien se la revela.

La cosmovisión panteísta cree en la reencarnación, y abrazar ese solo concepto cambiaría radicalmente nuestra manera de vivir; por eso la importancia de conocer estas cosas. La reencarnación se basa en la premisa de que hay lecciones que debemos aprender y eso se logra a través de múltiples encarnaciones en distintos cuerpos o formas hasta llegar al estado máximo de perfección. Por tanto, bajo esa cosmovisión, toda persona que esté sufriendo cualquier tipo de dificultad o precariedad es porque lo merece; ese es su karma, y está perfeccionando su karma cuando atraviesa esa dificultad. Por consiguiente, nadie debe intentar sacar a esa persona de su sufrimiento o precariedad porque le estaría quitando la habilidad de purificarse. Entonces, según esa cosmovisión, no hay razón para las obras de misericordia ni para la ayuda al prójimo, porque estaríamos empeorando la existencia de las personas, ya que tendrían que reencarnar más veces en busca de la purificación que no alcanzaron cuando las sacamos de su sufrimiento, y la idea es parar el ciclo de reencarnación. ¿Se da cuenta de cómo la cosmovisión determina si vivimos éticamente o no?

Finalmente, en la cosmovisión panteísta, hay un relativismo moral. Y por supuesto que lo hay, pues el solo concepto del karma y de la purificación del karma nos dice que en realidad no hay nada bueno ni malo, porque cuando alguien está sufriendo es porque se lo merece. Pero, al mismo tiempo, esa persona está purificando su karma, así que realmente eso que le está pasando no es malo, sino que es bueno para su proceso de purificación.

El problema está en que hay un gran grupo dentro del hinduismo que sostiene, como ya mencionamos, que el mundo es una ilusión y nada de lo que vemos es real; por tanto, no hay nada bueno ni malo porque todo es una ilusión y las cosas que vemos realmente no están pasando. La gran contradicción con pensar de esa manera está en que, por ejemplo, al momento de ir al quirófano, todo el mundo quiere que el doctor le inyecte anestesia para no sentir dolor. Pero, si todo es una ilusión, el dolor no existe y la anestesia resulta innecesaria. Es más, la condición física que llevó a esa persona a la sala de cirugía es también una ilusión, así que el procedimiento mismo es totalmente innecesario.

Entonces, ¿se da cuenta de cómo no todas las cosmovisiones, cuando las llevamos a la práctica, pasan la prueba de la coherencia y la no contradicción? Una de las pruebas que debe pasar toda cosmovisión es que debe ser consistente con la vida diaria. Si usted cree que todo lo que existe es una ilusión, pero no le permite a un cirujano que lo opere sin anestesia porque entiende que el procedimiento le va a doler, entonces usted está actuando de manera inconsistente con el resto de lo que afirma. De esta manera podemos ver, aunque sea a modo general, que nuestra cosmovisión determina nuestro comportamiento.

Implicaciones: La cosmovisión cristiana requiere un nuevo nacimiento

Todo lo anterior nos hacer regresar a la idea inicial de que vivir éticamente requiere de una cosmovisión cristiana, la cual comienza con la conversión del individuo. Entonces, luego de haber nacido de nuevo, ese individuo necesita trabajar arduamente en cultivar una mente bíblica. Es muy triste ver cómo los hijos de Dios a menudo reflejan los patrones de este mundo al hablar de una forma que no se corresponde con una mente bíblica y, peor aún, sin pensar que hay algo de malo en eso. Lo cual muestra cuán deformada está nuestra mente.

Ahora bien, la única forma en que podemos comenzar a corregir esto, desde el punto de vista de la ética cristiana, es haciendo algo que el doctor Timothy Jones, profesor del Seminario Teológico Bautista del Sur, nos compartió durante una de sus visitas a nuestra congregación. Le habíamos preguntado por qué, según su parecer, suele haber una dicotomía entre lo que la gente afirma en la iglesia y la manera en que vive posteriormente en diferentes áreas de su vida. Dando respuesta a nuestra inquietud, el doctor Jones dijo que la cura de esa dicotomía es que la persona pueda vivir para la gloria de Dios en todas sus actividades.

Nos gustó mucho un ejemplo que usó porque ilustra una de las situaciones donde el cristiano más frecuentemente falla. El doctor Jones decía que el cristiano debe vivir para la gloria de Dios en todas sus actividades, incluyendo todo lo que sus ojos ven. Pero, ¿será que realmente hacemos eso? Cada vez que usted está frente a un televisor, ¿se detiene a pensar si eso que está viendo y disfrutando corresponde a la gloria de Dios? ¿Reflejan sus series favoritas la gloria de Dios? ¿Las disfruta para la gloria de Dios? Lamentablemente, la mayoría de las veces no es así. Eso es lo que hace la diferencia, pues tan pronto hay un área en nuestra vida, sin importar cuál sea, donde no estamos procurando reflejar la gloria de Dios, esa área está fuera de sintonía con la cosmovisión cristiana, fuera de sintonía con el carácter de Dios, y acoplada completamente con el pecado. Pues todo lo que no refleja la gloria de Dios es pecaminoso. De modo que, para poder comportarnos éticamente, necesitamos una mente cristiana, y una mente cristiana requiere de una cosmovisión cristiana.

La única manera de ir formando una cosmovisión cristiana es examinar todos los valores adquiridos antes y hasta el momento de llegar a la fe cristiana. Y aun después de estar en el evangelio, necesitamos seguir revisando y cuestionando nuestros valores porque en la medida en que hacemos esto vamos encontrando cosas que aún están fuera de sintonía con el carácter y la santidad de Dios. Ahora bien, recuerde que solo podremos estar en completa sintonía con el carácter de Dios cuando entremos en gloria, pero hasta que ese momento llegue debemos seguir examinando y cultivando nuestros valores.

Una vez más, la base de la ética cristiana es Dios; la norma de la ética cristiana es Dios; y el poder de vivir éticamente es Dios. No podemos separar nuestra forma de vivir de lo que Dios es y de lo que ha revelado. La razón para vivir éticamente es el carácter de Dios y las acciones de Dios. Pues Dios, en Cristo, nos ha dado ejemplo para que como Él ha hecho, nosotros también hagamos (Juan 13:15). Dios espera que sigamos Sus pisadas, que amemos y perdonemos a nuestro prójimo tal y como Él nos ha amado y perdonado a nosotros. Lo que Él demanda de nosotros, nuestro comportamiento ético, está directamente relacionado con el previo accionar de Dios. Por eso decimos que la ética cristiana está íntimamente relacionada con lo que Dios es y lo que ha hecho. Y sabemos que las acciones de Dios son congruentes con Su carácter. Lo que Dios hace, así como lo que nosotros hacemos, está directamente relacionado con lo que somos. Por ejemplo, nosotros no somos mentirosos porque mentimos; mentimos porque somos mentirosos. Y Dios siempre obra con santidad porque Él es santo, santo, santo.

En fin, todo lo anterior nos da una idea de cómo la cosmovisión cristiana es fundamental para poder vivir ética, moral y bíblicamente.

SEGUNDA PARTE

La ética de la sexualidad humana

6

La inmoralidad sexual de nuestros días y la imagen de Dios

Porque esta es la voluntad de Dios: vuestra santificación; es decir, que os abstengáis de inmoralidad sexual.
(1 Tes. 4:3)

En los primeros capítulos de este libro, mencionamos que la inmoralidad sexual que impera en nuestros días no es algo que ocurrió de la noche a la mañana, sino que ha sido el resultado de una serie de ideas que, a través de los años, han dado paso a filosofías y eventos claves que revolucionaron la historia de la civilización occidental. Por eso, creemos que sería bueno revisar una vez más algunas de estas cosas para que podamos entender mejor la condición moral de la generación en que vivimos.

Uno de los datos que compartimos fue cómo entre el año 1945 y el año 1955, el filósofo existencialista Albert Camus llegó a Estados Unidos enseñando en los centros universitarios que la única pregunta que el hombre debía hacerse era si debía suicidarse o no. Esa idea se propagó en los campus universitarios y la próxima generación —la de la década de 1970—, reaccionó de manera racional, pero totalmente inmoral. Su respuesta fue racional porque, si un prestigioso filósofo nos vende la idea de que la vida es dolorosa y sin propósito, por lo cual nuestra mejor opción es considerar el suicidio, la reacción más lógica sería tratar de evitar esa triste realidad a toda costa. Como resultado, la próxima generación buscó escapar del dolor a través del consumo de drogas y la inmoralidad sexual. Y así fue como comenzó el movimiento jipi en la década de 1960.

Luego, en la década del 70, la actividad sexual se incrementó significativamente fruto de la aprobación de la pastilla anticonceptiva y la legalización del aborto, pues las mujeres podían tener relaciones sexuales sin la preocupación de quedar embarazadas, y si quedaban embarazadas, entonces tenían la opción de poner término a ese embarazo de forma legal. Todo esto trajo como resultado una revolución moral en la sociedad. Por cierto, en los últimos cinco años se ha registrado en Estados Unidos una disminución de la actividad sexual durante la adolescencia, y eso es lo que ha hecho bajar en gran medida el índice de embarazos, y no tanto el uso de preservativos como se quiere hacer creer hoy en día.

Posteriormente, la década de los 80 fue considerada como la década de la avaricia, gracias a que la economía norteamericana tuvo un gran auge bajo el gobierno del presidente Ronald Reagan (1981-1989). Es durante esa década, específicamente en el año 1981, que aparece el primer caso de SIDA como fruto de la revolución sexual que inició en la década anterior.

Señales del colapso de una civilización

La civilización en medio de la cual estamos viviendo tiene todas las señales de una civilización que está a punto de colapsar. Por eso, cuando la gente nos pregunta si creemos que Cristo viene pronto, nuestra respuesta inmediata es: «No sabemos cuándo Cristo vuelve ni cuándo este mundo ha de llegar a su fin, pero si de algo estamos absolutamente seguros es de que la civilización occidental está a punto de colapsar, y probablemente esta generación lo vea suceder». Entonces, cuando esa civilización colapse, habrá terminado una era, la era de la civilización occidental como la hemos conocido hasta ahora; tal como terminó la era del Imperio romano en 486 d.C. Sin lugar a duda, la evidencia apunta a que estamos acercándonos al final de una era y entendemos que hoy en día estamos al borde de ese colapso.

Malcom Muggeridge, un periodista inglés sumamente inteligente que se autodenominó agnóstico la mayor parte de su vida, pero que eventualmente llegó a creer en Cristo como su Señor y Salvador, hizo la observación de que una civilización está a punto de colapsar cuando comienzan a aparecer las siguientes señales[34]: quebrantamiento de la ley y el orden, aumento del erotismo, entretenimiento excesivo, sistemas de impuestos complejos y, por último, aumento del aburrimiento. Estas señales han sido experimentadas por los distintos imperios y sistemas de gobierno que han colapsado a lo largo de la historia, y actualmente las podemos observar en gran manera. De modo que, no sería ninguna sorpresa que esta generación sea testigo ocular del colapso completo de la civilización occidental.

Todo este quebrantamiento de los valores morales, la pérdida del sentido del deber y aun la pérdida de la unidad familiar que impera en nuestros días hablan claramente del colapso de esta civilización. La vuelta al paganismo que imperaba en el pasado es evidencia de que la civilización occidental que conocemos está colapsando, pues resulta que ahora queremos regresar al lugar de donde salimos, porque lo que tenemos ya no nos funciona.

Hace unos años, al observar la condición moral de la sociedad en que vivía, Malcom Muggeridge expresó parte de su sentir por medio de las siguientes palabras:

> La conclusión parecería ser que, mientras otras civilizaciones fueron derribadas por los ataques de los bárbaros desde afuera, la nuestra tiene la distinción singular de formar sus propios destructores dentro de sus mismas instituciones educativas, proveyéndoles facilidades para propagar su ideología destructiva a todo lo largo y ancho, todo ello a expensas del público en general [...]. Así fue como el hombre occidental decidió abolirse a sí mismo, creando su propio aburrimiento a costa de su propia prosperidad, su propia vulnerabilidad a costa de su

---

[34] Cecil Kuhne (editor), *Seeing Through the Eye: Malcolm Muggeridge on Faith* (San Francisco: Ignatius Press, 2005), p. 233.

> propia fuerza, su propia impotencia a costa de su erotomanía, él mismo sonando la trompeta que derribaría los muros de su propia ciudad. Y habiéndose convencido de que era demasiado numeroso, trabajó con píldoras, bisturíes y jeringas para disminuirse a sí mismo, hasta que finalmente, habiéndose educado hasta alcanzar la imbecilidad y habiéndose contaminado y drogado hasta la estupefacción, se desplomó como un cansado brontosaurio y se extinguió.[35]

Ahí es precisamente donde estamos; el hombre se ha educado hasta la imbecilidad.

La década de 1960 y 1970

Al inicio de este libro, mencionamos los grandes cambios que se produjeron en la década de 1960-70, pero a manera de introducción a este capítulo quiero recordar como esa época representó el trampolín para catapultarnos adonde nos encontramos hoy.

En el año 1967, la revista estadounidense *Newsweek* publicó un artículo que incluía la siguiente observación: «Los viejos tabúes están muriendo. Una nueva sociedad más permisiva está tomando forma [...]. Y detrás de esta permisividad hay [...] una sociedad que ha perdido su consenso en temas tan cruciales como el sexo prematrimonial [...] el matrimonio, el control de natalidad y la educación sexual».[36]

En aquel entonces, la revista Newsweek parecía estar reportando acerca de la condición moral de una nueva sociedad que se estaba formando. Hoy en día, esa misma revista aplaude las características de la sociedad que se formó. Esto nos permite ver cómo los valores morales de la sociedad han ido cambiando a través de los años.

---

[35]Malcolm Muggeridge, *Vintage Muggeridge: Religion and Society* (Eerdmans, 1985).
[36]Revista *Newsweek*, 13 de noviembre de 1967, p. 74.

La condición de la sociedad

Hace unos 40 años, las personas se alarmaban cuando veían una pareja de novios bailando boleros muy pegados el uno del otro, por lo que hablar de relaciones sexuales premaritales era casi como hablar de un secreto de estado. La gente sencillamente no hablaba de esos temas, y menos en público. Sin embargo, esta generación ha perdido los frenos sociales y eso ha dado paso a la inmoralidad sexual que impera en nuestros días.

El doctor David Wells, gran pensador cristiano y profesor del Seminario Teológico Gordon-Conwell, escribió un libro titulado *Losing Our Virtue* [La pérdida de la virtud], en el que habla precisamente de cómo hemos ido perdiendo el sentido de vergüenza, del deber y de culpa. El problema con la desaparición de esos sentidos, que fueron puestos por Dios en el hombre para un propósito específico, es que entonces todo es permisible porque no hay nada que frene a las personas; y eso es justo lo que estamos viendo suceder en la sociedad de hoy.

Para empeorar la situación, la educación en las escuelas no nos está ayudando. William John Bennett, quien fue secretario de educación de los Estados Unidos durante el gobierno del presidente Ronald Reagan, es un hombre creyente que en múltiples ocasiones ha escrito a favor de los valores cristianos. En uno de sus escritos, Bennett señala que el principal enemigo de la educación pública en Estados Unidos es el mismo sistema de educación pública.[37] Bennett acusaba al sistema de educación pública de brindar una educación libre de valores, al punto en que los profesores y los libros de textos no afirmaban qué estaba bien o mal; tan solo generaban conciencia de las opciones, y quedaba librado al alumno tomar su propia decisión.[38] Note hasta dónde hemos llegado, que somos capaces de decirle a un joven que todavía no tiene el conocimiento ni la madurez emocional

---

[37]Bill Bennet, «A few lessons the public schools need to learn»; World Magazine, publicado el 28 de abril de 2001: https://world.wng.org/2001/04/a_few_lessons_the_public_schools_need_to_learn_by_bill_bennett.

[38]Josh Macdowll, *Right from wrong*, (Dallas: Word Publishing, 1994), p. 13.

o espiritual para tomar pequeñas decisiones que ahora debe decidir lo que está bien y lo que está mal según su propio criterio. Esa esa una realidad muy lamentable. Menciono lo que está ocurriendo en la nación norteamericana porque es una nación cuya influencia es sentida en todo el mundo.

Lamentablemente, hoy vivimos en medio de una generación que ni siquiera cree en el concepto de verdad, pues, como bien señala el autor Josh McDowell, «la verdad se ha convertido en una cuestión de gusto; la moralidad ha sido reemplazada por preferencias individuales».[39] Es por esto que necesitamos estar bien apercibidos del mundo a nuestro alrededor para poder discernir y controlar las cosas que entran a nuestra mente y a nuestros hogares a través de los medios audiovisuales, para así poder guardar la mente y el corazón de los demás integrantes de nuestra familia.

La inmoralidad sexual en la televisión de nuestros días

Como evidencia de cuánto han cambiado las cosas, quiero mencionar cómo desde 1933 a 1966 todo el contenido audiovisual que se presentaba, tanto en el cine como en la televisión, estaba regulado por distintos organismos. Cada guion de película era leído por representantes de la Iglesia católica, la Convención Bautista Sureña y la Oficina de Cine Protestante. Ahora bien, no piense que estamos proponiendo volver a esos tiempos, pues regular la programación del cine y la televisión no es función de la iglesia. Simplemente estamos describiendo hasta dónde la población estaba protegida de lo que veía en los medios de entretenimiento.

De hecho, la industria del cine contaba con un sistema de censura conocido como el *Motion Picture Production Code* [Código de producción de películas cinematográficas], también denominado Código Hays, el cual consistía de un conjunto de directrices morales que toda

---

[39] Josh McDowell, *La generación desconectada* (El Paso: Editorial Mundo Hispano, 2001).

obra cinematográfica debía respetar. Por ejemplo, para poder obtener el sello de aprobación de la industria del cine, las películas tenían que mostrar un respeto a la dignidad de la vida. Esa característica no está presente en la mayoría de las películas de hoy; por el contrario, mientras más sangrienta y criminal es la película, más la disfruta el público.

Asimismo, la maldad y el pecado no se justificaban. Detalles de brutalidad, crueldad, violencia física o torturas no debían ser presentados en pantalla. El código incluso prohibía toda imagen que presentara una exposición indecente e innecesaria del cerebro humano. De igual manera, las relaciones de sexo ilícito y escenas sexuales íntimas estaban restringidas. Las conversaciones, los gestos y los movimientos obscenos no aparecían en pantalla. Tampoco se permitía el uso de palabras o símbolos de prejuicio social, nacional o religioso; y la crueldad contra los animales y el trato inhumano contra ellos fue restringido en televisión.[40] ¿Se imagina si esta generación contara con un código de ética para regular las películas de hoy en día? Con toda probabilidad la mayoría de los guiones de Hollywood no llegaría a la pantalla gigante.

Recuerdo que en mi niñez era muy fácil ver televisión, porque no había escenas de índole sexual, y cuando la maldad era presentada, no se celebraba sino que se castigaba. Por el contrario, en estos tiempos posmodernos los villanos se han vuelto los protagonistas de muchas películas, y eso nos da una idea de por dónde anda la moral de la sociedad.

Para continuar analizando el porqué de la inmoralidad sexual de nuestros días, veremos algunas estadísticas publicadas en la revista *Pediatrics* sobre la televisión norteamericana, que es la programación que muchos latinoamericanos recibimos a través de las distintas compañías de cable. Este es un resumen de sus observaciones:

La iniciación sexual temprana es un importante problema social y de salud. Una encuesta reciente sugirió que la mayoría de los adolescentes con experiencia sexual desearían haber esperado más para tener relaciones sexuales. Otros datos indican que los embarazos no

---

[40] Ted Baehr, Pat Boone, *The Culture-Wise Family* (Ventura: Regal Books/Gospel Light), págs. 48-49.

planificados y las enfermedades de transmisión sexual son más comunes entre quienes comienzan la actividad sexual antes.

La Academia Estadounidense de Pediatría ha sugerido que las representaciones de sexo en la televisión de entretenimiento (TV) pueden contribuir al sexo adolescente precoz. Aproximadamente dos tercios de los programas de televisión tienen contenido sexual. Sin embargo, los datos empíricos que examinan las relaciones entre la exposición al sexo en la televisión y los comportamientos sexuales de los adolescentes son infrecuentes e inadecuados para abordar la cuestión de los efectos causales.

Realizamos una encuesta longitudinal nacional de 1792 adolescentes, de 12 a 17 años. En las entrevistas iniciales y de seguimiento de un año, los participantes informaron sobre sus hábitos de ver televisión y su experiencia sexual, y respondieron a las medidas de más de una docena de factores que se sabe están asociados con la iniciación sexual en adolescentes. Los datos de visualización de televisión se combinaron con los resultados de un análisis científico del contenido sexual de la televisión para obtener medidas de exposición al contenido sexual, representaciones de riesgos o seguridad sexual y representaciones de conducta sexual (frente a hablar sobre sexo pero no sobre conducta). También se consideró la iniciación de la relación sexual y el avance de actividad sexual no coital, durante un período de un año.

El análisis de regresión de múltiples variables indicó que los adolescentes que vieron más contenido sexual al inicio del estudio tenían más probabilidades de iniciar el coito y progresar a actividades sexuales no coitales más avanzadas durante el año siguiente, controlando las características de los encuestados que de otro modo podrían explicar estas relaciones. La magnitud del efecto de tener coito fue tal que los adolescentes en el percentil 90 en cuanto a la exposición al sexo en la televisión tuvieron una probabilidad predecible de la iniciación de las relaciones sexuales de aproximadamente el doble de aquellos que estuvieron en el décimo percentil para todas las edades estudiadas. La exposición a la televisión que incluía solo hablar sobre sexo se asoció con los mismos riesgos que la exposición a la televisión que representaba el comportamiento sexual. Los jóvenes afroamericanos que vieron más representaciones de riesgos o seguridad sexuales tenían menos probabilidades de iniciar relaciones sexuales en el año siguiente.

Ver sexo en la televisión predice y puede acelerar la iniciación sexual de los adolescentes. Reducir la cantidad de contenido sexual en la programación de entretenimiento, reducir la exposición de los adolescentes a este contenido o aumentar las referencias y las representaciones de posibles consecuencias negativas de la actividad sexual podría retrasar apreciablemente el inicio de actividades coitales y no coitales. Alternativamente, los padres pueden reducir los efectos del contenido sexual viendo televisión con sus hijos adolescentes y discutiendo sus propias creencias sobre el sexo y los comportamientos retratados. Los pediatras deben alentar estas discusiones familiares.[41]

Según estadísticas norteamericanas obtenidas de un estudio sobre el sexo en la televisión, publicado en 2003,[42] dos tercios de los programas transmitidos en televisión tienen contenido sexual. Y ese porcentaje no se refiere a los programas que tienen una clasificación restringida (R), sino a los programas de televisión en general. En ese sentido, las estadísticas revelan que más de cuatro escenas relacionadas con el sexo se transmiten cada hora por televisión, y el 14 % de los programas presentan a personas teniendo relaciones sexuales. Ese estudio también reveló que los adolescentes pasan más tiempo frente a la televisión que en cualquier otra actividad, y la sexualidad forma parte del diario vivir de la generación contemporánea. Estas estadísticas son muy certeras; en nuestros días la televisión es altamente sensual y solamente hay que encenderla para comprobarlo.

Malas interpretaciones

Uno de los principales problemas que afrontamos al hablar de estos

[41] Rebeca Collins et al., *Watching Sex on Television Predicts Adolescents Initiation of Sexual Behavior* (Pediatrics, vol. 114, número 3, septiembre de 2004), págs. 280-289.

[42] Kunkel D., Eyal K., Biely E., et al., «Sex on TV: A Biennial Report to the Kaiser Family Foundation», (The Henry J. Kaiser Foundation, 2003), www.kff.org/entmedia/loader.cfm?url=/commonspot/security/

temas es que muchos cristianos han crecido con un entendimiento torcido de la sexualidad. Y si tal es el caso entre creyentes, imagine cuál es la condición de la sociedad no cristiana.

Erróneamente, muchos piensan que la sexualidad y la santidad son términos opuestos. Pero, si este fuera el caso, entonces Dios tendría mucho que explicar, porque Él fue quien creó los órganos sexuales del ser humano. Dios formó al hombre y colocó en su cuerpo cada receptor sensorial necesario para que este pudiera experimentar placer, y lo hizo mucho antes de la caída del hombre. De manera que, la sexualidad y la santidad no pueden ser términos opuestos.

Sin embargo, un gran grupo de creyentes ve el sexo como algo pecaminoso porque creció con una serie de tabúes producto de un trasfondo que veía toda expresión sexual como algo sucio e incompatible con la santidad de Dios. De hecho, uno de los teólogos más brillantes de la historia de la Iglesia, Agustín de Hipona, a quien consideramos un hombre dotado por Dios de manera extraordinaria, entendía que la actividad sexual de una pareja casada era legítima cuando la intención expresa era la procreación. Fuera de esa intencionalidad, aun la pareja casada incurría en pecado al tener relaciones sexuales con algún otro fin.

Resulta un tanto difícil comprender cómo este gran teólogo pudo llegar a una conclusión como esa hasta que leemos acerca de su trasfondo sexual y descubrimos que antes de su conversión, Agustín fue un hombre sumamente promiscuo, quien al parecer nunca pudo librarse por completo de los tabúes que su pasado le había enseñado, por lo mucho que lo habían marcado. Es similar a lo que sucede con las personas que, habiendo estado expuestas a la pornografía por un largo período, luego de su conversión continúan teniendo grandes dificultades en el área de la sexualidad, debido a la manera en que la pornografía marcó su entendimiento del sexo.

Durante la Edad Media, la Iglesia católica ejercía gran influencia sobre la sociedad, por lo que sus enseñanzas impactaron todos los órdenes de la vida del hombre. En ese sentido, dicha institución dispuso una serie de normas que prohibían las relaciones sexuales por mas de un 50 % de los días del año. El manual de penitencias del arzobispo Teodoro de Canterbury instruía a las parejas recién casadas que se abstuvieran de ir a la iglesia por 30 días después de consumado el matrimonio y que luego pasaran un período de 40 días de penitencias. Las relaciones sexuales, aun entre esposos, debían evitarse en ciertos días del año, especialmente durante aquellos días en que se celebraban fechas importantes para la Iglesia. Las parejas debían abstenerse de toda práctica sexual 40 días antes de la Navidad; 40 días antes y 8 días después de la Pascua; 8 días antes de Pentecostés; los domingos en honor a la resurrección; los miércoles para recordar la cuaresma; los viernes en honor a la crucifixión; cinco días antes de tomar la comunión; durante el embarazo y la lactancia; 30 días después del parto y durante el período menstrual de la mujer.[43]

Si así de distorsionado estaba el concepto de intimidad sexual dentro de la Iglesia, imagine pues hasta qué punto puede la sociedad secular distorsionar la sexualidad humana. Porque la Iglesia católica distorsionó la sexualidad tratando de alcanzar la santificación, pero lamentablemente, el inconverso la distorsiona con el único objetivo de pervertirla.

El placer sexual fue idea de Dios

En *Cartas del diablo a su sobrino*, C. S. Lewis escribe algo genial en el capítulo 9. Recordemos que se trata de un demonio experimentado, llamado Escrutopo, que está entrenando a su sobrino, Orugario, un demonio inexperto. En las cartas, el diablo es el padre de ambos (Escrutopo y su sobrino) y a Dios se lo llama «el Enemigo». Con relación a los placeres —y obviamente, esto incluye el placer sexual—, Escrutopo escribe a su sobrino lo siguiente:

> Ya sé que hemos conquistado muchas almas por medio del placer. De todas maneras, el placer es un invento Suyo, no nuestro. Él creó los placeres; todas nuestras investigaciones hasta ahora no nos han permitido producir ni uno. Todo lo que podemos hacer es incitar a los humanos a gozar los placeres

[43] W. Reginald Rampone Jr., *Sexuality in the age of Shakespeare* (Connecticut: Greenwood Publishing Group, 2011), p. 13.

> que nuestro Enemigo ha inventado en momentos, en formas, o en grados que Él ha prohibido.[44]

Observe cómo Escrutopo (el demonio experto) le dice a su sobrino en entrenamiento que Dios (el Enemigo) ha inventado todos los placeres; que las investigaciones diabólicas no han podido producir ni uno. Por tanto, la estrategia es lograr que el ser humano use los placeres en momentos o en formas que Dios ha prohibido. Dios creó al hombre con la capacidad de experimentar placer en Su presencia y en compañía de su esposa. Por eso nos dio receptores de sensaciones extraordinarias en múltiples lugares del cuerpo. Pero la caída pervirtió nuestra mente y nuestro corazón y nos llevó a buscar dichas sensaciones de forma creciente, pero con un disfrute cada vez menor, como dice C. S. Lewis.

La pornografía[45]

En Estados Unidos, se consume la suma de 3076 dólares en pornografía cada segundo. Cada segundo, hay 28 258 usuarios de Internet viendo pornografía.[46] Cada segundo, 372 usuarios de Internet están buscando contenido clasificado como pornográfico. Cada 39 minutos, un nuevo video pornográfico es producido solamente en aquella nación.[47] Estos números han aumentado significativamente en los últimos diez a doce años. En abril de 2016, Utah se convirtió en el primer estado en declarar la pornografía un problema de salud públi-

---

[44] C.S. Lewis, *Cartas del diablo a su sobrino* (Nashville: Rayo, Harper Collins Publishers). Versión para Kindle; cap. IX, págs. 553-68.

[45] Estadísticas de pornografía, Covenant Eyes, edición 2018: https://www.covenanteyes.com/resources/download-your-copy-of-the-pornography-statistics-pack/

[46] «Internet Pornography by the Numbers; A Significant Threat to Society». Webroot Smarter Cybersecurity. https://www.webroot. com/us/en/resources/tips-articles/internet-pornography-by-the-numbers (último acceso, 21 de mayo de 2018).

[47] Geoffrey Fattah, «Porn industry is booming globally»; Deseret News, 17 de marzo de 2007: https://www.deseret.com/2007/3/17/20007997/porn-industry-is-booming-globally#0

ca.[48] Estas estadísticas nos muestran la intensidad con la que esta generación está siendo bombardeada y cuáles son los medios utilizados para hacer llegar material pornográfico a la población. En 2015, se identificaron mas de dos mil millones de búsquedas web de pornografía. El 90 % de los hombres y el 60 % de las mujeres son expuestos a material pornográfico antes de los 18 años de edad. En el 56 % de los casos de personas divorciadas, uno de los cónyuges (usualmente el hombre) tenía una obsesión con la pornografía.[49]

De acuerdo con Internet Safety 101[50]:

- El 30 % del contenido del Internet es pornografía.
- Los sitios pornográficos atraen más visitantes cada mes que Amazon, Netflix y Twitter combinados.
- El 88 % de la pornografía contiene violencia contra las mujeres.
- De 2005 a 2013, las búsquedas de «porno adolescente» se triplicaron a 500 000 por día.

Uno de los tantos problemas con la pornografía es que su uso frecuentemente lleva a otras prácticas pecaminosas. El Departamento de Estado de los Estados Unidos ha revelado que el 80 % de las víctimas de tráfico humano son mujeres. De esas mujeres, el 70 % son usadas sexualmente. ¿Dónde cree usted que comienza toda esa degeneración? Con la exposición a la pornografía que poco a poco va desensibilizando el cerebro humano.

Usted puede ser la persona más espiritual sobre la tierra, pero si se expone deliberadamente al pecado, su conciencia terminará perdiendo sensibilidad. Esa es una realidad que puede verse reflejada en todas las áreas de la vida, incluso en aquellas que ni siquiera son de índole mo-

---

[48] Chandra Johnson, «Why Pornography is everyone's problem»; Deseret News: https://www.deseret.com/2016/4/22/20587003/why-pornography-is-everyone-s-problem#the-pornography-industry-what-everyone-needs-to-know-by-shira-tarrant-looks-at-the-business-side-of-the-pornography-industry

[49] Michael Castleman M.A., «Dueling Statistics: How Much of the Internet Is Porn?»; Psychology Today, publicado el 3 de noviembre de 2016.

[50] Ibíd.

ral. Por ejemplo, cuando comencé a tomar té, yo solía calentar el agua un minuto. Al poco tiempo, un minuto no parecía ser suficiente, porque sentía que el agua todavía permanecía un poco fría. Entonces, comencé a aumentar de quince en quince segundos hasta que un día llegué a calentar el agua dos minutos y treinta segundos. Pero el problema no era que el agua estuviera fría, sino que mi lengua poco a poco fue perdiendo sensibilidad al calor. De igual manera, si el día de mañana usted se muda del Caribe a un país con un clima mucho más frío, al principio la temperatura le parecerá demasiado fría, pero mientras más tiempo pase en aquel lugar, se dará cuenta de que el frío ya no le molesta tanto como al principio. En esa misma forma, nuestra conciencia se va desensibilizando hacia el pecado mientras más nos exponemos a él.

Hace 50 años, leer en el periódico que tres personas fueron asesinadas durante la noche hubiese desconcertado a cualquiera. Sin embargo, hoy en día los crímenes son tan comunes que leemos la noticia e inmediatamente pasamos la página sin prestarle mucha atención al asunto. Y peor aún, muchas veces las tragedias se vuelven motivo de chistes porque estamos completamente desensibilizados. Si usted sale a la calle cuando está lloviendo, no hay forma de que no se moje, pues aun cubriéndose con un paraguas, sus zapatos y sus pantalones terminan mojados. Recuerde, si se expone al pecado, indudablemente resultará manchado de una u otra manera.

Las tres «A» de la pornografía

La pornografía tiene tres características que esclavizan al que la consume: es *accesible*, es *anónima* y completamente *adictiva*. Al dar consejería, hemos comprobado una y otra vez que no hay nada más adictivo que la pornografía, con la excepción quizás de la cocaína y la heroína, que podríamos definir como igualmente adictivas. A eso se agrega el anonimato y la accesibilidad que la pornografía tiene en nuestros días, comparado con generaciones anteriores. Años atrás, no era tan fácil encontrarse con una revista pornográfica, pues la persona tenía que ir a una tienda a comprarla y muy pocos se atrevían a preguntar dónde las vendían, porque todo el mundo entendía que eso era algo vergonzoso. Sin embargo, hoy en día no es necesario salir a buscarla, porque la tenemos a un clic de distancia y no solo en imágenes fijas, sino también en video y a todo color.

La adicción a la pornografía

A nivel cerebral, la pornografía tiene el mismo efecto que la cocaína: aumenta los niveles de dopamina y serotonina, que son hormonas y neurotransmisores que tienen que ver con la sensación de placer y bienestar. De hecho, durante el ejercicio físico, los niveles de dopamina y serotonina también aumentan, y es por eso que las personas en general se sienten tan bien después del ejercicio físico.

Ahora, en consejería, descubrimos que frecuentemente se trata de un problema dual, pues resulta que hay personas que tienen problemas de depresión, por ejemplo, y cada vez que se sienten deprimidas acuden a la pornografía. El problema es que la pornografía hace que la persona se sienta bien temporalmente, pero cuando su efecto pasa, el individuo termina sintiéndose mucho peor que al principio, pues además de deprimido, muchas veces se siente indigno, avergonzado y culpable, sobre todo cuando es cristiano. Entonces, se siente tan mal que necesita hacer algo para eliminar esa sensación de malestar; ¿y qué cree usted que hará? Al igual que el adicto a la cocaína, la persona que consume pornografía vuelve a consumirla y termina en un círculo vicioso del cual no puede escapar. La pornografía termina produciendo una dependencia compulsiva y con el poder de esclavizar al consumidor, que luego resulta en patrones de pensamientos y conductas perjudiciales.

La plasticidad del cerebro humano —es decir, su capacidad para cambiar la estructura de conexión de las neuronas— es un hecho que ha sido demostrado, publicado y aceptado por la neurociencia. El cerebro sufre cambios hormonales y de neurotransmisores, pero su estructura también cambia porque hay neuronas que son activadas simultáneamente con la exposición a la pornografía, y esas neuronas forman nuevas conexiones y redes neuronales para permitir que la experiencia vivida pueda mantenerse en la memoria. Esos cambios estructurales del cerebro son los que hacen que resulte tan difícil poder parar el consumo de pornografía.

FACTORES QUE CONTRIBUYEN A LA ADICCIÓN SEXUAL

La cultura en medio de la cual vivimos y que ha perdido todo límite ético es uno de los factores que contribuyen a desarrollar una conducta sexual adictiva. Los anuncios que aparecen en los distintos medios de comunicación, Internet, las películas, la música, las playas nudistas, los establecimientos de masajes, las tiendas con mercancía para adultos donde venden incluso barajas con imágenes pornográficas, la literatura pornográfica y las líneas telefónicas para adultos son algunas de las tantas cosas que abundan en la sociedad y que contribuyen de una u otra manera a la adicción a la pornografía. De hecho, hay personas que en consejería nos han narrado cómo en una ocasión fueron a un lugar a recibir un masaje común y corriente, y de repente la masajista comenzó a hacer cosas de índole sexual que esa persona no estaba esperando y por las que no había pagado. Ahora bien, casos como ese podrían ser una excepción, pero nos dan una idea de hasta dónde llega el bombardeo de una cultura altamente inmoral.

En la actualidad, podemos encontrar todo tipo de pornografía: homosexual, heterosexual, infantil, animal, así como aquella que involucra el uso de objetos o el sadomasoquismo. Todo ese material pornográfico está disponible en Internet de manera gratuita y a toda hora. Por eso resulta tan inconcebible que haya padres que coloquen una computadora con acceso a Internet en la habitación de sus hijos, pues es casi lo mismo que darles un revolver para el día en que ellos quieran disparar. Y lo mismo sucede con los teléfonos inteligentes, pues el niño tiene acceso a la misma información que recibe a través de la computadora. Todos estos dispositivos deberían estar completamente ausentes de la vida de un niño hasta determinada edad.

LA ESPIRAL DESCENDENTE DE LA ADICCIÓN SEXUAL

Las adicciones no ocurren de la noche a la mañana, sino que son el resultado de un proceso de desensibilización que se va dando poco a poco. En el caso de las adicciones sexuales, por lo general hay una exposición temprana a la sexualidad que va creando una adicción que escala hasta producir una desensibilización que lleva a la práctica.

Como ya hemos mencionado, cuando un niño es expuesto a imágenes sexuales a temprana edad, termina siendo «sexualizado» tempranamente. Siente curiosidad, pero también siente placer, porque las imágenes que está viendo lo excitan. Entonces, luego quiere reproducir esa sensación que experimenta y que no sabe manejar, porque es algo que lo hace sentir bien. Bueno, la realidad es que Dios diseñó la sexualidad para que nos hiciera sentir bien, pero en el contexto del matrimonio. Dios diseñó todos los niveles hormonales que suben y bajan para que funcionaran de esa manera, teniendo en mente el bienestar de la pareja. El placer sexual no es una perversión; la perversión es el mal uso de aquello que Dios creó para el disfrute de una pareja en el contexto del matrimonio.

La Biblia y la inmoralidad sexual de nuestros días

Al concluir nuestra exposición sobre este tema, se hace necesario revisar algunos versículos bíblicos que revelan cuál es la voluntad de Dios para Sus hijos y cómo debemos comportarnos frente a la inmoralidad sexual de la sociedad.

En 1 Tesalonicenses, el apóstol Pablo escribe:

> Por lo demás, hermanos, os rogamos, pues, y os exhortamos en el Señor Jesús, que como habéis recibido de nosotros instrucciones acerca de la manera en que debéis andar y agradar a Dios (como de hecho ya andáis), así abundéis en ello más y más. Pues sabéis qué preceptos os dimos por autoridad del Señor Jesús. Porque esta es la voluntad de Dios: vuestra santificación; es decir, que os abstengáis de inmoralidad sexual; que cada uno de vosotros sepa cómo poseer su propio vaso en santificación y honor, no en pasión de concupiscencia, como

> los gentiles que no conocen a Dios; y que nadie peque y defraude a su hermano en este asunto, porque el Señor es el vengador en todas estas cosas, como también antes os lo dijimos y advertimos solemnemente. Porque Dios no nos ha llamado a impureza, sino a santificación. Por consiguiente, el que rechaza esto no rechaza a hombre, sino al Dios que os da su Espíritu Santo (1 Tes. 4:1-8).

Pablo usa el texto anterior para decirnos que la voluntad de Dios es nuestra santificación, y especifica que eso implica apartarnos de toda inmoralidad sexual. Por otro lado, estos versículos también nos muestran que hay una relación directa entre la dificultad que muchas veces tenemos a la hora de discernir la voluntad de Dios para nuestras vidas y nuestra falta de santificación en el diario vivir. De modo que, si no estamos llevando a cabo el propósito número uno de Dios para nuestras vidas —es decir, nuestra santificación—, no hay manera en que podamos discernir correctamente el resto de la voluntad específica de Dios para nuestro diario vivir. Es como si quisiera estar bien nutrido, pero no se preocupa por ingerir ningún tipo de alimento. Si usted no hace lo primero que necesita hacer, comer, no podrá tener las suficientes proteínas, vitaminas, minerales y todo lo demás que se requiere para estar bien nutrido. De la misma manera, no podemos esperar que Dios nos muestre Su voluntad particular si no obedecemos lo que Él ya nos ha revelado a través de Su Palabra.

Por otro lado, en una de sus cartas, Pablo reprende a los creyentes de la iglesia en Corinto por la manera en que habían minimizado un caso de inmoralidad sexual tan repugnante que prácticamente hacía lucir a los gentiles mejor que los creyentes de aquella ciudad.

> En efecto, se oye que entre vosotros hay inmoralidad, y una inmoralidad tal como no existe ni siquiera entre los gentiles, al extremo de que alguno tiene la mujer de su padre. Y os habéis vuelto arrogantes en lugar de haberos entristecido, para que el que de entre vosotros ha cometido esta acción fuera

> expulsado de en medio de vosotros. Pues yo, por mi parte, aunque ausente en cuerpo pero presente en espíritu, como si estuviera presente, ya he juzgado al que cometió tal acción. En el nombre de nuestro Señor Jesús, cuando vosotros estéis reunidos, y yo con vosotros en espíritu, con el poder de nuestro Señor Jesús, entregad a ese tal a Satanás para la destrucción de su carne, a fin de que su espíritu sea salvo en el día del Señor Jesús (1 Cor. 5:1-5).

En esencia, Pablo los reprocha porque se han desensibilizado tanto que han permitido que uno de sus miembros viva en pecado con la mujer de su padre en vez de haber expulsado a esa persona de la iglesia. Eso fue en la iglesia de Corinto, pero los creyentes de hoy también nos hemos vuelto más insensibles al pecado sexual. Hace 40 años, en cualquier iglesia ortodoxa se hubiese disciplinado públicamente a una persona por ver pornografía. Sin embargo, hoy en día no nos escandalizamos como antes ni disciplinamos ese pecado públicamente porque hay un gran número de creyentes que ven pornografía, incluso pastores, y poco a poco nos hemos acostumbrado a esa realidad. Por eso, vale la pena preguntarnos: ¿qué pecados nos horrorizan hoy en día que dentro de 20, 30 o 40 años no nos causarán el mismo sentir? Revisar la historia nos enseña que la desensibilización se va dando en espiral, poco a poco y de manera descendente.

En la misma carta, Pablo exhorta a los corintios a no fornicar, citando otro caso de inmoralidad sexual dentro del pueblo de Dios registrado en el Antiguo Testamento. El apóstol escribe: «Ni forniquemos, como algunos de ellos fornicaron, y en un día cayeron veintitrés mil» (1 Cor. 10:8). Pablo está aludiendo a una ocasión en que el pueblo de Israel participó de una orgía con mujeres moabitas. El juicio de Dios trajo como consecuencia 24 000 muertes en un solo día (Núm. 25). Esas muertes nos dan una idea de cuán en serio Dios toma la inmoralidad sexual y hasta dónde Él está dispuesto a llegar para disciplinar a Su pueblo.

Finalmente, en 1 Corintios 6, el apóstol Pablo nos recuerda que la inmoralidad sexual es un pecado que profana el lugar donde Dios mismo habita: «¿O no sabéis que vuestro cuerpo es templo del Espíritu Santo, que está en vosotros, el cual tenéis de Dios, y que no sois vuestros? Pues por precio habéis sido comprados; por tanto, glorificad a Dios en vuestro cuerpo y en vuestro espíritu, los cuales son de Dios» (1 Cor. 6:19-20). Nuestro cuerpo no nos pertenece, le pertenece a Dios, quien nos compró a precio de sangre. Y Él ha enviado Su Espíritu a morar en nosotros, de manera que ahora somos el santuario donde Él habita y es nuestra responsabilidad limpiarnos de toda inmundicia de la carne y del espíritu, perfeccionando la santidad en el temor de Dios (2 Cor. 7:1).

R. C. Sproul decía que por alguna razón la Biblia llama *santo* al Espíritu de Dios. Ciertamente, decía Sproul, el Padre y el Hijo también son santos (Mar. 1:24; Juan 17:11), pero solo el Espíritu tiene regularmente la palabra «santo» como parte de Su nombre. La tercera persona de la Trinidad es el agente de santificación en la vida del creyente. Por lo tanto, según Sproul, el Espíritu Santo se llama Espíritu Santo porque nos santifica. Ahora bien, independientemente de que esa sea o no la razón de Su nombre, el Espíritu Santo mora dentro de cada creyente y nuestro cuerpo es Su templo. El solo hecho de llegar a ese entendimiento debe traer mayor sobriedad a nuestras vidas y motivarnos a honrarlo de la mejor forma posible. Tal como Pablo nos exhorta:

> Por consiguiente, hermanos, os ruego por las misericordias de Dios que presentéis vuestros cuerpos como sacrificio vivo y santo, aceptable a Dios, que es vuestro culto racional. Y no os adaptéis a este mundo, sino transformaos mediante la renovación de vuestra mente, para que verifiquéis cuál es la voluntad de Dios: lo que es bueno, aceptable y perfecto (Rom. 12:1-2).

En los primeros once capítulos del libro de Romanos, Pablo describe toda la misericordia que Dios ha desplegado a favor nuestro para lograr nuestra salvación. Ahora, Pablo comienza a describir cuál deber ser nuestra respuesta lógica o racional ante tanta gracia de parte de Dios. Y empieza hablándonos de presentar nuestros cuerpos como *sacrificio vivo y santo, aceptable a Dios*. Luego nos habla de la necesidad no solo de no adaptarnos a las corrientes de este mundo (en este caso, a las corrientes de inmoralidad), sino de hacer un gran esfuerzo para transformar nuestra mente, ya que como dice el libro de Proverbios, *como piensa dentro de sí, así es*... así somos: tal como pensamos. Esta es la clave de nuestra libertad del pecado una vez hemos sido redimidos por Cristo.

El rol del arrepentimiento

La razón por la que estos temas están dentro de un libro que trata sobre ética cristiana es porque la inmoralidad sexual de nuestros días viola todo principio ético establecido en la Palabra de Dios, pues la ética tiene que ver con la conducta del ser humano y la inmoralidad sexual involucra justamente la conducta. Entonces, la idea detrás de todo lo que hemos compartido es tratar de entender dónde y cómo nos hemos desviado en estas perversiones de la conducta, para poder entender por qué necesitamos tanto la ayuda de Dios y por qué debemos arrepentirnos de este pecado, salir corriendo y evitar a toda costa la inmoralidad sexual.

El Salmo 51 es un buen ejemplo de cómo arrepentirnos del pecado sexual, pues fue escrito por el rey David luego de cometer un pecado sexual. No vamos a entrar en detalles porque usted con toda probabilidad ya conoce la historia, pero en esencia, David apela al carácter misericordioso de Dios sin justificar su pecado delante de Él. Por el contrario, David asume su responsabilidad y clama al Señor, diciendo:

> Ten piedad de mí, oh Dios, conforme a tu misericordia; conforme a lo inmenso de tu compasión, borra mis transgresiones. Lávame por completo de mi maldad, y límpiame de mi pecado. Porque yo reconozco mis transgresiones, y mi pecado está siempre delante de mí. Contra ti, contra ti solo he pecado, y

> he hecho lo malo delante de tus ojos, de manera que eres justo cuando hablas, y sin reproche cuando juzgas. He aquí, yo nací en iniquidad, y en pecado me concibió mi madre. He aquí, tú deseas la verdad en lo más íntimo, y en lo secreto me harás conocer sabiduría (Sal 51:1-6).

David sabía que no era capaz de hacer el trabajo por sí solo. Reconoció que necesitaba, al igual que nosotros, la intervención y la ayuda de Dios. Y por eso clamó a Él y apeló al carácter misericordioso de nuestro Dios.

7

La homosexualidad: Un análisis genético, biológico, médico y bíblico[51]

¿O no sabéis que los injustos no heredarán el reino de Dios? No os dejéis engañar; ni los inmorales, ni los idólatras, ni los adúlteros, ni los afeminados, ni los homosexuales, ni los ladrones, ni los avaros, ni los borrachos, ni los difamadores, ni los estafadores heredarán el reino de Dios. ***Y esto erais algunos de vosotros, pero fuisteis lavados, pero fuisteis santificados, pero fuisteis justificados en el nombre del Señor Jesucristo, y en el Espíritu de nuestro Dios.***
(1 Cor. 6:9-11, énfasis añadido)

El debate del siglo XXI

Por años, personas en el movimiento LGBT, sociólogos, sicólogos, políticos y un número de hombres de ciencia han estado interesados en encontrar una causa genética para explicar la homosexualidad. Todos los intentos han fracasado. El estudio citado más arriba es el más reciente y el más extenso hasta la fecha y, como podemos ver, nuevamente ni hay un «gen homosexual» ni existen

[51] Algunas porciones de este capítulo fueron previamente publicadas en un libro escrito por mi esposa y yo: Catherine Scheraldi de Núñez y Miguel Núñez, *La revolución sexual: Una perspectiva bíblica y un análisis médico* (Nashvile: B&H, 2018). La información también fue actualizada con un estudio masivo que descarta la posibilidad de que exista un gen homosexual. También otras publicciones fueron añadidas a este capítulo no usadas en nuestro libro La revolución sexual. Las consecuencias médicas del estilo de vida homosexual forman parte de este capítulo, pero no del libro anteriormente citado.

«predictores genéticos específicos». Desafortunadamente, el mismo grupo de personas interesadas en demostrar que la homosexualidad es un problema genético es el que se resiste a aceptar que esta es una desviación del patrón normal de comportamiento sexual que está enormemente influenciado, y quizás determinado por completo, por factores no genéticos, como los ambientales.

Un estudio en particular hecho en la primera mitad del siglo pasado concluyó que un 10% de la población estadounidense es homosexual. Alfred Kinsey publicó los resultados de sus estudios iniciales en *Sexual Behavior in the Human Male* [La conducta sexual en el varón] (1948) y *Sexual Behavior in the Human Female* [La conducta sexual en la mujer] (1953). Ambas publicaciones despertaron grandes controversias desde el inicio en el mundo de la ciencia debido a la manera como la muestra fue escogida. El siguiente párrafo resume algunos de los problemas con sus estudios que comenzaron en el año 1941 con apoyo de la Fundación Rockefeller:

> Una mirada más cercana a la investigación de Kinsey revela muchos problemas con sus hallazgos. El más evidente con sus datos es la fuente de su muestra. Mientras que la muestra de comportamiento sexual en el hombre humano ascendía a más de 5000, un número desproporcionado provenía de reclusos, muchos de los cuales eran delincuentes sexuales. El equipo de Kinsey entrevistó a algunos afroamericanos, pero sus datos no se incluyeron en las tabulaciones. Además, Kinsey tomó muestras de personas reclutadas a través de organizaciones o revistas homosexuales. Los estudiantes universitarios también representaron un número desproporcionado de su muestra. Jones y Yarhouse critican correctamente estos problemas con la muestra de Kinsey y dicen: «Obviamente, este no es el tipo de metodología que una persona implementaría si intentara obtener una perspectiva representativa sobre el comportamiento sexual de la población en general».[52]

---

[52]Alan Branch y Alfred Kinsey, «A Brief Summary and Critique», The Ethics Religious Liberty Commission, 21 de mayo 21 de 2014.

El 11 de diciembre de 1949, el *New York Times* ya había hecho una publicación escrita por W. Allen Wallis, presidente del Comité de Estadísticas de la Universidad de Chicago, rechazando los hallazgos de los estudios anteriores, porque Kinsey había violado cuatro de los seis aspectos más importantes de la investigación estadística. De manera que no fue un estudio que académicamente fuera recibido ni aceptado.

Una publicación del National Institute of Health [Instituto Nacional de la Salud] del 15 de julio de 2014 reveló los resultados de una encuesta realizada en Estados Unidos para determinar el porcentaje de personas homosexuales, bisexuales y heterosexuales en un grupo de 34 557 personas mayores de 18 años que fueron entrevistadas en el año 2013. Según las estadísticas, el 96,6 % de los entrevistados era estrictamente heterosexual; el 1,6 % se consideraba homosexual (hombres o mujeres); el 0,7 % admitió ser bisexual; y el 1,1% declaró no saber la respuesta o se rehusó a contestar.[53]

Creo que estos porcentajes muestran claramente cuál es el comportamiento normal de la sociedad. La manipulación de los estudios no ha ayudado a encontrar mas rápidamente la realidad de esta desviación sexual. De igual manera, la propaganda a favor del movimiento homosexual no siempre ha sido bienintencionada. Los autores Marshall Kirk y Erastes Pill publicaron un artículo al final de la década de 1980, explicando qué tipo de propaganda era requerida para lograr que Estados Unidos aceptara la homosexualidad como algo «normal». Entre sus propuestas, se encontraba lo siguiente[54]:

1) **Los homosexuales y lesbianas deben hablar tan vehemente y frecuentemente como les sea posible.** Si hay algo que la historia ha enseñado es que si hablas de algo continuamente, eso de lo que hablas lucirá normal en poco tiempo.

---

[53] Dr. Brian W. Ward; Dr. James M. Dahlhamer; Dra. Adena M. Galinsky; y Dra. Sarah S. Joestl, «Sexual Orientation and Health Among U.S. Adults: National Health Interview Survey», 2013 https://www.cdc.gov/nchs/data/nhsr/nhsr077.pdf.

[54] Marshall Kirk y Erastes Pill, «The Overhauling of Straight America, Guide Magazine», November 1987: http://library.gayhomeland.org/0018/EN/EN_Overhauling_Straight.htm; revisado el 12 de enero de 2020. Nota: con el tiempo, el artículo se convirtió en un libro: Marshall Kirk, Hunter Madsen: *After the Ball: How America will conquer its fear and hatred of Gays in the 1990s* (Plume: 1990).

2) **Los homosexuales deben presentarse como víctimas y no como personas agresivas.** De moda aún en la comunidad heterosexual; nadie quiere tomar responsabilidad por su conducta porque «yo soy una víctima necesitada de ayuda».
3) **Presentar a los homosexuales como personas buenas o pilares superiores de la sociedad.**
4) **Presentar a los victimarios como personas malas.**
5) **Solicitar fondos.**

Esta forma no del todo ética de promover algún tema caracterizó también la campaña a favor del aborto, y hoy nos encontramos en medio de una sociedad que considera que el aborto no es solo una opción, sino un derecho que todas las mujeres del planeta deben poseer. La misma falta de objetividad que caracterizó la lucha a favor del aborto, que culminó con su aprobación en el año 1973, es la falta de coherencia con la que nos encontramos hoy al debatir sobre el tema de la homosexualidad.

Por un lado, la homofobia en la sociedad ha sido un obstáculo para presentar una posición bíblica acerca del tema; aunque una campaña de propaganda como la recién mencionada, tampoco motiva una respuesta objetiva. Es muy lamentable que nuestra sociedad —y muchas veces, hasta la iglesia cristiana— no haya sabido lidiar con este tema de una forma equilibrada. Muchos han adoptado una posición homofóbica, lo cual es inaceptable, sobre todo para el cristiano; pero otros han ignorado que el problema existe de forma creciente y han ignorado que la agenda homosexual ha sido abrazada por los gobiernos de turno y la ONU, quienes han tratado de imponer su agenda mediante el financiamiento y las negociaciones de tratados internacionales. La posición correcta para un cristiano deber ser una llena de gracia y verdad, como hijo de Dios. La verdad llama al pecado *pecado*, pero trata con el pecado por medio de la gracia.

La (no) evidencia médica de la homosexualidad

«Estudio masivo no encuentra una causa genética única del comportamiento sexual entre personas del mismo sexo», es el título de una publicación que apareció en la afamada revista *Scientific American* el 29 de agosto del pasado 2019.[55] El estudio analizó el genoma de casi medio millón de personas y no encontró lo que muchos esperaban: un «gen homosexual». Este artículo citado resume los hallazgos, diciendo: «Ahora, un nuevo estudio afirma disipar la noción de que un solo gen o un puñado de genes hacen que una persona sea propensa a comportamientos del mismo sexo. El análisis, que examinó los genomas de casi medio millón de hombres y mujeres, encontró que aunque la genética ciertamente está involucrada en la preferencia sexual de las personas, no existen predictores genéticos específicos».[56]

En este mismo estudio citado más arriba, se estimó que los factores no genéticos, como los ambientales, tenían una influencia sobre el comportamiento sexual estimada entre un 75-92 %.

En Dinamarca, donde el matrimonio entre individuos del mismo sexo es legal desde 1989, se realizó un estudio con dos millones de adultos daneses, que puso en evidencia varios factores ambientales específicos que, según ellos, aumentaban la probabilidad de que un individuo escogiera una pareja del mismo sexo para unirse en matrimonio. En el caso de los hombres, los factores ambientales asociados con incidencias mayores de matrimonio homosexual incluían haber nacido en una zona urbana y tener un padre ausente o no conocido. En las mujeres, los factores que aumentaron la probabilidad del matrimonio homosexual fueron similares e incluían un lugar natal urbano, la muerte materna durante la adolescencia o la ausencia de la madre.[57] La conclusión de estos estudios es que, al parecer, las experiencias familiares durante la infancia y los factores ambientales influyen en las decisiones de matrimonios heterosexuales u homosexuales en la edad adulta.

Una investigación considerada la más amplia y representativa del comportamiento sexual en la población adulta de Estados Unidos de

---

[55] Sarah Reardon, «Massive Study Finds No Single Genetic Cause of Same-Sex Sexual Behavior», Scientific American, 29 de agosto, 2019: https://www.scientificamerican.com/article/massive-study-finds-no-single-genetic-cause-of-same-sex-sexual-behavior.

[56] Ibíd.

[57] Morten Frisch, Anders Hviid, «Childhood family correlates of heterosexual and homosexual marriages: a national cohort study of two million Danes» (Archives of Sexual Behavior, Vol. 35, N.º 5, octubre de 2006), págs. 533-547.

América, en que la homosexualidad era solo uno de los factores tomados en consideración, apoyó también la teoría del factor ambiental más que la herencia genética. De nuevo, este estudio identificó diferentes tipos de ambientes específicos que aumentan la probabilidad del comportamiento homosexual al que los autores han llamado «ambiente congenial» o «ambiente armonioso» al desarrollo de la homosexualidad. Para los hombres, el factor ambiental más relacionado con la homosexualidad era el grado de urbanización del lugar de residencia durante la adolescencia y, de manera más específica, se observó que aquellos que vivían en grandes centros urbanos entre los 14 y 16 años de edad eran de tres a seis veces más propensos a participar en comportamientos homosexuales que los niños que vivían en comunidades rurales a la misma edad. Los autores consideraron la posibilidad de que un ambiente que ofrece mayores oportunidades para el desarrollo de la sexualidad de forma distorsionada y menos sanciones contra la preferencia sexual a personas del mismo género puede permitir e incluso promover la expresión del interés y el comportamiento sexual con el mismo género. En las mujeres, el factor ambiental más asociado con una identidad homosexual o bisexual era un nivel más alto de educación, algo también cierto en el caso de los hombres, pero el patrón era más notorio en las mujeres.[58] La educación no es la cura de las desviaciones morales del hombre porque estas están en el corazón.

Extensas investigaciones llevadas a cabo en Suecia, Finlandia, Dinamarca y Estados Unidos revelan que la homosexualidad es inducida de manera primordial por el ambiente. Dichos estudios no indicaron cuáles factores ambientales específicos contribuían a fomentar la preferencia homosexual, pero ofrecieron algunas conclusiones al respecto. En algunos estudios, el margen de error era tan grande que es probable que los factores genéticos no jugaran ningún rol en el desarrollo de la homosexualidad. Esto todavía tiene que determinarse, pero lo que sí quedó resuelto es que el factor primario en su desarrollo es el ambiental.

---

[58] Edward O. Laumann, John H. Gagnon, *The social organization of sexuality: Sexual practices in the United States* (Chicago, IL: University of Chicago Press, 1994).

En múltiples oportunidades, escuchamos personas que afirman de manera vehemente que nacieron con esta preferencia sexual, porque no recuerdan un tiempo en sus vidas cuando no sentían atracción por el mismo sexo. Como médicos, estamos entrenados para pensar de forma científica y, como clínicos, fuimos instruidos para considerar el diagnóstico diferencial al tratar con pacientes. En ese sentido, entendemos que es necesario preguntarnos si la homosexualidad es un estado normal, o si durante el período fetal o sumamente temprano en la niñez sucede algo que afecta la preferencia sexual de estos individuos en la adultez.

Hoy en día observamos que, en naciones de Europa y América del Norte, optaron por considerar la homosexualidad como un fenómeno habitual, un estilo de vida alternativo y la asocian con los derechos humanos. Como clínicos, revisamos la literatura científica disponible para buscar algún estudio de investigación que valide este fenómeno.

En ese sentido, un estudio publicado por el genetista Dean H. Hamer, junto con algunos de sus colegas, encontró una correlación entre el marcador genético Xq28 y la orientación homosexual. En 54 homosexuales, el 64 % compartía la región Xq28 en el cromosoma X,[59] pero otros estudios liderados por George Rice y Carol Anderson no encontraron la conexión.[60,61] Para que los resultados de un estudio científico puedan considerarse verdaderos y válidos, y no pura casualidad, es necesario que otros estudios posteriores sean capaces de reproducirlos para descartar la sospecha de que hayan sido manipulados. Hasta el momento, no ha sido posible reproducir dicho estudio y alcanzar las mismas conclusiones.

Asimismo, un estudio realizado por Simon LeVay, un neurocientífico británicoamericano, encontró diferencias en el volumen de un

---

[59]Dean H. Hamer, S. Hu, Vicki Magnuson, N Hu, Angela M. L. Pattatucci, «A linkage between DNA markers on the X chromosome and the male sexual orientation» (Science, Vol. 261, N.º 5119, 16 de julio de 1993), págs. 321-327.

[60]George Rice, Carol Anderson, Neil Risch, George Ebers, «Male homosexuality: Absence of linkage to microsatellite markers at Xq28» (Science, Vol. 284, N.º 5414, 23 de abril de 1999), págs. 665-667.

[61]J. Michael Bailey, Richard C. Pillard, Michael C. Neale, Y. Agyei, «Heritable factors influence female sexual orientation» (Archives of General Psychiatry, Vol. 50, N.º 3, 1 de marzo de 1993), págs. 217-223

área del cerebro (el tercer núcleo intersticial del hipotálamo anterior) en las autopsias practicadas a sujetos separados por su orientación sexual que habían muerto de SIDA. El estudio fue criticado por la comunidad científica porque el grupo de prueba fue reducido (solo 35 pacientes: 19 homosexuales y 16 heterosexuales) y debido a que hubo errores en las estadísticas. Además, algunos de los hallazgos en homosexuales (el hipotálamo más pequeño) se observaron en el cerebro de tres de las personas heterosexuales. Y tres de las personas homosexuales tenían el hipotálamo más grande, como también se vio en las autopsias de pacientes heterosexuales. Al igual que en el caso anterior, subsecuentes estudios no pudieron confirmar los hallazgos de dicha investigación y el propio autor concluyó que ese estudio solo abría la posibilidad de una diferencia física.[62] Asimismo, como todos los pacientes homosexuales estudiados habían muerto de SIDA, desconocemos si esos cambios fueron producidos por la enfermedad.

El veredicto de la Palabra de Dios

La responsabilidad de los padres en la educación

Dios asigna un rol primario a los padres para educar a sus hijos. Él nos considera responsables de nuestros descendientes biológicos y de transmitir la fe a la próxima generación. En el libro de Deuteronomio, Moisés nos da la siguiente instrucción de parte de Dios: «Y estas palabras que yo te mando hoy, estarán sobre tu corazón; y diligentemente las enseñarás a tus hijos, y hablarás de ellas cuando te sientes en tu casa y cuando andes por el camino, cuando te acuestes y cuando te levantes» (Deut. 6:6-7). Educar a los hijos, sobre todo en los mandamientos del Señor, es tarea de los padres y no de los centros académicos, el gobierno o la iglesia. Los profesores de nuestros hijos pueden complementar o apoyar lo que les enseñamos en el hogar, pero jamás reemplazarlo. El libro de Proverbios aconseja a los padres: «Enseña al niño el camino en que debe andar, y aun cuando

[62] Simon Le Vay, «A difference in hypothalamic structure between heterosexual and homosexual men» (Science, Vol. 253, N.º 5023, 30 de agosto de 1991), págs. 1034-1037.

sea viejo no se apartará de él» (Prov. 22:6). Observamos la sabiduría de este pasaje, pues es incuestionable que la instrucción recibida en la niñez tiene repercusiones en la vida adulta.

Se ha observado que, por el modelo de crianza aplicado a algunos niños, ellos crecen con una idea distorsionada de la masculinidad y presentan una mayor tendencia a experimentar desviaciones en su sexualidad. Por ejemplo, un padre que es emocionalmente distante de sus hijos podría provocar que se refugien en su madre para encontrar seguridad, sobre todo cuando ese padre es abusivo en lo físico o en lo emocional. La niña, por otro lado, podría crecer pensando que los hombres no son confiables, porque si el varón que más debería amarla (su padre) exhibe ese comportamiento, ¿qué puede esperar del resto de los hombres? En otras ocasiones, una madre que no respeta a su esposo podría influenciar de manera negativa a su hija y provocar que rechace a los hombres. La madre puede comunicar con sus palabras o con sus acciones un mensaje como «No necesitas a un hombre», o «¿Para qué sirven los hombres?». Es posible que esa niña rechace al sexo opuesto y se refugie en otra mujer, pensando que los hombres no brindan seguridad.

La homosexualidad como pecado contra Dios

Todo lo que no honra a Dios o a Su diseño es pecado. Por lo tanto, es un buen momento para recordar que la homosexualidad no es el único pecado, el único pecado sexual ni el pecado imperdonable. Conocemos que la homosexualidad no forma parte del plan del Creador porque desde el inicio leemos en Génesis: «varón y hembra los creó» (Gén. 1:27). Es decir, Dios creó dos géneros con características internas (genotipo) y externas (fenotipo) propias de cada uno. Y luego, en el versículo 28, leemos que les dijo: «Sed fecundos y multiplicaos». La única manera de llevar a cabo este mandato es si las personas que se unen poseen órganos sexuales que les permitan acoplarse y luego reproducirse.

Más adelante, en el libro de Levítico, leemos lo que Dios dijo de manera clara: «No te acostarás con varón como los que se acuestan con mujer; es una abominación» (Lev. 18:22). En el mismo libro observamos: «Si alguno se acuesta con varón como los que se acuestan con mujer, los dos han cometido abominación; ciertamente han de morir. Su culpa de sangre sea sobre ellos» (Lev. 20:13). A la luz del Nuevo Testamento, entendemos que hoy no debemos aplicar la ley de esa manera, pero sí creemos que Dios revela que rechaza la homosexualidad, aunque nunca rechazaría a una persona que la practicara, siempre y cuando esa persona, arrepentida, busque Su perdón.

La homosexualidad ofende a Dios porque rechaza Su diseño y degrada Su imagen en la criatura. Así sucede con la fornicación, la promiscuidad y la pornografía. Todos estos son pecados contra el cuerpo y forman parte de la distorsión de la sexualidad humana. En la actualidad, como la sociedad perdió sus frenos y abandonó el sentido de la culpa y la vergüenza, muchos dieron rienda suelta a estas y otras prácticas pecaminosas, que van en aumento. Por esto, quisiéramos recordar tres realidades:

1. Jesús murió por heterosexuales y homosexuales.
2. Todo pecado, independientemente de su naturaleza, requiere arrepentimiento; no solo la homosexualidad.
3. No hay pecado que Jesús no pueda perdonar.

Con relación a este último punto, es bueno mencionar que, en la congregación de Corinto, aparentemente algunos habían sido homosexuales en el pasado y Cristo los había redimido. Así leemos en 1 Corintios 6:9-11:

> ¿O no sabéis que los injustos no heredarán el reino de Dios? No os dejéis engañar: ni los inmorales, ni los idólatras, ni los adúlteros, ni los afeminados, ni los homosexuales, ni los ladrones, ni los avaros, ni los borrachos, ni los difamadores, ni los estafadores heredarán el reino de Dios. Y esto erais algunos de vosotros; pero fuisteis lavados, pero fuisteis santificados, pero fuisteis justificados en el nombre del Señor Jesucristo y en el Espíritu de nuestro Dios.

Es necesario afirmar esta verdad porque hoy se habla mucho de que no es posible cambiar de ser homosexual a heterosexual. Sin embargo, como ya vimos, en Corinto eso fue posible. Pero también tenemos observaciones y estudios recientes que hablan de lo mismo:

> El Estudio Longitudinal Nacional de Salud de Adolescentes de la Universidad de Carolina del Norte entrevistó a 10 000 adolescentes (una vez más, vemos que los estudios no se pueden hacer con 15 o 20 personas) y encontró que la gran mayoría de los jóvenes de 16 años que reportaron solo atracción sexual a personas del mismo sexo informaron una atracción sexual hacia el sexo opuesto un año más tarde. Dados estos resultados inesperados, estudios similares se replicaron pronto en todo el mundo occidental. Los resultados fueron casi idénticos, con muestras basadas en la población que ahora alcanzan cientos de miles.[63]

En esta misma publicación, aparece un comentario que vale la pena leer, de alguien con experiencia en la rama de la sicología:

> Nicholas Cummings, expresidente de la Asociación Americana de Psicología, escribe que «afirmar que toda atracción hacia el mismo sexo es inmutable es una distorsión de la realidad». Como psicólogo jefe de Kaiser Permanente en San Francisco, Cummings supervisó a cientos de pacientes que tuvieron éxito en cambiar su orientación sexual. Cummings fue selectivo al recomendar el cambio terapéutico solo a aquellos que estaban muy motivados para cambiar y que fueron evaluados clínicamente como que tenían una alta probabilidad de éxito.[64]

Recordemos que, para su salvación, el homosexual necesita lo mismo que el heterosexual: arrepentimiento de pecado, perdón de parte de Dios a través del sacrificio penal y sustitutivo de Cristo (Él pagó la pena y murió en nuestro lugar) y, además, debe confesar a Jesús como su Señor y Salvador. Ese es el camino para todo el que quiera entrar en el reino de los cielos.

---

[63] Robert Carle, «When Government Keeps Teens from Seeing the Therapist»; https://www.thepublicdiscourse.com/2013/11/11181/

[64] Ibíd.

La sociedad de hoy y la homosexualidad

Un análisis bíblico de nuestros tiempos evidencia factores más claros y poderosos implicados en este aumento de la homosexualidad:

1) La sociedad moderna se alejó de Dios y, donde no hay un dador de la ley, las personas concluyen que están libres para hacer lo que piensen que está bien a sus propios ojos.
2) Si no hay Dios, entonces todo es permisible, como dijo Dostoievski en su famosa novela *Los hermanos Karamazov*.
3) Como consecuencia de lo anterior, los límites sociales desaparecieron porque ya no se considera que existan los absolutos.
4) Los padres participan cada vez menos en la crianza de sus hijos, lo cual origina una ausencia de los patrones normales de masculinidad y feminidad.
5) La exposición a los medios de comunicación desde una edad temprana y sin control ha ejercido una influencia en extremo dañina sobre los más jóvenes. Esto es en especial importante, ya que estos medios no presentan hoy un patrón sano de masculinidad y feminidad.
6) La élite intelectual, que es una minoría, siempre ha sido más liberal que el resto de la sociedad, pero hoy, esa élite maneja los medios de comunicación y ha transmitido la idea de que la homosexualidad es solo otra elección y otra forma de vivir.
7) La mente abierta es considerada más progresiva, más avanzada y, por lo tanto, más beneficiosa, lo cual no es verdad a la luz de la historia. El siglo más educado de la historia fue el pasado, pero también fue el más sangriento y bélico.
8) Existe una campaña patrocinada por las Naciones Unidas para imponer esta nueva ideología de género que un gran número acepta porque la información es manipulada por diversas agencias internacionales.

Las consecuencias médicas

Para finales del siglo pasado, ya se conocían muchas de las consecuencias médicas del estilo de vida homosexual, las cuales han sido corroboradas por múltiples investigadores.

Consecuencias entre homosexuales y lesbianas:

«Los hombres que tienen relaciones sexuales con hombres (HSH) tienen mayores tasas de infección por el virus de la inmunodeficiencia humana (VIH) y enfermedades de transmisión sexual (ETS) en comparación con los controles demográficamente parecidos».[65]

Entre las enfermedades de transmisión sexual, podemos mencionar: clamidia trachomatis, cryptosporidium, giardia lamblia, herpes simplex virus, virus del VIH, virus del papiloma humano, isospora belli, microsporidia, gonorrea, hepatitis B y C, sífilis. Ya para la década de 1990, se había informado un aumento en la incidencia de todas estas enfermedades entre varones homosexuales.[66]

De acuerdo con el Centro de Control de Enfermedades (CDC) en Estados Unidos, el aumento de estas enfermedades entre hombres que tienen relaciones sexuales con hombres ha seguido en aumento:

> Las enfermedades de transmisión sexual (ETS) han aumentado entre los hombres homosexuales y bisexuales, con aumentos en la sífilis en todo el país [Estados Unidos]. En 2014, los hombres homosexuales, bisexuales y otros que tienen relaciones sexuales con hombres representaron el 83% de los casos de sífilis primaria y secundaria en los que se conocía el sexo de la pareja sexual en Estados Unidos. Los hombres homosexuales, bisexuales y otros que tienen relaciones sexuales con hombres a menudo contraen otras ETS, incluidas las infecciones por clamidia y gonorrea. El VPH (virus del papiloma humano), la ETS más

---

[65] Kenneth H. Mayer, «Sexually Transmitted Diseases in Men Who Have Sex With Men», Clinical Infectious Diseases, Volume 53, N.º sup. 3, 15 de diciembre de 2011), págs. S79-S83.

[66] Dra. Anne Rompalo, «Sexually Transmitted Causes of Gastrointestinal Symptoms in Homosexual Men», Medical Clinics of North America, 74 (6): págs. 1633-1645 (Noviembre, 1990).

común en Estados Unidos, también es una preocupación para los hombres homosexuales, bisexuales y otros hombres que tienen relaciones sexuales con hombres. Algunos tipos de VPH pueden causar verrugas genitales y anales, y algunos pueden conducir al desarrollo de cánceres anales y orales. Los hombres homosexuales, bisexuales y otros que tienen relaciones sexuales con hombres tienen 17 veces más probabilidades de tener cáncer anal que los hombres heterosexuales. Los hombres que son VIH positivos tienen aún más probabilidades de contraer cáncer anal que aquellos que no tienen VIH.[67]

Para finales del siglo pasado, la literatura médica había reportado un aumento de los siguientes trastornos en pacientes con estilo de vida homosexual: aumento de carcinomas rectales, uso de tabaco, alcoholismo, depresión/ansiedad y aumento del trastorno bipolar.[68]

Además, esta población tiene un aumento en las tasas de suicidio e ideas suicidas de 3-7 veces mayor según lo reportado para finales de la década de 1990.[69] Este reporte ha sido confirmado por otros más recientes: «La Estrategia Nacional para la Prevención del Suicidio de 2012 [en Estados Unidos] incluyó a la población lesbiana, gay, bisexual y transgénero (LGBT) entre los grupos con mayor riesgo de suicidio».[70]

Por otro lado, las lesbianas representan un grupo de mayor riesgo para ciertas enfermedades. A continuación, presentamos una lista de algunas reportadas por el centro médico de John Hopkins en Baltimore, Estados Unidos[71]:

---

[67] «Sexually Transmitted Diseases; Gay and Bisexual Men's Health», CDC: https://www.cdc.gov/msmhealth/STD.htm; consultado el 15 de enero de 2020.

[68] *Psychiatry Ann,* 1988; 18:52.

[69] Herrell R., Goldberg J., True W. R., Ramakrishnan V., Lyons M., Eisen S., Tsuang M. T., «Sexual orientation and suicidality: a co-twin control study in adult men»; Arch Gen Psychiatry 1999, Oct.; 56(10): págs. 867-74.

[70] Dra. Bridget H. Lyons, Dr. Mikel L. Walters, Dr. Shane P. D. Jack, Dr. Emiko Petrosky, Dra. Janet M. Blair, Dra. Asha Z. Ivey-Stephenson, «Suicides Among Lesbian and Gay Male Individuals: Findings From the National Violent Death Reporting System», American Journal of Preventive Medicine, Vol. 56, N.º 4, abril de 2019, págs. 512-521.

[71] «Lesbian and Bisexual Women's Health Issues»; John Hopkins Medicine: https://www.hopkinsmedicine.org/health/wellness-and-prevention/lesbian-and-bisexual-womens-health-issues; consultado el 15 de enero, 2020.

Las mujeres lesbianas y bisexuales tienen un mayor riesgo de desarrollar cáncer de seno que las mujeres heterosexuales [...]. La Coalición Nacional contra la Violencia Doméstica informa que, en comparación con el 35 % de las mujeres heterosexuales, el 43,8 % de las lesbianas y el 61,1 % de las bisexuales ha sufrido violación, violencia física o acoso por parte de una pareja íntima [...].

En promedio, las mujeres lesbianas y bisexuales beben más [alcohol] que las heterosexuales y tienen una mayor incidencia de problemas relacionados con el alcohol, como el alcoholismo y el abuso del alcohol. La investigación también ha descubierto tasas más altas de consumo de tabaco, cocaína y marihuana entre mujeres lesbianas y bisexuales que entre mujeres heterosexuales. El uso y abuso de estas sustancias está relacionado con múltiples formas de cáncer y afecciones del corazón y los pulmones, que son las tres principales causas de muerte entre las mujeres [...].

Las mujeres lesbianas y bisexuales sufren mayores tasas de obesidad que las heterosexuales. La obesidad está relacionada con otras afecciones, como enfermedades cardíacas y cáncer, que se encuentran entre las principales causas de muerte de las mujeres.

Principios de aplicación

La ciencia habla hoy de la neuroplasticidad del cerebro, lo cual implica que las células cerebrales son capaces de formar y reformar redes neuronales a partir de las diferentes experiencias. Los circuitos que se usan con mayor frecuencia se convierten en redes de preferencia y aquellos que no se usan desaparecen con el paso del tiempo. Esto podría explicar la tendencia a actuar sexualmente de cierta manera desde una temprana edad si las experiencias vividas en términos de la sexualidad no son las adecuadas para un niño.

Este es un proceso que continúa durante toda la vida. Ahora bien, conocemos que esta capacidad de cambio no se encuentra solo en las conexiones o sinapsis, sino también en la producción de neuronas (neurogénesis). A fin de ser capaces de aprender y recordar es necesario el crecimiento, la modificación y la capacidad de podar los caminos. Esto ocurre a través de las experiencias y los pensamientos que provocan un cambio continuo de la estructura cerebral. Esta importante realidad le aporta un significado más profundo a la famosa expresión de Richard Weaver: «Las ideas tienen consecuencias».[72] Pero no solo las ideas tienen consecuencias, sino también las experiencias.

El doctor N. E. Whitehead escribió un artículo titulado *Brain plasticity backs up orientation change* [La plasticidad cerebral respalda el cambio de orientación], en el que afirma que cualquier diferencia cerebral que pudiera encontrarse entre homosexuales y heterosexuales «probablemente es el resultado de la conducta homosexual más que la causa de ella».[73] Como ya dijimos, los pensamientos y las experiencias, sobre todo si son repetitivos, producen cambios en las neuronas cerebrales. Después de que una persona se expuso a la cultura homosexual por mucho tiempo, las redes de preferencia ya están formadas en el cerebro, y resulta difícil abandonarlas. Esto se debe a que la actividad sexual utiliza las mismas áreas cerebrales que se activan con la adicción; por lo tanto, el proceso de salir de estas redes de preferencia produce un período sumamente desagradable y difícil, y, a menos que la persona continúe formando nuevas redes, puede llegar a creer que le será imposible.[74]

Es evidente que Dios, en Su infinita sabiduría, creó un sistema cerebral perfecto para que disfrutemos el propósito que Él mismo nos

---

[72] Richard M. Weaver, *Las ideas tienen consecuencias*, Cuidadela, 1900).

[73] N. E. Whitehead, «Brain plasticity backs up orientation change» (Artículo disponible en línea en: http://www.mygenes.co.nz/plasticity.html).

[74] Dr. A. Tom Horvath, Dr. Kaushik Misra, Dra. Amy K. Epner, Dr. Galen Morgan Cooper, editado por Dr. C. E. Zupanick; «Addiction changes the brain's communication pathways».

regaló de tener intimidad con nuestros cónyuges y familiaridad con nuestros hijos. Cuando una persona tergiversa el uso de estos centros neuronales de placer con deleites nocivos, la predisposición intrínseca que poseemos para cumplir la encomienda que Dios nos otorgó se desvía y produce una distorsión en la belleza del plan divino y una esclavitud a la distorsión que el ser humano ha desarrollado.

Cuando una persona entrega su vida a Jesús, el Espíritu de Dios la comienza a transformar a través del proceso de santificación y le concede una nueva naturaleza que piensa y siente de manera distinta. El Señor nos provee instrucciones específicas para luchar contra los pecados remanentes y los deseos de la carne. En Su Palabra, Dios nos ordena:

- No adaptarnos a las corrientes de este mundo (Rom. 12:1).
- Renovar nuestra mente (Rom. 12:2).
- Pensar de forma distinta (Fil. 4:8).
- Huir de la tentación (2 Tim. 2:22).

Ahora, consideremos los versículos completos:

> «Por consiguiente, hermanos, os ruego por las misericordias de Dios que presentéis vuestros cuerpos como sacrificio vivo y santo, aceptable a Dios, que es vuestro culto racional» (Rom. 12:1).

> «Y no os adaptéis a este mundo, sino transformaos mediante la renovación de vuestra mente, para que verifiquéis cuál es la voluntad de Dios: lo que es bueno, aceptable y perfecto» (Rom. 12:2).

> «Por lo demás, hermanos, todo lo que es verdadero, todo lo digno, todo lo justo, todo lo puro, todo lo amable, todo lo honorable; si hay alguna virtud, o algo que merece elogio, en esto meditad» (Fil. 4:8).

> «Huye, pues, de las pasiones juveniles y sigue la justicia, la fe, el amor y la paz, con los que invocan al Señor con un corazón puro» (2 Tim. 2:22).

Dios nos capacita para llevar a cabo Sus mandatos, ya que es Él quien pone en nosotros tanto el querer como el hacer (Fil. 2:13). Esto producirá una nueva cosmovisión, una nueva forma de pensar con los beneficios correspondientes y nos llevará a glorificar a nuestro Señor.

Para concluir este capítulo, tomamos prestada la oración del apóstol Pablo en su carta a los colosenses:

> Por esta razón, también nosotros, desde el día que lo supimos, no hemos cesado de orar por vosotros y de rogar que seáis llenos del conocimiento de su voluntad en toda sabiduría y comprensión espiritual, para que andéis como es digno del Señor, agradándole en todo, dando fruto en toda buena obra y creciendo en el conocimiento de Dios; fortalecidos con todo poder según la potencia de su gloria, para obtener toda perseverancia y paciencia, con gozo dando gracias al Padre que nos ha capacitado para compartir la herencia de los santos en luz (Col. 1:9-12).

8

La ética cristiana y la revolución Sexual mundial

Profesando ser sabios, se volvieron necios [...]. Por consiguiente, Dios los entregó a la impureza en la lujuria de sus corazones, de modo que deshonraron entre sí sus propios cuerpos; porque cambiaron la verdad de Dios por la mentira, y adoraron y sirvieron a la criatura en lugar del Creador, quien es bendito por los siglos. Amén.
(Romanos 1:22, 24-25)

La revolución sexual global es un tema del cual continuamente leemos en los periódicos, escuchamos en los programas de radio o vemos representado de una u otra manera en el cine y la televisión. Pero cuando comenzamos a indagar un poco sobre la historia detrás de esta revolución, nos damos cuenta de que es un asunto bastante espeluznante. Por un lado, por lo rápido que ha avanzado y, por otro, por lo humillante que resulta ver cómo estas cosas iban avanzando mientras la iglesia permanecía casi dormida.

Del Génesis al siglo XXI

El libro del Génesis cuenta la historia de cómo Dios creó al hombre y a la mujer a Su imagen y semejanza, pero el pecado del hombre trastornó toda la creación. A partir de entonces, la humanidad comenzó a moverse en una especie de espiral descendente, en términos de corrupción moral, hasta llegar al momento en que hoy nos encontramos, donde vemos niveles increíbles de inmoralidad como jamás lo hubiéramos imaginado.

Como hemos mencionado antes, en la medida en que los valores cristianos comenzaron a ser propagados en la sociedad occidental, poco a poco fueron reemplazando la antigua cultura pagana que vivía en medio de prácticas inmorales como la promiscuidad, la poligamia e incluso la homosexualidad. De hecho, muchas de las leyes que se promulgaron en Occidente estaban basadas en la ley moral de Dios, resumida en los Diez Mandamientos, y en lo que tradicionalmente ha sido definido como «ley natural». En principio, esta tiene que ver con una conciencia que Dios puso en el hombre, que le indica —hasta cierto punto— lo que está bien y lo que está mal. El apóstol Pablo hace referencia a esta ley escrita en nuestros corazones, como mencionamos en capítulos anteriores.

Por otro lado, la ley natural se refleja en el diseño que la naturaleza despliega. Por ejemplo, la ternura con que una madre cuida de sus crías en el reino animal es un reflejo de la ley natural del Creador. Sin embargo, la generación posmoderna no cree en la ley natural porque no cree en Dios. Y si no cree en Dios, tampoco puede creer que Dios le dio al hombre una conciencia que representa parte de esa ley. Como resultado, hoy en día estamos volviendo a los valores del paganismo que imperaron en las sociedades del pasado.

En el libro del Génesis, básicamente vemos que Dios creo un hombre y una mujer, es decir, el sexo masculino y el sexo femenino. En ese sentido, hoy día se utiliza el término «sexo binario» para referirse a dos sexos. Hasta hace poco, un hombre era considerado hombre porque tenía un genotipo XY, y al mismo tiempo, porque tenía órganos masculinos (fenotipo). Por tanto, se esperaba que ese hombre se comportara como un hombre y tuviera atracción por el sexo opuesto. En el caso de la mujer, ella tendría XX como su genotipo, y tendría órganos femeninos (fenotipo). Asimismo, se esperaba que ella se comportara como una mujer y experimentara atracción por el sexo opuesto. Esta clasificación en dos sexos distintos y complementarios es lo que ha sido definido como sexo binario.

Ahora bien, a partir de la segunda mitad del siglo XX, las cosas comenzaron a cambiar completamente de forma tal que, en el siglo XXI, donde actualmente nos encontramos, ya no se habla de sexo binario, pues esa clasificación se considera sumamente limitante, sino que se habla de lesbianas, gais, bisexuales, transgéneros, transexuales e intersexuales (LGBTTI). A continuación, vamos a definir brevemente cada uno de estos términos.

El término *lesbianas* se aplica a mujeres que sienten atracción física, emocional y sexual por otras mujeres, aunque no necesariamente implica que actúen en base a ese sentimiento. En el pasado, la palabra «lesbiana» era casi impronunciable; sin embargo, hoy día su uso es común y forma parte del vocabulario de los individuos. Hace 50 años, la palabra gay se usaba en el idioma inglés para describir a una persona que estaba alegre o feliz. Sin embargo, hoy en día ese vocablo tiene un significado completamente distinto, pues primordialmente hace referencia a hombres que sienten atracción física, emocional y sexual por otros hombres. De manera que el término *gay* tiene que ver con el género masculino y la palabra *lesbiana* con el género femenino, aunque ellos no quieren que usemos esa distinción de géneros.

Por otro lado, el término bisexual se utiliza para describir a las personas que sienten atracción tanto hacia hombres como mujeres. Por su parte, se denominan personas *transgénero* a aquellos individuos que se identifican con un genero distinto al que se les asignó al nacer. En otras palabras, hay personas que nacen con un genotipo XY, que tienen órganos masculinos, pero su identificación (no su atracción) es con el sexo femenino, y viceversa. Las personas *transgénero* buscan que los demás entiendan y reconozcan que ellos son quienes dicen ser en términos del género, y que su identidad pudiera incluso ser algo variable. Es decir, una persona puede sentirse hombre esta semana y la próxima sentir que es una mujer, por lo que cada semana habría que preguntarle con qué pronombre quiere que se la llame. Ciertamente, como decía Malcolm Muggeridge, el ser humano se ha educado hasta la imbecilidad al pensar que algunas de estas cosas son posibles.

La palabra *transexual* se utiliza para referirse a personas que no se identifican con su sexo biológico y deciden someterse a distintos procedimientos médicos para cambiar su apariencia física y poder lucir entonces como una persona del sexo opuesto. Dicho de otro modo, un transexual es aquella persona que siendo su sexo biológico el masculino (XY), por ejemplo, decide someterse a terapias de reemplazo hormonal e incluso múltiples intervenciones quirúrgicas para cambiar radicalmente su anatomía y adecuar su cuerpo de manera tal que luzca como una mujer, ya que se identifica con el sexo femenino. Lo increíble de todo esto es que hoy en día hay países donde es lícito para los padres hacer esta barbarie con sus hijos; es decir, alterar quirúrgicamente los genitales externos de niños de seis, siete y ocho años porque estos comenzaron a mostrar ciertos rasgos masculinos siendo mujeres o rasgos femeninos siendo varones.

El término *intersexual* ha comenzado a utilizarse en sustitución de la palabra «hermafrodita», un vocablo que por años fue usado para referirse a personas que durante el proceso de formación fetal tuvieron un desarrollo parcialmente ambiguo de los genitales, por lo que podrían tener órganos sexuales externos masculinos e internos femeninos, o viceversa. Asimismo, algunos de los órganos genitales podrían parecerse al genital del sexo opuesto, provocando que en la mujer, por ejemplo, el clítoris tenga un desarrollo mucho mayor de lo habitual, que resulte en una forma intermedia entre dicho órgano femenino y un órgano masculino. O, en el caso de un hombre, podría tener una vagina semidesarrollada. Ahora bien, los casos de hermafrodismo son patológicos y tienen que ver con malformaciones congénitas originadas en el desarrollo embrionario, producto de vivir en un mundo caído y lleno de disfunciones. No hace falta mucha imaginación para saber que, de la misma manera en que la naturaleza muestra disfunciones —por ejemplo, donde en un lugar hay gran sequía, en otro llueve tanto que se producen peligrosas inundaciones—, así también hay disfunciones en el cuerpo humano caído, que provocan anomalías congénitas del corazón, del cerebro, de las extremidades o, como en este caso, de los genitales. Por tanto, este tipo de anomalías no deberían sorprendernos tanto.

En 1969, Alemania apenas comenzaba a moverse en dirección de una revolución sexual global, pero 50 años después, dicho país encabeza todo este movimiento de ideología de género. Desde el 1 de noviembre de 2013, Alemania permite que los padres se abstengan de declarar el sexo de sus hijos al momento de su nacimiento, de forma tal que ellos puedan declarar a ese hijo como varón o mujer más adelante. Eso nos da una idea de cómo el mundo sigue deteriorándose.

Por otro lado, se ha tratado de hacer una diferencia entre lo que es la *orientación homosexual* y la *homosexualidad* o *identificación gay*. La primera se refiere a aquellas personas que sienten atracción hacia individuos de su mismo sexo, pero que no actúan conforme a esa atracción. Conocemos dos o tres casos de personas que, a pesar de sentir atracción física por su mismo sexo, nunca han sostenido relaciones íntimas de este tipo y de hecho están felizmente casados con alguien del sexo opuesto con quien han formado una familia. De manera que, los casos de orientación homosexual son más comunes de lo que pensamos y estos ejemplos nos muestran que hay esperanza para la persona que siente ese tipo de atracción sexual, pues no necesariamente tenemos que actuar en la dirección de nuestros impulsos.

La homosexualidad o la identificación gay, como algunos han preferido llamarle, se refiere a personas que tienen atracción sexual y romántica hacia el mismo sexo y actúan en consecuencia. Esto ha dado lugar al famoso orgullo gay, donde la persona que se considera homosexual está tan orgullosa de serlo que quiere gritarlo a viva voz para que todo el mundo lo sepa.

La revolución sexual mundial

A fin de comprender mejor el engranaje de esta revolución sexual global, necesitamos revisar algunas de las cosas que se han ido dando con el paso de los años y que nos han traído al lugar donde nos encontramos. En ese sentido, lo primero que necesitamos entender es que se trata de una revolución masiva, pero quienes están detrás de la revolución representan una minoría. Una minoría de la población, con creencias acerca de la sexualidad humana distintas a la mayoría de la población, se ha movilizado hasta conseguir que sus ideas sean el centro de esta revolución. Esta revolución no es simplemente sexual, sino que es cultural.

La cultura entera está cambiando, el concepto de familia está cambiando, incluso la definición de género ha cambiado, pues hoy en día muchos quieren definir el género como algo distinto al sexo, a pesar de que por cientos de años ambos términos han sido usados para referirse a la misma cosa. La idea es que el sexo define nuestros órganos genitales solamente y el género es lo que yo siento ser. Es entonces en medio de todos estos cambios que el grupo LGBTTI, que acabamos de definir, quiere que se considere la homosexualidad como igual a la heterosexualidad. En otras palabras, que no hagamos ninguna diferenciación entre ambas, sino que reconozcamos que ellos pueden usar otras nomenclaturas para su género que sean igualmente válidas y legales, de manera que puedan tener una cédula, un pasaporte o cualquier otro documento legal que indique el género o los géneros con que ellos mejor se identifiquen. Asimismo, el movimiento LGBTTI busca lograr introducir cambios en los currículos escolares para forzar a toda la población a educar a sus hijos bajo esta nueva ideología de género.

El avance de este movimiento es tal que durante cada año de su gobierno, el expresidente de Estados Unidos, Barack Obama, declaró el mes de junio como el «mes del orgullo LGBT». Pero, ¿cuál era el afán de Barack Obama de empujar la agenda homosexual con el dinero, la fuerza, la oratoria y la influencia internacional con que su gobierno lo hizo? Podemos entender que el presidente Obama estuviera a favor de la promulgación de nuevas leyes para beneficio de la comunidad LGBTTI en Estados Unidos, pero ¿por qué su afán de promocionar el movimiento homosexual en naciones que no eran la suya, al punto de enviar a nuestro país, la República Dominicana, un embajador homosexual (y enviar cinco de ellos a varias naciones al mismo tiempo)? El presidente Obama parecía estar más preocupado por promover la agenda homosexual que la agenda diplomática.

Ciertamente, la revolución sexual global está siendo lograda por una minoría, como dijimos, pero es una minoría élite que ha logrado controlar los medios de comunicación. El 13 de mayo de 2012, la revista estadounidense Newsweek declaró a Barack Obama como «el primer presidente gay»; no porque él fuera homosexual, sino porque es el primer presidente de Estados Unidos que abiertamente ha apoyado la agenda gay. De hecho, el 26 de junio de 2015, la Suprema Corte de Estados Unidos aprobó la legalidad del matrimonio homosexual en todos sus estados,[75] y esa misma noche, la Casa Blanca fue iluminada completamente con los colores de la bandera homosexual. Eso es evidencia de que ellos esperaban ese veredicto, pues tenían todos los faroles listos para hacer lo que hicieron, y fue una muestra más de cuánto esa administración aplaudía y endosaba este movimiento. Lo triste es que todo eso ha estado ocurriendo delante de nuestros ojos y no nos habíamos percatado.

Hasta el año 2013, apenas doce estados habían legalizado el matrimonio homosexual en Estados Unidos. Entonces, en vez de haber dejado que cada estado decidiera por sí mismo sobre la legalidad de dicha unión, de la misma manera en que deciden sobre otros asuntos, la Suprema Corte de Estados Unidos declaró por sentencia que todos los estados tendrían la obligación de conceder licencias de matrimonio a parejas del mismo sexo. Con dicha decisión, ese tribunal cometió un abuso de poder, porque no todos los estados estaban a favor de la aprobación del matrimonio homosexual. De hecho, ese tribunal estaba compuesto de nueve jueces; cinco votaron a favor y cuatro en contra. De modo que la nación entera fue obligada a aceptar una ley que, aun en la Suprema Corte de Justicia, fue aprobada por un solo voto de diferencia.

La decisión fue tan abusiva que los cuatro jueces que votaron en contra se pronunciaron de diferentes maneras condenando el fallo del tribunal supremo. Esto fue lo que dijeron[76]:

Antonio Scalia (1936-2016): «La decisión representa una amenaza para la democracia estadounidense». Scalia ha sido considerado

[75] Adam Liptak, «Supreme Court Ruling Makes Same-Sex Marriage a Right Nationwide»: https://www.nytimes.com/2015/06/27/us/supreme-court-same-sex-marriage.html.

[76] Corte Suprema de Estados Unidos. «Certiorari a la Corte de Apelación de Estados Unidos para el circuito 6to». N.º 14-556. Debatido el 28 de abril de 2015; decidido el 26 de junio de 2015. https://www.supremecourt.gov/opinions/14pdf/14-556_3204.pdf. Consultado el 2 de enero de 2020..

uno de los juristas más influyentes del siglo XX y fue un bastión para el conservadurismo dentro de la Suprema Corte estadounidense en el contexto de la interpretación constitucional.

Samuel Alito expresó que imponer esa decisión «es usurpar el derecho constitucional de las personas en cuanto a si retener o cambiar el entendimiento tradicional del matrimonio». Es decir, a los habitantes de esa nación que tenían un entendimiento tradicional del matrimonio, el cual estaba garantizado por la constitución —en el sentido de que podían retener o cambiar dicho entendimiento libremente—, les fue usurpado ese derecho por un voto, pues no hubo un plebiscito, no hubo una encuesta, no hubo un estudio, sino una decisión que les fue impuesta.

John Roberts dijo que «el razonamiento de la mayoría se aplicaría con igual fuerza al reclamo de que el matrimonio plural es un derecho fundamental». O sea, si la Suprema Corte accedió a legalizar el matrimonio homosexual por el voto de la mayoría, pronto podría verse obligada a aprobar también la poligamia, pues ya existen movimientos en esa dirección y en el día de mañana puede que haya una mayoría luchando a favor de eso.

Clarence Thomas señaló que «la protección constitucional de la libertad ha sido entendida como libertad de la acción del gobierno, no como un derecho o beneficios del gobierno para el ciudadano». En otras palabras, se supone que la constitución brinda a los ciudadanos la garantía de que el gobierno dará protección a su libertad, pero en vez de interpretar la ley de esa manera, se ha entendido que se trata de una libertad dada al gobierno para accionar como este quiera.

En resumen, esos fueron los pronunciamientos de los cuatro jueces de la Suprema Corte de Estados Unidos que votaron en contra de la aprobación del matrimonio homosexual.

El imperialismo cultural de Occidente

Las naciones más poderosas en Occidente han estado imponiendo su agenda sobre naciones de menor influencia a fuerza de dinero desde hace ya algún tiempo. Por eso, algunas personas, como el papa Francisco, han catalogado el movimiento de ideología de género como una especie de imperialismo cultural en Occidente.[77] No estamos de acuerdo con la gran mayoría de cosas que el papa Francisco ha estado declarando últimamente, al igual que diferimos radicalmente con la doctrina católica, pero entendemos que ese término es bastante apropiado para lo que está sucediendo actualmente en Occidente. Pues, cuando vemos grandes potencias como Estados Unidos y la Unión Europea enviando millones y millones de dólares a naciones como la nuestra para promocionar e imponer una agenda que no es parte de nuestra cultura, sin duda podemos concluir que estamos frente a un imperialismo o invasión cultural.

Hasta ahora, el imperialismo siempre había sido de índole militar. Al revisar la historia, vemos que en un momento dado, el dominio fue ejercido por parte del Imperio romano; en otro tiempo por el Imperio bizantino; e incluso mas adelante, Inglaterra ejerció un poderío similar sobre otras naciones. Lo mismo hicieron Adolf Hitler y la Unión Soviética. Sin embargo, hoy en día, el imperialismo es cultural más que militar. Ya no se trata de ejércitos que invaden naciones, sino de ideologías que buscan conquistar los valores, la mente y el corazón de nuestros hijos. Por eso se habla del imperialismo cultural de Occidente.

Entre los países que conforman la Unión Europea, 18 naciones de 27 han aprobado el matrimonio homosexual.[78] Holanda fue el primer país en hacer tal reconocimiento, en el año 2000, e Irlanda del Norte fue la última en obtener esta aprobación, la cual entrará en vigencia el 13 de enero de 2020, previamente aprobada en octubre de 2019. El 17 de mayo de 2019, la ley que aprueba el matrimonio del mismo sexo entró en vigor en Taiwán, que se constituyó como el único país

---

[77] *Ideología de género.* Algunas intervenciones del papa Francisco: Pontificia Comisión para América Latina: http://www.americalatina.va/content/americalatina/es/articulos/ideologia-de-genero--algunas-intervenciones-del-papa-francisco.html.

[78] Michael Lipka y David Masci, «Where Europe stands on gay marriage and civil unions», 28 de octubre de 2019. Pew Research Center: https://www.pewresearch.org/fact-tank/2019/10/28/where-europe-stands-on-gay-marriage-and-civil-unions.

asiático con tal aprobación.[79] En Latinoamérica, los países con aprobación del matrimonio del mismo sexo son hasta ahora: Argentina (2010); Uruguay(2013); Brasil (2013) y Colombia (2016). México lo permite en ciertas regiones desde el 2009. En el continente africano, solo Sudáfrica tiene tal legalización desde el año 2006.[80,81]

En el año 2010, la Corte Europea de Derechos Humanos declaró (a raíz de un caso que llegó hasta ese tribunal) que el matrimonio homosexual no es un derecho humano. Y la razón por la que la comunidad LGBTTI ha presionado para que se considere el matrimonio homosexual como un derecho humano es porque, si eso llegara a suceder, entonces todas las naciones que forman parte de la Organización de las Naciones Unidas y que pudieran formar parte de otros organismos similares se verían obligadas a legalizar el matrimonio homosexual para garantizar el libre ejercicio de ese derecho humano.

El mismo Occidente que fue llevado a la cumbre por los valores cristianos es el Occidente que hoy en día se derrumba moralmente y que muy pronto no podrá sostenerse.

En más de 50 países del mundo, la homosexualidad es ilegal y en cinco de esos países, es penada con la muerte. No estamos de acuerdo con que la homosexualidad o cualquier otro pecado de ese tipo sea castigado con pena de muerte; ya que, desde el punto de vista de la revelación de Dios, la única manera en que podríamos justificar la pena de muerte es si alguien le quita la vida a otra persona (Gén. 9:6). Fuera de ese contexto, no creemos que la pena de muerte deba ser aplicable a ningún delito.

---

[79] «Taiwan: Same-Sex Marriage Law Enters into Effect»; Global Legal Monitor; Library of Congress: https://www.loc.gov/law/foreign-news/article/taiwan-same-sex-marriage-law-enters-into-effect/.

[80] «Same-Sex Marriage Around the World»; Pew Research Center; 28 de octubre de 2019.

[81] «European human rights court rejects gay marriage bid»; BBC News, 25 de junio de 2010: https://www.bbc.com/news/10421628.

Europa avanza sus leyes a favor del movimiento LGBTTI

Las naciones europeas parecen estar avanzando sus leyes a favor del movimiento LGBTTI mucho más rápido de lo que Estados Unidos lo ha estado haciendo. Usualmente, los movimientos culturales se han dado de esa manera: primero en Europa, luego en Estados Unidos, y finalmente en Latinoamérica. Y lo mismo está sucediendo con la agenda gay. Mas del 50% de las naciones que aprueban el matrimonio del mismo sexo están en Europa. Latinoamérica ya está en medio de la tormenta. Vale la pena revisar entonces algunas de las cosas que han contribuido al avance del movimiento LGBTTI en Europa.

Desde 1994, el Parlamento Europeo ha estado aprobando leyes que demandan el trato igualitario para gais y lesbianas en lo relativo al matrimonio y la adopción.[82] O sea que este asunto tiene 25 años en camino. Aunque, como hemos mencionado, Alemania comenzó a cambiar sus leyes en el año 1969, por lo que la agenda LGBTTI tiene mucho más tiempo de lo que pensamos.

Hoy en día, la Organización de las Naciones Unidas —y de hecho, la Seguridad Social— está luchando para que abandonemos el término *familia* y comencemos a hablar de «solidaridad intergeneracional». La idea es que los padres, los hijos, y quizás también los abuelos, forman una cadena generacional entre cuyos miembros debe haber solidaridad y apoyo mutuos. En parte, esto tiene que ver con el hecho de que las naciones se han ido dando cuenta de que los gobiernos no pueden lidiar con el cuidado de la población que envejece. De ahí que, hace algunos años, China[83] aprobó legislaciones que obligan a los hijos a visitar a sus padres de edad avanzada, con la posibilidad de ser penados con multa y aun cárcel en caso de no cumplir con dichas leyes, pues el Estado no podía ocuparse de ellos y los ancianos estaban muriendo. Francia hizo algo similar. En este caso, la ley francesa obliga a los hijos a contribuir económicamente con los padres en

---

[82] Gabriele Kuby, p. 161.

[83] Celia Hatton, «New China law says children 'must visit parents'», 1 de julio de 2013; BBC News: https://www.bbc.com/news/world-asia-china-23124345.

necesidad en la medida de sus posibilidades económicas.[84]

Es decir, el mundo está tan corrompido que hoy en día hay que crear leyes e imponer sanciones pecuniarias para que los hijos mayores de edad se hagan responsables de sus padres ancianos. Una instrucción que no es nada nueva, pues desde que la ley de Moisés fue dada hemos escuchado estas palabras: «Honra a tu padre y a tu madre» (Ex. 20:12). Dios sabe lo que hace, por eso nos dejó ese mandamiento en Su Palabra, pero lamentablemente muchos han decidido ignorarlo hasta que se ven obligados a cumplirlo por motivos económicos.

La adopción por parte de parejas homosexuales

Desde el año 2005, existen leyes que permiten la adopción de hijos provenientes de uno de los dos cónyuges en una pareja homosexual. En otras palabras, si en un matrimonio de personas de un mismo sexo uno de los integrantes tiene hijos biológicos producto de una relación heterosexual anterior, su nueva pareja tendría el derecho a ser el padre o la madre adoptiva de esos hijos. El problema con una ley como esa es que abre las puertas para el próximo paso y es que parejas homosexuales que no tienen hijos puedan adoptar y criar hijos legalmente. De hecho, en el presente, la adopción de niños por parte de parejas de un mismo sexo es legal en un número de países alrededor del mundo. Pero, la idea detrás de todas estas concesiones es poder sentar las bases para que en un futuro todo tipo de adopciones sean permitidas y, por ejemplo, un matrimonio polígamo pueda también adoptar hijos legalmente.

Imaginemos entonces qué tipo de crianza recibirían esos niños cuando sus padres son ambos del mismo sexo y no pueden aportar al matrimonio lo que se supone que cada sexo debe aportar, porque hay en esas parejas una evidente distorsión y falta de entendimiento del diseño de Dios para el matrimonio y la familia.

---

[84] «You are obliged to look after parents»; The Connexion, French News and Views, 27 de Agosto de 2009: https://www.connexionfrance.com/Archive/You-are-obliged-to-look-after-parents.

El inicio de la revolución

En el libro *La revolución sexual global*, la escritora y socióloga Gabriele Kuby provee información valiosa que hemos usado en este capítulo para explicar como inició toda esta revolución sexual en Europa y Estados Unidos, y para entender mejor en qué consiste la teoría de género, también conocida como ideología de género.[85] Según Kuby, la pionera de la teoría de género fue la autora y profesora estadounidense Judith Butler, quien recibió su doctorado en filosofía de la Universidad de Yale en 1984. Por cierto, quizás ya ha podido percatarse de cómo las ideologías liberales y revoluciones culturales suelen originarse en los grandes centros académicos, para luego pasar a ser discutidas a nivel de conversaciones en la mesa de la cocina, como dice el gran apologista cristiano Ravi Zacharias. Es decir, estas ideas nacen en las aulas de clase y poco a poco van penetrando las conversaciones informales que se dan en la intimidad de nuestros hogares hasta volverse parte de la cultura. Entonces resulta que la tesis doctoral de Judith Butler es lo que da origen a estas primeras conversaciones sobre teoría de género.

Judith Butler es actualmente catedrática de literatura comparada y teoría crítica en la Universidad de California en Berkeley,[86] y forma parte del cuerpo docente de dicha institución desde 1993. La doctora Butler también es profesora afiliada del programa de maestría psicosocial del Birkbeck College en Londres y titular de la cátedra Hannah Arendt en la European Graduate School en Suiza. Es una profesional muy distinguida en el ámbito académico y una lesbiana públicamente reconocida por sus ideas liberales.

En el año 1990, Butler publicó un libro titulado *El género en disputa: el feminismo y la subversión de la identidad*. Según el diccionario, una subversión no es más que la acción de trastornar o alterar algo, especialmente el orden establecido. Y eso es precisamente lo

---

[85] Gabriele Kuby, *The Global Sexual Revolution: Destruction of Freedom in the Name of Freedom*; (Brooklyn: An-gelico Press, 2015).

[86] Berkeley Research, University of California: https://vcresearch.berkeley.edu/faculty/judith-butler.

que el movimiento LGBTTI ha querido lograr, trastornar y alborotar la identidad de género. Entonces, básicamente, la idea detrás de la teoría de género presentada por Judith Butler es crear una revolución.

La identidad de género según Judith Butler[87]

Según Judith Butler, la identidad sexual es una construcción del lenguaje. En otras palabras, la idea de que somos hombre o mujer es algo que nos ha sido inculcado a través del lenguaje en la medida en que hemos crecido escuchando a los demás identificarnos o identificarse de una u otra manera. Por lo tanto, el lenguaje juega un rol fundamental en la deconstrucción del orden de género. En efecto, aquellos que promueven la ideología de género han entendido que la clave para el avance y el triunfo de esa revolución moral es cambiar el lenguaje tradicional. Esa es la razón por la que hoy en día muchos están tratando de redefinir ciertas palabras y conceptos claves que la sociedad ha sostenido por miles de años e introducir nuevos términos que avalen sus ideas liberales.

De acuerdo con Judith Butler, no hay hombres ni mujeres, no hay seres masculinos ni femeninos, sino cierta actuación o conducta que pudiera cambiar en cualquier momento.[88] De ahí que, como mencionamos anteriormente, hay grupos propugnando que las personas tengan el derecho a elegir y ser llamados por su pronombre preferido, el cual pudiera cambiar semana a semana, según el o los géneros con que esa persona se identifique esa semana.

El género y el sexo

Por cientos de años, hablar del género o el sexo de una persona era hablar de la misma cosa. Sin embargo, producto de toda esta revolución del lenguaje que mencionábamos, ahora *género* y *sexo* son dos

---

[87] Gabriele Kuby, págs. 44-48.

[88] Gabriele Kuby, 46.

términos que muchos definen de manera completamente distinta.

Por su parte, Judith Butler ha definido el sexo de una persona como una fantasía; algo que llegamos a creer porque ha sido repetido múltiples veces. Y el género, según Butler, no está asociado con el sexo biológico. De modo que, el hecho de que cada ser humano nazca con un sexo biológicamente determinado desde el momento de la concepción que lo identifica como masculino o femenino ha sido desestimado y sustituido con la idea de que el género se define por el sentir de cada quien en un momento determinado de su vida. Esa es una idea absurda que solamente es concebible en el mundo en que vivimos y que resulta del posmodernismo, un movimiento que no solo rechazó la idea de que existen valores absolutos dados por Dios, sino que postuló que las palabras no tienen significado, pues su sentido proviene de la interpretación que cada interlocutor le dé. Entonces, ya que el posmodernismo logró implantar esa idea en la sociedad, ahora es mucho más fácil tomar una palabra y cambiar completamente su significado, que es lo que ha pasado con la palabra *género*. Una vez más, comprobamos que ciertamente las ideas tienen consecuencias.

El movimiento LGBTTI busca cambiar el lenguaje y disolver así la identidad sexual. La idea es deshacerse de la clasificación binaria del género (masculino y femenino). Por eso hemos visto cómo algunas tiendas de departamento en Estados Unidos, como Target, han procedido a eliminar de sus pasillos toda señalización que haga referencia al género o que distinga entre artículos para niñas y artículos para niños,[89] por ejemplo. Ahora bien, tan pronto Target anunció este cambio de política, sus acciones en la bolsa de valores cayeron significativamente. Esa reacción confirma que a pesar de todo, la gente conoce la verdad.

Pero, la meta detrás de todo eso, según la doctora Butler, es que el ser humano sea emancipado de la dictadura de la naturaleza para experimentar la completa libertad de elegir y tener como resultado la habilidad de reinventarse a sí mismo en cualquier momento. O sea

[89] What's in Store: Moving Away from Gender-based Signs https://corporate.target.com/article/2015/08/gender-based-signs-corporate.

que ya ni siquiera se trata de que el individuo se independice de Dios, pues ellos entienden que lograron eso al negar Su existencia. Ahora resulta que la naturaleza misma esclaviza al hombre y este necesita librarse de su dominio disolviendo la identidad de género, para entonces poder sentirse completamente libre de ser quien quiera ser en cualquier momento.

Sin duda, estamos en medio de una revolución sexual que es global y es cultural porque las ideas que esta revolución trae están cambiando la cultura completa. Miles de años de tradición cultural han sido totalmente transformados en solo veinte años. El avance de la ideología de género se ha dado demasiado rápido y el cambio ha sido radical.

Desde el jardín del Edén, Satanás está empeñado en distorsionar la verdad de Dios. Quiere que cambiemos la verdad por la mentira (Rom. 1:25). Ciertamente, es astuto y audaz (Gén. 3:1), pero no ignoramos sus artimañas (2 Cor. 2:11). Además, tenemos la Palabra de Dios en nuestras manos y sabemos cómo termina la historia. No desmayemos, pues el Dios todopoderoso y soberano tiene el control de todos los eventos de la historia, incluyendo esta revolución sexual global, y en Él confiamos.

9

La ética cristiana y el avance de la Revolución sexual

Pero vosotros, amados, acordaos de las palabras que antes fueron dichas por los apóstoles de nuestro Señor Jesucristo, quienes os decían: En los últimos tiempos habrá burladores que irán tras sus propias pasiones impías.
(Jud. 1:17-18)

La idea detrás de este capítulo es que el lector pueda tener un mejor entendimiento de cómo se está llevando a cabo la revolución sexual global. A diferencia de otras revoluciones históricas, como la Revolución Francesa (1989), que fueron causadas de abajo hacia arriba, esta revolución sexual se está llevando a cabo de arriba hacia abajo. Por lo general, las grandes revoluciones se han originado en medio de un pueblo que se levanta a exigir y defender sus derechos en contra de una minoría opresora, algo parecido a lo que ha ocurrido en algunos de nuestros países latinoamericanos. Sin embargo, la revolución sexual de la que hemos estado hablando ha ocurrido desde arriba, con una minoría que representa las élites activistas, poderosas y formadoras de opinión que han ido imponiendo sus criterios sobre la mayoría.

Humanamente hablando, pudiéramos entender que una mayoría que esté siendo oprimida se levante y se imponga sobre una minoría que está en el poder, tal como ocurrió durante la Revolución Francesa. Pero, cuando la minoría es la que está imponiendo sus criterios sobre la mayoría y financiada por países económicamente poderosos, entonces estamos frente a un problema de imperialismo. Ahora bien, se requerirá un sistema de valores completamente diferente al existente para crear un cambio en el orden mundial, y eso es precisamente lo que este movimiento ha estado buscando.

En ese sentido, la autora Gabriele Kuby, ya mencionada en el capítulo anterior, muy apropiadamente ha observado que cuando cayó el muro de Berlín —la famosa cortina de hierro— en 1989, el mundo pensó que ese sería el fin de los gobiernos totalitarios y las dictaduras. Sin embargo, las formas totalitarias de gobierno no han cesado. Un nuevo gobierno se impone, pero el totalitarismo ya no es militar, sino cultural; y este se refleja en la imposición de nuevos valores que han ido tomado cuerpo en todos los aspectos de la sociedad, valores que la mayoría no quiere, pero que no sabe cómo combatir, porque muchas de las leyes se han debatido y aprobado completamente a espaldas de la población general, que en ocasiones se ha enterado 30 años después de que esos planes comenzaron a discutirse.[90]

En 1948, la Asamblea General de la Organización de las Naciones Unidas (ONU) proclamó una Declaración Universal de Derechos Humanos. Esa declaración tenía como objetivo principal proteger los derechos del ser humano y de las instituciones fundamentales de la sociedad: el matrimonio, la familia y la propiedad privada. A manera de ilustración, veamos lo que la referida declaración establece en su artículo 16, párrafos 1 al 3:

1. Los hombres y las mujeres, a partir de la edad núbil, tienen derecho, sin restricción alguna por motivos de raza, nacionalidad o religión, a casarse y fundar una familia, y disfrutarán de iguales derechos en cuanto al matrimonio, durante el matrimonio y en caso de disolución del matrimonio.
2. Solo mediante libre y pleno consentimiento de los futuros esposos podrá contraerse el matrimonio.

---

[90]Gabriele Kuby, *The Global Sexual Revolution: Destruction of Freedom in the Name of Freedom* (Brooklyn, N.Y.: LifeSite/Angelico, 2015), p. 49.

3. La familia es el elemento natural y fundamental de la sociedad y tiene derecho a la protección de la sociedad y del Estado.

Aquí vemos, en primer lugar, que la Declaración Universal de los Derechos Humanos reconoce claramente que hay un sexo o género binario (masculino y femenino). Asimismo, dicho documento reconoce que el matrimonio está formado por un hombre y una mujer que libremente deciden unir sus vidas y fundar una familia. Finalmente, la Declaración establece que la familia es la unidad fundamental para el desarrollo de la sociedad, por tanto, debe ser protegida. Estos derechos fueron reconocidos y establecidos por la Asamblea General de la ONU hace ya más de 70 años. No obstante, esos son los mismos derechos que actualmente la ONU quiere comprometer en beneficio de una minoría.

El Estado y la familia

Uno de los problemas que enfrentamos hoy en día es la injerencia del Estado en la familia, especialmente en cuanto a la crianza de los hijos. La citada Declaración Universal de los Derechos Humanos establece en su artículo 26, párrafo 3, que «los padres tendrán derecho preferente a escoger el tipo de educación que habrá de darse a sus hijos». De manera que, cada persona tiene el derecho a decidir si quiere enviar a sus hijos a un colegio donde recibirán una educación secular, por ejemplo, o si prefiere enviarlos, a una institución con un currículo basado en valores cristianos. Sin embargo, hay algunos países, como Alemania, donde los padres ni siquiera tienen la opción de darle una educación cristiana a sus hijos porque se ven forzados a enviar a sus descendientes a una escuela donde el currículo ha sido diseñado por el gobierno. Entonces, por la forma en que toda esta revolución va desarrollándose, es muy probable que en el futuro los padres no tengan la opción en ninguna parte del mundo de enviar a sus hijos a un colegio cristiano porque estos no existirán, pues el currículo escolar estará diseñado completamente por un gobierno secular y el mismo será obligatorio sin posibilidad de cambio.

Ahora bien, nosotros necesitamos entender y reconocer que dentro de lo que es la cosmovisión cristiana, el matrimonio y la familia preceden al Estado. En el libro del Génesis, vemos cómo Dios, al momento de la creación, toma a Adán y lo une a Eva, celebrando así el primer matrimonio que da origen a la primera familia. De modo que, el concepto de matrimonio y familia es algo que precede por mucho al Estado, como bien señala la autora Gabriele Kuby. El matrimonio y la familia «no deben su existencia al Estado, sino que el Estado depende de ellas porque proporcionan los fundamentos cruciales para la convivencia humana».[91] El Estado no puede tener estabilidad si no tiene matrimonios y familias estables. Estas instituciones proveen los valores, los fundamentos e incluso un lugar físico adecuado para «tener hijos y criarlos de forma tal que sean personas que puedan hacer una contribución positiva a la sociedad en su conjunto».[92] Cuando un matrimonio es inestable, su contribución en la sociedad se ve altamente reducida porque los hijos generalmente son también inestables, con problemas emocionales, de disciplina y estructura. Hay un alto índice de personas que no logran terminar sus estudios secundarios o universitarios por la gran cantidad de problemas emocionales producto de haber crecido en un núcleo familiar inestable. Eso limita entonces el aporte que esos individuos puedan brindar a la sociedad.

De manera que, el máximo interés del Estado debiera ser proteger los matrimonios y las familias para garantizar la estabilidad de la sociedad. Sin embargo, eso no es lo que está ocurriendo al presente. «Hoy —dice Kuby—, las Naciones Unidas y sus poderosas suborganizaciones luchan por la disolución de la identidad sexual de hombres y mujeres, la eliminación del matrimonio y la familia, la división de las generaciones a través de los derechos autónomos de los niños, la eliminación de la moralidad sexual y el aborto como un "derecho humano"».[93]

Todas estas cosas, algunas de las cuales ya habíamos mencionado, forman parte de la agenda de esta revolución sexual global. Y pare-

---

[91] Ibíd., 51.
[92] Ibíd.
[93] Ibíd.

ce increíble que personas estén luchando fervientemente para que, terminar con la vida de un ser humano —por medio de un aborto—, sea reconocido como un derecho humano. Eso es una muestra más de cuán enferma está la sociedad de hoy y cuán poco valor le damos a la vida humana.

Por otro lado, a lo largo de los años se han aprobado una serie de derechos que buscan proteger a los niños y adolescentes, lo cual es bueno y necesario. El problema es que hoy en día los derechos de los niños están teniendo preponderancia sobre los de los padres. Es decir, los derechos de los niños están anulando el derecho que tienen los padres de criar a esos niños. Y lamentablemente, ese es el resultado de distorsionar el orden creado por Dios para el matrimonio y la familia.

Ciertamente, el feminismo ha estado detrás de toda esta revolución sexual, pero debemos reconocer que a través de la historia se han cometido grandes abusos en contra de las mujeres. Por ejemplo, hasta hace poco, las mujeres no podían votar en Estados Unidos.[94] En Chile,[95] las universidades fueron abiertas a las mujeres por primera vez en 1877 y en Brasil, en 1879.[96] Desde la perspectiva del diseño de Dios, eso constituía un evidente abuso contra la mujer, que lógicamente resultó en una revolución.

De esa misma manera, tenemos que reconocer que los derechos de los niños que se han ido aprobando son el resultado de la enorme cantidad de niños y niñas que han sido abusados y quienes obviamente tienen que ser protegidos. Pero, como el péndulo no lo mueve Dios, sino una sociedad corrompida, la lucha por esos niños abusados está logrando que el péndulo se incline a que los derechos de esos niños dominen a los padres, incluso a aquellos padres funcionales con buenas familias. Podemos ver lo mismo que sucede en Alemania poco a poco en Canadá, y es hacia lo que avanza Estados Unidos.

---

[94] 19° Enmienda a la Constitución de Estados Unidos: El derecho del sufragio femenino. Aprobada por el Congreso el 4 de junio de 1919, y ratificada el 18 de agosto de 1920: https://www.ourdocuments.gov/doc.php?flash=false&doc=63.

[95] Smith, Bonnie G., ed. (2008). *The Oxford Encyclopedia of Women in World History, Volume 1*. Oxford University Press.

[96] Teresa A. Meade, Merry E. Wiesner-Hanks, *A companion to gender history* (Hoboken, NJ: Wiley-Blackwell).

El posmodernismo y la presente revolución sexual

Sin lugar a duda, el posmodernismo sirvió para propulsar el avance de la presente revolución sexual al convertir toda verdad en algo puramente relativo, subjetivo e individual. Cuando la verdad desaparece, ya no queda nada de fundamento y toda discusión o debate pierde su valor, incluyendo las afirmaciones del mismo posmodernismo. Porque si nada es absolutamente verdad, entonces las mismas afirmaciones del movimiento posmoderno quedan bajo cuestionamiento, porque no hay forma de defender que los posmodernos tienen razón y nosotros no. Es este tipo de lógica que es usada hoy para que alguien que es biológicamente masculino (genes y genitales), pueda ser considerado mujer en base a sus sentimientos.

Ahora, quizás las nuevas ideas no son tan nuevas. En 1898, Abraham Kuyper —primer ministro de Holanda entre 1901 y 1905, un hombre reformado en su teología, ministro evangélico y periodista— dijo: «El modernismo, que quiere cambiarlo todo y borrar cada diferencia, no cesará hasta que no vea al hombre hecho mujer y a la mujer hecha hombre».[97] Esa frase fue profética, pues ahí precisamente es donde nos encontramos hoy.

El posmodernismo, como mencionamos, terminó de preparar la plataforma al trastocar todos los valores de la sociedad. En la cultura judeocristiana hay un entendimiento de que los hijos les deben sumisión a los padres, la esposa a su esposo y los ciudadanos a los gobiernos. Aun en la Trinidad hay una jerarquía. Pero hoy queremos eliminar ese principio reclamando una igualdad a la hora de funcionar como sociedad. Bajo este principio, la autoridad parental ha ido desapareciendo.

Otra idea nueva e impuesta es que, de acuerdo con esta nueva enseñanza, en vez de aceptar la heterosexualidad como la norma social y legal de la sociedad, hoy se quiere legislar para que todos acepte-

---

[97] Arie L. Molendijk, *Neo-Calvinist Culture Protestantism: Abraham Kuyper's Stone Lectures*, p. 240: https://www.ariemolendijk.nl/downloads/download0030.pdf.

mos cualquier comportamiento sexual y, de lo contrario, nos arriesgamos a sufrir consecuencias, incluida la cárcel, como ya ha ocurrido en algunos países.[98]

En la cultura judeocristiana, la heterosexualidad es la norma. Siempre han existido casos de homosexualidad, en la antigua Roma los hubo y en Grecia también, pero la heterosexualidad siempre fue la regla. En la actualidad ya no es así, sino que hay un sector de la sociedad que busca que se acepte social y legalmente cualquier forma de comportamiento sexual. Aún más, hoy existen movimientos a favor del bestialismo.

Hasta hace muy poco tiempo, los miembros de una pareja matrimonial eran llamados esposo y esposa. Hoy, el concepto mismo del matrimonio quiere ser eliminado y por tanto, ahora se habla de «pareja» o «compañero» para referirse a la persona con quien alguien tiene una relación romántica o sexual viviendo o no bajo el mismo techo. El término en inglés es significant other [la media naranja], una expresión que es incluso más neutral en cuanto al género y que no revela absolutamente nada sobre el estado civil de esa persona, porque simplemente dice que ese otro es alguien significativo para nosotros.

El derecho de adopción está siendo aprobado para parejas homosexuales y personas solteras, cambiando radicalmente el concepto de lo que es una familia nuclear. Hay incluso naciones en donde se promueve la idea de que los padres sean despegados de sus hijos biológicos para que esos niños sean entonces educados por el Estado junto a otros niños. ¿La razón? Esas personas entienden que no es justo que niños que no tienen uno o ambos padres estén creciendo en desventaja con relación a aquellos que sí tienen a sus padres presentes en sus vidas. Su argumento se basa en que estudios realizados han demostrado que a los niños cuyos padres están presentes les va mejor en la vida. Entonces, para que todos estén a un mismo nivel, el Estado debe separar a esos niños de sus padres y ponerlos junto a los demás

---

[98] *The Telegraph*: https://www.telegraph.co.uk/news/religion/7668448/Christian-preacher-arrested-for-saying-homosexuality-is-a-sin.html.

en una institución estatal para ser criados por terceros. ¡Pero qué manera más absurda de pensar! Obviamente, este tipo de propuesta aún no está a nivel de los gobiernos; pero así inician los movimientos: una persona; discusiones académicas; en los hogares, en las calles y luego en la nación entera.

El ser humano peca y, después que peca, encuentra una idea que justifique su pecado. El filósofo suizo Jean-Jacques Rousseau (1712-1778), cuyas ideas influyeron en gran medida en la Revolución Francesa, la cual detonó unos diez años después de su muerte, fue uno de los primeros en promover la idea de que el Estado debía educar a los hijos. Pero ese razonamiento fue en respuesta al hecho de que Rousseau había abandonado a sus cinco hijos en un orfanato y nunca más regresó a visitarlos.[99] Rousseau abandonó a sus hijos para poder realizarse profesionalmente. Comenzó a viajar por toda Europa dando charlas que lo hicieron muy famoso y luego desarrolló la teoría política de que el Estado debía criar a los hijos, precisamente para justificar su pecado.

La soberanía nacional frente a la gobernación global

Hasta hace poco, todo el mundo entendía y defendía el concepto de soberanía nacional. Sin embargo, el escenario parece estar indicando que nos movemos hacia una gobernación global. Es decir, la imposición de naciones poderosas sobre aquellas menos poderosas no está muy lejos de nosotros. Hoy en día, mucho de lo que se rumora quizás sea cuento de camino, pero ciertamente hay presión por parte de ciertas naciones más poderosas para que República Dominicana se una con la vecina nación de Haití. Pero cada nación es soberana para hacer como mejor le parezca, aunque muchos hoy no quieran respetar ese derecho de las naciones.

---

[99] Paul Johnson, *Intellectuals* (Harper Perennial; edición revisada, 2007). Kindle edition: 67-634.

El triunfo del individualismo autónomo

La desobediencia de Adán y Eva en el jardín del Edén fue el primer grito de independencia del ser humano. Desde entonces, el hombre caído busca vivir a su manera, sin rendir cuentas a nadie, mucho menos a Dios. Por eso, no es nada extraño que una de las puntas de lanza de esta revolución sexual sea la individualidad de las personas, y esa realidad la podemos ver reflejada de distintas maneras en el diario vivir.

Por ejemplo, en la mayoría de los hogares de clase media, sobre todo de clase media alta, las familias tienen una televisión en cada habitación de la casa, para que cada uno pueda ver lo que desee cuando lo desee. Y lo mismo sucede con los teléfonos celulares, las tabletas y demás aparatos electrónicos. De esa forma, cada quien está aislado en su propio mundo. Aun en el carro mientras la familia viaja junta, muchas veces cada hijo va haciendo uso de su dispositivo electrónico en vez de conversar con los miembros de la familia. Todo esto contribuye a la revolución sexual, porque los padres pierden un tiempo precioso de pasar valores a sus hijos en el diario vivir.

Los propulsores primarios de la revolución sexual global

Como bien señala Marguerite A. Peeters: «No son los gobiernos, sino las minorías no gubernamentales, las que han jugado un rol central de principio a fin en el proceso revolucionario. Estas llegaron a ser inmediatamente puntas de lanza, pioneras, expertas, lobistas, formadoras de opiniones, creadoras de consensos, facilitadoras, socias, ingenieras sociales, agentes operacionales, defensoras de la sociedad y campeones de la nueva ética».[100]

Son individuos y organizaciones no gubernamentales, como Planned Parenthood en Estados Unidos o ProFamilia en República Dominicana, que se levantan y dicen: «Nosotros estamos a favor de la

---

[100] Marguerite A. Peeters, *The globalization of the western cultural revolution* (Institute for Intercultural Dialogue Dynamics, 2012), p. 28.

salud sexual y reproductiva; estamos a favor del control de la natalidad; estamos a favor de la familia». Es una minoría que dice querer proteger a nuestros jóvenes de las enfermedades venéreas y los embarazos no planificados, y lo hacen vendiendo la idea de que el aborto es su mejor opción y, por tanto, debe ser legalizado.

Entonces, los gobiernos compran las agendas que estos grupos minoritarios les venden. De hecho, en el caso del libro *Hablemos*, no fue la Secretaría de Educación de la República Dominicana que creó ese manual de educación sexual cargado de ideología de género, sino una organización no gubernamental local patrocinada por organizaciones internacionales de la Unión Europea que proveyeron los fondos necesarios para la impresión de dicho libro de texto. Entonces, fueron y lo llevaron a la Secretaría de Educación para que ellos lo aprobaran como parte del currículo obligatorio de educación nacional. Así es como estas cosas generalmente ocurren, con una minoría que está detrás promocionando y subsidiando todo esto.

Nuevos derechos

Considere la siguiente cita: «En nombre de la libertad, nuevos derechos han sido proclamados: el derecho a la libertad, el derecho a la anticoncepción, el derecho al aborto, el derecho a la fertilización artificial, el derecho a la libertad de elegir la orientación sexual, los derechos de los niños en contra de los derechos de los padres»,[101] entre otros más. «En el centro de todo esto está el derecho del individuo autónomo para la elección libre. El término libertad ha sido divorciado del concepto de verdad, responsabilidad, el bien de otros».[102]

De manera que, ya no basta con tener la opción o la capacidad de elegir, ahora queremos derechos. Y la razón es muy sencilla: si hacemos de la anticoncepción un derecho, el Estado tendría la obligación de proveerla a sus ciudadanos, porque el Estado es quien garantiza y promueve el ejercicio de nuestros derechos. Si se logra hacer del

---

[101] Gabriele Kuly, p. 54.
[102] Ibíd.

aborto un derecho, entonces el Estado tendría que proveer los centros de aborto donde los ciudadanos puedan ejercer su derecho a abortar. Así podemos comprobar una vez más que cuando se logra cambiar el vocabulario, se puede cambiar la cultura y, con ello, cambiar la orientación de toda una nación.

¿Por qué toda esta lucha sucede mayormente en el ámbito sexual? Cuando las naciones que habían aprobado el uso del cigarrillo se dieron cuenta del daño que este causaba a la salud, de repente comenzaron a crear leyes para controlar su uso y sacar el cigarrillo de múltiples lugares. Sin embargo, hasta ahora, nadie ha hecho una revolución por eso. En los aviones está prohibido fumar, así como en muchos lugares públicos, y nadie se ha levantado y ha dicho: «¡Ese es mi derecho!». ¡Claro que no! Pero, si se trata del sexo, entonces todo el mundo protesta. ¿Por qué? Porque ese es un derecho del individuo según esta nueva moralidad. Ahí es dónde está el problema. Nadie puede decir que fumar es un derecho humano. Por tanto, si comenzamos a hablar de derechos —el derecho al aborto, el derecho a la anticoncepción, el derecho a esto o aquello—, entonces nos veremos obligados a respetar esos derechos.

La sexualización de los niños

Decía alguien que «sin una buena idea de la vergüenza, la niñez no puede existir».[103] En otras palabras, si el niño pierde el sentido de vergüenza, pierde su ingenuidad. Por esta razón, creemos que los nuevos currículos de educación sexual violan los principios de la racionalidad y aún más, los principios de la cultura y la tradición judeocristianas por más de una razón:

1) Pone en manos del gobierno la educación sexual de los hijos en vez de permitir que los padres sean los responsables principales de dicha educación, como establece la declaración universal de los derechos humanos, mencionada más arriba.

[103] Neil Postman, *The Disappearance of Childhood* (Nueva York: Vintage Books, 1982), p. 9.

2) Introduce la sexualidad humana y sus prácticas a una edad cuando el niño aún no está listo para manejar la información o la libertad sexual.

Como ilustración de lo que acabamos de decir, más abajo aparece una breve revisión de una parte del programa de la Organización Mundial de la Salud, en su regional europeo para la educación sexual. Esta organización pretende extender este currículo al resto del mundo. A continuación, aparece lo que el programa plantea que se enseñe a los niños y jóvenes según su edad bajo la columna de «Sexualidad».[104]

De 0-4 años:

- El goce y el placer cuando tocamos nuestro propio cuerpo; la masturbación de la primera infancia;
- El descubrimiento del propio cuerpo y de los genitales;
- El hecho de que el placer físico es una experiencia propia (cercana) y normal de vida;
- La ternura y la cercanía física (contacto) como una expresión del amor y el afecto.

De 4-6 años:

- El goce y el placer cuando tocamos nuestro propio cuerpo; la masturbación de la primera infancia;
- El descubrimiento del propio cuerpo y de los genitales.
- El significado y la expresión de la sexualidad (por ejemplo, expresar los sentimientos de amor);
- El lenguaje sexual apropiado;
- Los sentimientos sexuales (la proximidad, el disfrute, la emoción) como parte de todos los sentimientos humanos (estos deben ser sentimientos positivos; no deben incluir la coacción o el daño).

[104] «Estándares de Educación Sexual para Europa». Oficina Regional de la OMS para Europa y BzgA. Madrid, España. Instituto de Salud Pública: https://www.bzga-whocc.de/fileadmin/user_upload/Standards_for_sexuality_education_Spanish.pdf.

De 6-9 años:

- El amor, estar enamorado;
- La sensibilidad;
- El sexo en los medios de comunicación (incluyendo Internet);
- La satisfacción y el placer cuando tocamos nuestro propio cuerpo (masturbación/autoestimulación);
- El lenguaje sexual adecuado;
- Las relaciones sexuales (con penetración).

De 9-12 años:

- La primera experiencia sexual;
- La orientación de género;
- El comportamiento sexual de la juventud (la variabilidad del comportamiento sexual);
- Amar, estar enamorado;
- El placer, la masturbación, el orgasmo;
- Diferencias entre la identidad de género y el sexo biológico.

De 12-15 años:

- El rol de las expectativas y el comportamiento en la excitación sexual y en las diferencias de género;
- La identidad de género y la orientación sexual, incluidos quienes declaran abiertamente su orientación sexual/la homosexualidad;
- Cómo disfrutar de la sexualidad en una forma adecuada (tomando su tiempo);
- La primera experiencia sexual;
- El placer, la masturbación, el orgasmo.

15 años en adelante:

- El sexo como algo más que coito;
- El significado del sexo en las diferentes edades, las diferencias

de género;
- La sexualidad y la discapacidad; la influencia de la enfermedad (diabetes, cáncer, etc.) en la sexualidad;
- Las relaciones sexuales comerciales (la prostitución, pero también sexo a cambio de pequeños regalos, comidas, salidas nocturnas o pequeñas cantidades de dinero), la pornografía, la dependencia sexual;
- Las variaciones del comportamiento sexual; diferencias en la respuesta sexual humana.

Algunos de los que leen este libro quizás son padres de niños pequeños, otros tal vez ya son abuelos, y otros tantos probablemente se convertirán en padres en un futuro no muy lejano, de manera que, sus hijos van a crecer en una cultura y en una sociedad saturada de todas estas nuevas ideologías y valores que van en contra de lo que la Palabra de Dios nos enseña, donde ni aún en la escuela estarán protegidos del bombardeo de esta revolución moral. Es por esa razón que usted necesita ser extremadamente cuidadoso con sus hijos; necesita estar pendiente y saber adónde van sus hijos y con quién están pasando su tiempo.

En la mayoría de los casos que hemos conocido de adicción a la pornografía, resulta que el adulto fue introducido a imágenes pornográficas entre la edad de 9 a 12 años por un amigo, un vecino e incluso por un hermano. De modo que, usted no puede darse el lujo de ser tan ingenuo como para pensar que estas cosas pueden ocurrir en todos lados menos en su propia casa.

Tristemente, en una ocasión nos tocó aconsejar a una joven que estaba teniendo relaciones sexuales con sus dos hermanos (por eso entendemos que los hermanos del sexo opuesto no deberían dormir en una misma habitación); pero como ese hay muchos otros casos que pudiéramos citar, sin contar los casos de padres que por años han abusado de sus propios hijos en la intimidad del hogar. Y estas cosas no han pasado en una tribu lejana que no ha sido alcanzada, sino incluso en medio de iglesias ortodoxas, donde personas han estado guardando ese secreto hasta por 25 años. Entonces, usted no puede ser tan inocente para pensar que su hijo de diez años puede ir a pasar la noche en la casa de cualquier amiguito que lo invite, pues no vivimos en un mundo perfecto. Este es un mundo caído, lleno de corrupción y perversidad. Y la perversión penetra el corazón de cada ser humano. Por tanto, usted necesita ser sumamente cuidadoso con sus hijos.

Usted, como padre de familia, es el principal responsable de cuidar la niñez de sus hijos. Nadie más. Dios le ha dado la responsabilidad de batallar y luchar por ellos. Ocúpese de llevar a cabo su rol de manera tal que cuando le toque pararse frente a Dios a rendir cuentas, usted pueda decir: «Yo luché por mis hijos. Tal vez hayan sucedido cosas que escaparon de mi control, pero peleé por mis hijos».

TERCER PARTE

La Biblia, la imagen de Dios y la bioética

10

La Biblia, la imagen de Dios y los derechos humanos

El que derrame sangre de hombre, por el hombre su sangre será derramada, porque a imagen de Dios hizo Él al hombre.
(Génesis 9:6)

En la mayoría de los libros de ética cristiana, hay una sección dedicada a los derechos humanos. Sobre este tópico en particular, nuestro argumento es que los derechos humanos deben estar basados en la imagen de Dios plasmada en el hombre, pues si Dios no forma parte de la ecuación y el hombre es considerado un simple fruto de la evolución de la materia, se hace entonces muy difícil defender los derechos humanos de manera congruente. Trataremos de probar ambas cosas a lo largo de este capítulo.

Cuando hablamos de derechos humanos, nos referimos a aquellos derechos inherentes a cada individuo, sin distinción alguna de nacionalidad, lugar de residencia, sexo, origen étnico, color, religión, lengua o cualquier otra condición. De modo que, todos tenemos los mismos derechos, sin discriminación alguna. Ahora bien, piense por un momento que Dios no existe; ¿cuál sería entonces el fundamento para considerar que todos los seres humanos tienen los mismos derechos? Nosotros entendemos que es así, pero lo creemos por una razón íntimamente relacionada con la cosmovisión cristiana, y es que Dios hizo al hombre a Su imagen y semejanza (Gén. 1:27). Somos hechura suya, y el Dios que nos creó nos manda a amar al prójimo como a nosotros mismos. El cristiano tiene razones bíblicas para considerar los derechos humanos como buenos y válidos, pero los que no creen en Dios (como vamos a ver en un momento) no tendrían razones para pensar de esa manera.

Según el artículo primero de la Declaración Universal de Derechos Humanos, proclamada el 10 de diciembre de 1948 por la Asamblea General de las Naciones Unidas, «todos los seres humanos nacen libres e iguales en dignidad y derechos y, dotados como están de razón y conciencia, deben comportarse fraternalmente los unos con los otros».

Es interesante que esta declaración de las Naciones Unidas comienza haciendo un llamado al buen comportamiento, es decir, a la buena ética. Asimismo, llama la atención que dice que todos los seres humanos nacen libres, cuando en realidad la Palabra de Dios afirma que el hombre nace esclavo del pecado (Sal. 51:5). Obviamente, ellos se refieren a que, a lo largo de la historia, han existido personas esclavizadas por otras, pero esas personas no nacieron siendo esclavas, sino en un estado de libertad que les fue suprimido por otros individuos, lo cual no corresponde a los derechos humanos.

¿QUÉ ES EL SER HUMANO?

Para Sócrates, considerado uno de los más grandes filósofos griegos, el hombre era un bípedo sin plumas. Pero no es así, porque si toma un pollo y le quita las plumas, no puede decir: «¡He aquí un hombre!».[105] ¿Se da cuenta del sinsentido de esa declaración? Eso nos permite ver que aun personas sumamente sabias pueden ser capaces de declarar las cosas más ilógicas. Por otro lado, Karl Marx, fundador del marxismo, se refiere al hombre como *homo faber*, es decir, un hombre que fabrica o un fabricador. Y con esa idea, Marx básicamente convirtió al hombre en un instrumento al servicio del Estado; pues si el hombre era simplemente un fabricador, el Estado debía ponerlo a producir.

---

[105] Joshua Mark, *Ancient History Encyclopedia*, debajo Diogenes of Sinope, 2 de agosto de 2014, https://www.ancient.eu/Diogenes_of_Sinope.

Con esto, una vez más se evidencia que nuestra cosmovisión determina nuestro accionar, pues anteriormente mencionamos que uno de los componentes esenciales de toda cosmovisión es la antropología, lo cual implica que el concepto que tenemos del ser humano influye en la manera en que valoramos y tratamos a los demás.

Algunos filósofos existencialistas definieron al hombre como el *homo volens*, es decir, el hombre con voluntad o con la capacidad de decidir por sí mismo. De manera que el hombre podía hacer todo cuanto quisiera, porque en el existencialismo no hay un Dios al que debemos rendir cuentas. Por lo menos así sucede en el existencialismo materialista, pues Søren Kierkegaard, filósofo existencialista y teólogo danés, lo veía de otra manera. Por su parte, Friedrich Nietzsche, en su obra *Así habló Zaratustra*, habló del hombre como el *Übermensch*, o el superhombre en alemán, un ser capaz de no depender de nada ni de nadie; capaz de crear sus propios valores y de controlar su propio destino.

Para Nietzsche, uno de los grandes peligros de la sociedad eran los débiles, los oprimidos, y de eso habla en su libro *La genealogía de la moral*.[106] Lamentablemente, esa idea de que los débiles representaban un peligro para la sociedad fue abrazada por Adolf Hitler, quien defendió arduamente el principio de la superioridad de la raza aria y, según ese concepto, eliminó a seis millones de judíos. Algo similar ocurrió en China con Mao Tsé-tung, en Rusia con Joseph Stalin, y en Italia con Benito Mussolini. Esto nos da una idea de que realmente lo que el hombre cree y, en particular, lo que cree acerca del ser humano, determina cuál será el trato que le dará a los demás. La siguiente historia ilustra muy bien lo que estamos tratando de explicar:

En una ocasión, Stalin quiso explicar por qué trataba a las personas tan brutalmente. Cuenta la historia que pidió un pollo vivo, lo agarró y procedió a arrancar todas sus plumas una por una, a pesar del dolor que el pollo parecía experimentar. Luego colocó al pollo en el suelo. Según la historia, el pollo parecía estar aterrado y se pegó de

---

[106] Friedrich Nietzsche, *On the Genealogy of Morality*, Departmento de filosofía, University of Warwick (NY: Cambridge University Press, 2006).

sus pantalones. Stalin le arrojó un puñado de granos. El pollo siguió a Stalin en la medida que él caminaba por la habitación. Stalin se detuvo un momento y dijo a los presentes: «Esta es la forma de gobernar a la gente. ¿Notaron cómo ese pollo me siguió para comer, después de todo el dolor que le causé? La gente es como ese pollo. Si le infliges un dolor excesivo, te seguirá por comida el resto de su vida».[107]

Una vez más, lo que creemos acerca del hombre determina la manera en que lo tratamos.

Por otro lado, Sigmund Freud entendía que el hombre era básicamente un ser sexual que pasaba por diferentes etapas del desarrollo sexual y que muchas de sus patologías psicológicas en la edad adulta dependían de dicho desarrollo. Tristemente, Sigmund Freud observó un comportamiento en los seres humanos que ocurre como fruto de la caída del hombre, y que corresponde a una completa distorsión del diseño original de Dios para el sexo, y eso lo hizo llegar a la conclusión de que el hombre era básicamente un ser sexual, que tendía a definir todo y a tomar decisiones de acuerdo a su entendimiento de la sexualidad.

Peter Singer, catedrático estadounidense y uno de los filósofos más destacados de hoy en día, establece en su libro, *Practical Ethics*, que el hombre es básicamente otro animal más, con los mismos derechos que el resto de los animales. Es más, ha dicho que el hombre probablemente tiene menos derechos que algunos animales porque, por ejemplo, un infante no tiene conciencia de sí mismo y los animales sí la tienen. «Por tanto —dice Singer—, la vida de un recién nacido puede ser menos que la vida de un cerdo, de un perro o de un chimpancé». Singer agrega que sería razonable esperar un período de unos 28 días antes de suponer que un recién nacido tiene los mismos derechos que otros.[108] Esa es la razón por la que él opina que si un padre tiene un hijo con síndrome de Down, el Estado debiera concederle el derecho de quitarle la vida hasta la edad de tres años, pues con eso probablemente aliviaría su dolor. Obviamente, Peter Singer

---

[107]Ravi Zacharias, Can Man Live Without God, (Word Publ., Dallas: 1994), págs. 26-27.

[108]Peter Singer, *Practical Ethics* (NY: Cambridge University Press; 3ra ed., 2011).

es completamente ateo y el concepto que tiene del hombre es igual al que tiene de cualquier animal. Y, ¿qué hacemos nosotros con los animales? Los usamos, los matamos y los comemos como alimento. Ese es el poco valor que Singer le da a la vida humana. Y por eso nosotros necesitamos recordar una vez más que el concepto que tenemos del ser humano es vital para nuestro diario vivir y determina nuestro accionar frente a los demás.

El valor y la dignidad del ser humano

Si vamos a la Biblia para ver cómo Dios mira al hombre y cuál es el valor que la Palabra de Dios le da a la vida humana, nos encontramos a David haciendo la siguiente pregunta: «¿Qué es el hombre para que de él te acuerdes, y el hijo del hombre para que lo cuides?» (Sal. 8:4). En el Salmo 8, el salmista está reflexionando sobre lo insignificante que es el hombre ante la grandeza del Creador. La expresión «el hijo del hombre» es en la opinión de algunos académicos un título mesiánico, pues apunta a que Cristo vendría y se encarnaría, pero a la vez contempla al ser humano común y corriente. Y la respuesta a la pregunta de David se encuentra en el mismo Salmo 8, cuando David escribe: «¡Sin embargo, lo has hecho un poco menor que los ángeles, y lo coronas de gloria y majestad!» (Sal. 8:5). Para Dios, el hombre es la coronación de su creación; un concepto completamente diferente al de estos pensadores y filósofos que acabamos de citar. Por tanto, bajo la cosmovisión cristiana, el trato que se le da a la vida humana es totalmente distinto a lo que observamos en cualquier otro sistema religioso.

El hombre es la obra maestra de Dios, hecho a imagen y semejanza del Creador, y puesto a cargo de la administración de toda la creación como representante de Dios. La palabra traducida *imagen* proviene del hebreo *tselem*, y básicamente significa una figura representativa; en este caso, un representante de Dios. En griego, la palabra es *eikon*, que significa «imagen», «figura», «semejanza», y equivale a la palabra «ícono» en español. Un ícono es una imagen o símbolo que guarda relación con aquello que representa. Asimismo, el hombre es un ícono de Dios, alguien que representa a Dios. Eso es precisamente lo que se suponía que Adán y Eva debían hacer: representar a Dios en la tierra como administradores de toda la creación. El Señor entregó la creación entera a esta pareja, potencialmente hasta más allá del planeta Tierra, para que la administraran y ejercieran dominio sobre ella. Por tanto, cuando Adán y Eva cayeron, la creación entera cayó con ellos porque cayeron sus gobernantes, por así decirlo.

Entonces, la razón por la que vamos a respetar los derechos de los demás es porque esas personas llevan impresa la imagen de Dios, que aún permanece en el hombre a pesar de haber sido manchada por el pecado. Cuando el hombre cayó, la imagen de Dios no quedó obliterada, quedó manchada. La única explicación para que todavía exista en los seres humanos el deseo de hacer cosas morales es que las personas llevan impresa la imagen de Dios, y es esa imagen de Dios en ellos la que permite que todavía tengan deseos de hacer cosas buenas. Esto es parte de lo que muchos teólogos han llamado la gracia común de Dios. Es esa gracia que ha sido derramada sobre todo ser humano y que en ocasiones le permite comportarse como un cristiano, aun sin serlo.

En Romanos 2:14-16, el apóstol Pablo habla de que los gentiles, que no conocen a Dios, tienen los dictámenes de la ley escritos en sus corazones, y su conciencia a veces los defiende y otras veces los acusa. Pero, ¿cuándo es que la conciencia del incrédulo lo defiende? Cuando hace las cosas bien hechas. ¿Y por qué un incrédulo opta por hacer el bien? Porque cumple por instinto los mandatos de la ley, ya que tiene la ley de Dios escrita en su corazón. ¿Y cómo es que tiene la ley de Dios en su corazón? Porque es portador de la imagen de Dios, y Dios mismo la impregnó en los corazones y la conciencia de todo ser humano, creyente o no creyente. Esa es la base bíblica para defender los derechos humanos.

En la revelación de Dios, la dignidad del hombre encuentra su fundamento en Génesis:

> Y dijo Dios: Hagamos al hombre a nuestra imagen, conforme a nuestra semejanza; y ejerza dominio sobre los peces del mar, sobre las aves del cielo, sobre los ganados, sobre toda la tierra,

y sobre todo reptil que se arrastra sobre la tierra. Creó, pues, Dios al hombre a imagen suya, a imagen de Dios lo creó; varón y hembra los creó (Gén. 1:26-27).

Observe cuánto Dios valora Su imagen, que en Génesis 9:6, declara: «El que derrame sangre de hombre, por el hombre su sangre será derramada, porque a imagen de Dios hizo Él al hombre» (Gén. 9:6). Esa es la base de la pena capital. La teología reformada, donde estamos nosotros, cree en la pena capital porque es un principio que antecede a la ley de Moisés. Cuando la ley de Moisés fue eliminada, ese principio no fue eliminado porque no pertenecía a la ley de Moisés. Ahora bien, la razón por la que Dios dice que aquel que le quita la vida a otro merece la muerte es justamente el alto valor que Dios le confiere a la imagen que esa persona acaba de obliterar. Entonces, la única razón por la que nos espantamos con la pena de muerte es que no valoramos al ser humano como Dios lo valora. Si reconociéramos el valor real que el ser humano tiene ante los ojos de Dios, no nos asombraría en lo más mínimo que si alguien le quita la vida a otra persona de manera intencional, de ese agresor se demande su propia vida en pago por lo que hizo, pues esa persona ha hecho algo horripilante.

Así pues, en la misma Palabra de Dios podemos observar cómo el Señor va revelando el valor que da a aquellos que portan Su imagen. En el Nuevo Testamento, encontramos a Santiago, el medio hermano de Jesús, hablando de cómo la lengua, a pesar de ser un órgano tan pequeño, tiene el poder de causar mucho daño. Por eso debemos tener cuidado con todo aquello que decimos; pues, como dice Santiago, «con ella bendecimos a nuestro Señor y Padre, y con ella maldecimos a los hombres, que han sido hechos a la imagen de Dios» (Sant. 3:9). El contexto de este pasaje es el desenfreno de la lengua, el chisme, las ofensas verbales y las falsas acusaciones contra el hombre. Dios, por medio de Santiago, desaprueba el uso de la lengua para tratar a las personas de esa manera, y la razón de su rechazo a tales cosas es que el hombre fue hecho a imagen y semejanza de Dios. De manera que, cuando somos irrespetuosos con nuestro prójimo, no simplemente estamos irrespetando a esa persona, sino que estamos mancillando la imagen de Dios y eso no es poca cosa. Reconocer que las personas son portadoras de la imagen del Dios del cielo y la tierra nos debe llevar a respetar al otro de una mejor manera. Por ejemplo, cuando personas se han acercado a nosotros en consejería para confesar su lucha con la pornografía, una de las primeras instrucciones que damos a esa persona es: «Hermano, la próxima vez que te expongas a esa imagen pornográfica, considera que estás viendo la imagen de Dios puesta delante de tus ojos pornográficamente». Asimismo, cuando alguien nos comparte que está teniendo problemas con su cónyuge, usualmente le decimos: «La próxima vez que estén discutiendo, recuerda que como trates a tu cónyuge, así también estás tratando la imagen de Dios en él o en ella; y eso no es poca cosa para Dios».

El pasaje de Santiago 3:1-12 es la prueba de que, desde el punto de vista de Dios, cuando levantamos calumnia o chisme contra nuestro prójimo, el problema no es con esa persona sino con Dios, porque no respetamos ni valoramos la imagen de Dios en el otro. Y esa, una vez más, es la base de los derechos humanos y la razón por la que los cristianos debiéramos ser los que redactáramos las mejores leyes y constituciones del mundo —si estuviera en nuestro poder hacerlo—, justamente por el alto valor que la Palabra de Dios les concede a los portadores de la imagen de Dios. Por eso luchamos tan fervientemente en contra del aborto, pues esa criatura en el vientre lleva la imagen de Dios, y cuando la eliminamos, estamos atropellando la imagen de Dios.

El profesor Antonio Cruz escribió un libro titulado *Bioética cristiana*, cuya lectura recomendamos a aquellos que quieran profundizar más sobre este tema. Allí, nos muestra cómo Jesús honró la dignidad del ser humano. Cruz argumenta lo siguiente:

> El hecho de que el Señor Jesús se encarnara en nuestra propia naturaleza humana y asumiera la historia de los hombres, consagra y ennoblece todo lo humano. [...] El Hijo de Dios que se muestra en las páginas del Nuevo Testamento no aparece como los míticos héroes griegos: paladín de la belleza, campeón entre los poderosos o adalid de las castas nobles. Jesús

> se da a conocer mas bien como todo lo contrario. Se mezcla entre enfermos, inválidos, prostitutas y desposeídos. Él mismo es como uno de ellos; nacido en un establo e hijo de un humilde carpintero. Por eso puede ser llamado también «Hijo de Hombre» y dirigirse a los pobres, encarcelados y hambrientos como «mis hermanos más pequeños» (Mateo 25:40). En esto consiste precisamente la singular grandeza del mensaje de Jesucristo. Dios se humilló y se hizo hombre para hacer de unas criaturas infelices, personas verdaderas. Así es como Jesús honró definitivamente la vida humana.[109]

Jesús honró la vida humana; «aunque existía en forma de Dios, no consideró el ser igual a Dios como algo a qué aferrarse, sino que se despojó a sí mismo tomando forma de siervo, haciéndose semejante a los hombres. Y hallándose en forma de hombre, se humilló a sí mismo, haciéndose obediente hasta la muerte, y muerte de cruz» (Fil 2:6-8).

Jesús fue a la cruz por personas que, aun después de haber sido creadas a imagen y semejanza de Dios, se pervirtieron y rechazaron a su Creador, porque Él consideró que valía la pena redimirlas. Por un lado, podemos decir que Dios lo hizo porque los eligió; pero por otro lado, porque esos redimidos portaban la imagen de Dios, y al redimirlos, Él estaba a su vez redimiendo la imagen de Dios corrompida, dañada y caída en esos a quienes vino a salvar. En pocas palabras, la encarnación de Cristo nos da una idea de la dignidad de la vida humana ante los ojos de Dios.

Cristo no se encarnó en forma de perro ni de ningún otro animal; tampoco se encarnó como una planta; se hizo semejante al ser humano. Pero no solamente se encarnó en forma de hombre, sino que, cuando resucitó de entre los muertos, Cristo conservó el mismo cuerpo con el que vino a esta tierra y con el que lo crucificaron, y ese cuerpo era entonces el que Dios iba a redimir. El Señor Jesucristo hoy día tiene un cuerpo glorificado, así como nosotros tendremos un cuerpo glorificado cuando finalmente entremos en gloria. Es una evidencia

---

[109] Antonio Cruz, *Bioética Cristiana* (Barcelona: Editorial Clie, 2008), p. 56.

más de que Dios ha querido redimir toda la creación; y no solamente nuestra alma será redimida, sino también nuestro cuerpo.

Según John Stott: «la dignidad humana está dada por tres relaciones de carácter único que Dios estableció en la creación, que en conjunto constituyen gran parte de la naturaleza humana y que la caída distorsionó pero no destruyó». Esas tres relaciones son: nuestra relación con Dios (adoración); nuestra relación con los demás (conexión); y nuestra relación con la tierra (mayordomía).[110]

Si somos cristianos, tenemos una relación con Dios y nuestra adoración revela la comunión que tenemos con nuestro Dios. A su vez, Dios creó al ser humano de forma tal que puede experimentar una relación de conexión con los demás. Si bien el mundo animal refleja cierta conexión entre las especies, el hombre y la mujer han sido dotados de una conexión especial con el prójimo, a la vez que fueron llamados a una fidelidad conyugal de carácter permanente que no se ve en ningún otro ser creado. Los animales no tienen dificultad alguna con que esto no ocurra porque no pueden relacionarse unos con otros de la misma manera que nosotros. Hay algo especial en las relaciones humanas y eso se debe a la imagen de Dios plasmada en el hombre.

Por último, el hombre tiene una relación especial con la tierra. Y cuando decimos esto, no nos estamos refiriendo a que literalmente tenemos una relación personal con la tierra, como sucede en algunos pueblos indígenas de América del Sur que consideran al planeta Tierra como una deidad a la que denominan Pachamama (Madre Tierra). Nuestra relación con la creación es una de mayordomía. El Señor Dios entregó al hombre la responsabilidad de administrar la tierra y ejercer dominio sobre todo ser viviente que se mueve sobre la tierra (Gén. 1:28). Esa labor de mayordomía que Dios entregó al hombre también refleja la dignidad del ser humano. Y todas estas cosas en que se sustenta la dignidad de la vida humana están íntimamente relacionadas con los derechos humanos. Por eso queremos seguir insistiendo en que la razón principal para hablar de derechos humanos es

---

[110] John Stott, *La fe cristiana frente a los desafíos contemporáneos* (Grand Rapids: Libros Desafíos, 1999) págs. 179-81.

la dignidad de la vida humana dada y reconocida por Dios desde el mismo momento de la creación.

La *Imago Dei* (la imagen de Dios)

Imago Dei es la expresión en latín que los teólogos frecuentemente usan para referirse a que el hombre tiene la imagen de Dios. Esta sola verdad tiene varias implicaciones:

El hombre es un ser espiritual. Dios formó al hombre del polvo de la tierra, sopló en su nariz el aliento de vida; y entonces fue el hombre un ser viviente (Gén. 2:7). Así se formó la imagen de Dios en el hombre. Él nos dio un cuerpo físico, pero también sopló en nosotros el aliento de vida.

El hombre es un ser racional. Ya que fuimos hechos a imagen y semejanza de Dios, los seres humanos tenemos la capacidad de reflejar algunos de los atributos comunicables de Dios. De manera que, así como Dios tiene una mente con la que puede conocer, razonar y juzgar, el hombre también posee una mente capaz de pensar y razonar.

El hombre es un ser con voluntad. Al igual que Dios, los seres humanos tenemos una voluntad que podemos ejercer.

El hombre es un ser relacional. Cuando Dios evaluó todo lo que había creado, concluyó que era bueno en gran manera (Gén. 1:31). Sin embargo, al mirar al hombre, dijo: «No es bueno que el hombre esté solo; le haré una ayuda idónea» (Gén. 2:18). Pero Dios no solo nos creó de forma tal que podamos relacionarnos unos con otros, sino que también nos ha dado la capacidad de relacionarnos con Él a través de la oración. Y la única razón por la que el hombre puede relacionarse con su Dios de esta manera es justamente porque fuimos hechos a imagen y semejanza de Él. Ni los animales ni las plantas pueden relacionarse con Dios, pues no tienen la imagen de Dios.

El hombre es un ser inmortal (no eterno). No es lo mismo ser inmortal que ser eterno. Que algo o alguien sea eterno implica que siempre ha existido; que sea inmortal significa que nunca morirá. El hombre no es eterno, pues fue creado por Dios. Ahora bien, el hombre es inmortal porque, aunque ha de morir físicamente en algún momento, su vida continuará después de la muerte, ya sea en gloria con Cristo o en la condenación eterna.

El hombre originalmente poseía santidad propia. Hoy en día, el ser humano no posee santidad propia. La santidad que tenemos nos la otorgó Cristo (2 Cor. 5:21), y es gracias a esa santidad con la que hemos sido revestidos que entraremos a Su presencia. Adán y Eva fueron creados con santidad propia como parte de la imagen de Dios en ellos, pero esa santidad quedó posteriormente manchada producto del pecado.

El comportamiento ético del hombre sin Dios

En su carta a los romanos, el apóstol Pablo describe detalladamente cómo luce el comportamiento ético del hombre sin Dios; es decir, cómo el hombre termina comportándose cuando rechaza a Dios:

> Pues aunque conocían a Dios, no le honraron como a Dios ni le dieron gracias, sino que se hicieron vanos en sus razonamientos y su necio corazón fue entenebrecido. Profesando ser sabios, se volvieron necios, y cambiaron la gloria del Dios incorruptible por una imagen en forma de hombre corruptible, de aves, de cuadrúpedos y de reptiles. Por consiguiente, Dios los entregó a la impureza en la lujuria de sus corazones, de modo que deshonraron entre sí sus propios cuerpos; porque cambiaron la verdad de Dios por la mentira, y adoraron y sirvieron a la criatura en lugar del Creador, quien es bendito por los siglos. Amén (Rom. 1:21-25).

Hasta aquí, podemos ver que la razón de la idolatría del hombre es que ha cambiado la verdad de Dios por la mentira. Nosotros tenemos ídolos en el corazón y cada ídolo corresponde a una mentira que hemos abrazado en lugar de la verdad. Por ejemplo, aquellos que son padres, con frecuencia, por no decir siempre, hacen de sus hijos sus ídolos. Esto corresponde a una mentira que suplantó la verdad. Y esa mentira es creer que los hijos son suyos, cuando en realidad no lo son. Sus hijos le pertenecen a Dios. Reconocer esa sola verdad le evitará hacer un ídolo de sus hijos.

El doctor Timothy Jones, de la facultad del Seminario Teológico Bautista del Sur, durante su visita a nuestra congregación, comentó que muchos cristianos crían a sus hijos enfocados en que lleguen a ser hombres y mujeres de éxito, cuando en realidad debieran estar criándolos para que contribuyan a la causa de Cristo, y para que Dios los use como Él quiera y los lleve donde desee llevarlos.

Continuando con el pasaje de Romanos 1, leemos lo siguiente:

> Por esta razón Dios los entregó a pasiones degradantes; porque sus mujeres cambiaron la función natural por la que es contra la naturaleza; y de la misma manera también los hombres, abandonando el uso natural de la mujer, se encendieron en su lujuria unos con otros, cometiendo hechos vergonzosos hombres con hombres, y recibiendo en sí mismos el castigo correspondiente a su extravío. Y como ellos no tuvieron a bien reconocer a Dios, Dios los entregó a una mente depravada, para que hicieran las cosas que no convienen; estando llenos de toda injusticia, maldad, avaricia y malicia; colmados de envidia, homicidios, pleitos, engaños y malignidad; son chismosos, detractores, aborrecedores de Dios, insolentes, soberbios, jactanciosos, inventores de lo malo, desobedientes a los padres, sin entendimiento, indignos de confianza, sin amor, despiadados; los cuales, aunque conocen el decreto de Dios que los que practican tales cosas son dignos de muerte, no sólo las hacen, sino que también dan su aprobación a los que las practican (Rom. 1:26-32).

Así luce el comportamiento —no ético— del hombre sin Dios. La descripción que nos brinda el apóstol Pablo refleja la historia de la humanidad desde el día uno. En Génesis 6, un capítulo inmediatamente anterior al relato del diluvio, la Palabra dice que «el Señor vio que era mucha la maldad de los hombres en la tierra, y que toda intención de los pensamientos de su corazón era solo hacer siempre el mal» (Gén. 6:5). Esa es la manera de ser del hombre que vive de espaldas a Dios.

La Biblia como base de la ética cristiana

Ya vimos a Dios como la base de la ética cristiana, pero ahora quisiéramos ver cómo podemos usar la revelación de Dios como base de la ética cristiana. Para esto, es importante entender lo que la Biblia es y lo que no es, pues corremos el riesgo de darle un mal uso:

La Biblia no es un código de ética. La Palabra de Dios contiene grandes principios de ética, pero no debe ser considerada como un código de ética. Un código es un conjunto de normas o preceptos recopilados de manera sistemática que regulan una determinada materia; y la Biblia no fue escrita de esa manera.

La Biblia no es un diccionario de temas éticos. Al abrir su Biblia, usted no encontrará un catálogo de temas éticos ordenados alfabéticamente —la letra P para pecado, la letra L para lujuria, la letra O para orgullo—, porque la Biblia no es un repertorio de temas éticos acompañados de su definición o explicación.

La Biblia no es una enciclopedia de dilemas morales que podemos consultar en busca de información, por ejemplo, sobre el aborto: «¿Lo hago o no lo hago? Déjame ver lo que dice la Biblia». No es así como debemos acercarnos a la Palabra de Dios. La Biblia ciertamente nos ofrece una guía ética, pero esa guía se presenta en distintos formatos. A veces, aparece en forma de mandamientos u ordenanzas, de historias o narrativas, de principios de sabiduría; y otras veces en forma de lenguaje poético o profético. En otras palabras, lo que la Biblia nos ofrece para poder vivir éticamente tiene una gama de expresiones a lo largo de todo el Antiguo y el Nuevo Testamento.

La ley casuística para normar nuestro comportamiento ético

Una ley casuística es un principio moral dado en situaciones específicas o por medio de casos específicos. Veamos algunos ejemplos que podemos encontrar en la Palabra de Dios:

> Si alguno destapa un pozo, o cava un pozo y no lo cubre, y cae en él un buey o un asno, el dueño del pozo hará restitución; dará dinero a su dueño, y el animal muerto será suyo. Y si el buey de alguno hiere al buey de otro y le causa la muerte, entonces venderán el buey vivo y se dividirán el dinero, y se dividirán también el buey muerto. Pero si sabía que el buey tenía desde antes el hábito de acornear y su dueño no lo había encerrado, ciertamente pagará buey por buey, y el buey muerto será suyo (Ex. 21:33-36).

Este pasaje nos habla de varias cosas: proporcionalidad; restitución; retribución; justicia; y por último, prudencia. Y el mismo nos permite ver que aunque muchas de las reglas del Antiguo Testamento quedaron obsoletas, como los sacrificios expiatorios y la abstención de ciertos alimentos, los principios detrás de esas reglas aún permanecen vigentes, pues Dios no las estableció caprichosamente.

En este caso, un principio ético detrás del pasaje es la prudencia, pues si sabemos que hay un animal que acornea, es nuestro deber tomar las debidas precauciones; y si no lo hacemos, cualquier daño que el animal cause será nuestra responsabilidad. Asimismo, cuando Dios prohíbe a los israelitas guisar el cabrito en la leche de su madre (Ex. 23:19), estaba tratando de evitar que Su pueblo siguiera los rituales y las costumbres paganas de la época. Entonces, aunque esa ordenanza quedó obsoleta, el principio ético detrás de la ley —no se comporten como los gentiles— todavía permanece. De hecho, en el Nuevo Testamento, vemos que el principio de la separación del creyente todavía está presente: «No estéis unidos en yugo desigual con los incrédulos, pues ¿qué asociación tienen la justicia y la iniquidad?

¿O qué comunión la luz con las tinieblas?» (2 Cor. 6:14).

Observe esta otra ley casuística que se encuentra en el libro del Éxodo: «Seis años sembrarás tu tierra y recogerás su producto; pero el séptimo año la dejarás descansar, sin cultivar, para que coman los pobres de tu pueblo, y de lo que ellos dejen, coman las bestias del campo. Lo mismo harás con tu viña y con tu olivar» (Ex. 23:10-11). Hoy en día tampoco seguimos al pie de la letra esta ordenanza, pero hay principios éticos detrás de ella, como la importancia de proveer para los más necesitados, así como el cuidado que debemos tener por la creación de Dios. Y es que, los mandatos de Dios están arraigados en Su carácter, y nuestro comportamiento cristiano está íntimamente relacionado con el carácter y el accionar de Dios. Por eso, aunque la ordenanza haya quedado atrás, el principio ético detrás de cada regla siempre permanece.

La ley apodíctica para normar nuestro comportamiento ético

La ley apodíctica se refiere a mandamientos divinos, como los Diez Mandamientos, que tienen una aplicación más amplia que la ley casuística. En otras palabras, son leyes de carácter universal destinadas a regular todos los casos que tengan que ver con la Ley (los Diez Mandamientos) y no solamente para casos específicos.

Como muchos han señalado, los Diez Mandamientos no se limitan a la letra de la ley. Los reformadores y los puritanos entendían que el Decálogo no solo comandaba algo en una dirección, sino que también, intrínsecamente y de acuerdo con el espíritu de la ley, comandaba lo opuesto. Por ejemplo, la letra de la ley dice: «no matarás», pero el espíritu de la ley nos demanda honrar la vida. De igual manera, cuando el séptimo mandamiento dice: «no cometerás adulterio», la letra de la ley nos está prohibiendo estar con otra persona que no sea nuestro cónyuge, pero el espíritu de la ley demanda que los esposos honren a sus cónyuges con todo lo que eso implica. De modo que la ley apodíctica es una ley más amplia, que tiene aplicación en todos los casos.

Principios éticos de sabiduría

Como ya hemos aclarado, la Biblia no es un código de ética, pero contiene múltiples principios presentados en diferentes formatos. A veces como leyes casuísticas, otras veces como leyes apodícticas, y otras tantas como principios de sabiduría. El libro de Proverbios, por ejemplo, está lleno de principios de sabiduría. De hecho, tal vez ha notado que el Antiguo Testamento está lleno de reglas y ordenanzas, pero el Nuevo Testamento está repleto de principios de aplicación generalizada. Y la idea es que interpretemos estos principios con la ayuda del Espíritu Santo que mora en el corazón de cada creyente, de forma tal que sepamos qué hacer en cada situación.

Uno de los problemas de la ley casuística es que es muy limitada, y la vida debajo del sol es muy compleja. Ahora bien, si Dios nos diera una norma para cada situación en particular, no tendríamos libreros suficientes para almacenar todas las leyes. Pero, en los principios de sabiduría, podemos encontrar, ayudados por el Espíritu, una aplicación para la vida diaria a la luz de la verdad divina.

Uno de los pasajes más citados del libro de Proverbios es: «Enseña al niño el camino en que debe andar, y aun cuando sea viejo no se apartará de él» (Prov. 22:6). Aun así, con toda probabilidad, usted conoce padres que criaron a sus hijos en el camino que debían andar y hoy en día esos hijos no son creyentes. ¿Significa eso que el autor de Proverbios se equivocó? ¡Por supuesto que no! Porque Proverbios 22:6 no es una promesa, sino un principio de sabiduría. El mismo nombre del libro, Proverbios, nos indica que su contenido consiste en principios y enseñanzas que brindan sabiduría para la vida diaria. En todas las culturas, los proverbios son vistos de la misma manera, en el sentido de que no son promesas, afirmaciones ni verdades absolutas, sino principios de sabiduría.

Hay un famoso proverbio chino que dice: «Si quieres saber qué es el agua, no le preguntes al pez». La idea detrás de esta frase es que el pez no conoce otra realidad que el agua, y no se ha percatado de que está mojado. Sería lo mismo que decir: «Si quieres saber lo que es el pecado, no le preguntes al hombre». El hombre nació en pecado;

vive pecando y muchas veces ni cuenta se da de que ha pecado. Si queremos saber qué es el pecado, vayamos a Dios, que nunca ha cometido un pecado. En fin, la idea es que los proverbios son principios de sabiduría y no garantías.

Por otro lado, cuando vamos al Nuevo Testamento, notamos que el apóstol Pablo invierte dos capítulos de su carta a la iglesia en Corinto para hablar de que el cristiano debe ser generoso (2 Cor. 8–9). No les habla del diezmo prescrito en el Antiguo Testamento porque ahora, a la luz del nuevo pacto, Dios nos ha dado tanto que no deberíamos conformarnos con simplemente dar el 10%, sino mucho más. Pues, como decía Abraham Kuyper, no hay una sola pulgada cuadrada del universo que no le pertenezca a Dios, como mencionamos anteriormente. Y esto incluye sus finanzas. De manera que, cuando usted reciba su próximo salario, no piense: «El 10 % es de Dios y el 90 % restante es mío». Si esa es la forma en que usted piensa, lamento informarle que tiene una cosmovisión errada. El 100 % de sus ingresos le pertenecen a Dios. Entonces, la pregunta que cada uno de nosotros debe hacerle a Dios es la siguiente: «Señor, de este dinero que es tuyo, ¿con cuánto me puedo quedar?». Pues, a la luz del Nuevo Testamento, no se trata de cuánto damos, sino de con cuánto nos quedamos. Por eso, Pablo nos exhorta a dar alegremente, no de mala gana ni por obligación, porque Dios ama al dador alegre (2 Cor. 9:7). Dios ama cuando damos conforme a lo que nos propusimos en el corazón. En otras palabras, cuando lo hacemos de corazón, voluntariamente y sin reservas, según Dios nos haya prosperado.

Otro principio de ética para el diario vivir es cuando la Biblia nos manda a amar a nuestros enemigos (Mat. 5:44), pues no nos dice exactamente cómo hemos de manifestar ese amor, porque la variabilidad de casos y de enemigos va a ser mucha; pero Dios espera que vayamos a la Escritura para entender qué significa amar, y que luego hagamos eso con nuestros enemigos.

Los principios éticos en las narrativas

En la historia de David y Betsabé, gracias a la confrontación por parte de Natán y a las consecuencias que Dios envió producto del accionar de David, descubrimos principios de sabiduría para nuestro diario vivir. Y lo mismo sucede al leer las parábolas de Jesús, que también son narrativas, pues en ellas hay muchos principios de sabiduría que no están dados en forma de ley casuística ni ley apodíctica, tampoco como proverbios, sino en forma de parábolas; es decir, narraciones de un suceso del cual podemos deducir una verdad o un principio importante por medio de la comparación o semejanza.

Por otro lado, en el libro de los Hechos, encontramos la historia de Ananías y Safira, quienes mintieron al Espíritu Santo y producto de ello cayeron muertos. Con tan solo leer esa historia, y aun si no tuviéramos conocimiento de los Diez Mandamientos, podemos concluir que la mentira no es buena y que mentir es algo muy serio para Dios, pues Él le quitó la vida a dos personas por mentir.

Principios relacionados con el diseño de Dios

En la Palabra, también hay principios éticos relacionados con el diseño de Dios en los cuales necesitamos reflexionar. Por ejemplo, el diseño de Dios para el matrimonio es un hombre y una mujer: «Por tanto el hombre dejará a su padre y a su madre y se unirá a su mujer, y serán una sola carne» (Gén. 2:24). De ahí que, la idea de un matrimonio homosexual va en contra del diseño original de Dios para el hombre. Entonces, Dios no tiene que revelar explícitamente su rechazo contra el matrimonio homosexual, pues el Espíritu Santo que mora en nosotros, y el resto de la revelación bíblica, nos permiten determinar el principio ético detrás del diseño de Dios.

Por otro lado, el diseño de Dios para la concepción es la unión del espermatozoide de un hombre y el óvulo de una mujer que estén casados. Por tanto, la gestación subrogada o «vientre de alquiler» es contrario al diseño de Dios. Asimismo, la fecundación in vitro, donde se toma el espermatozoide de un hombre para unirlo con el óvulo de una mujer que no es su esposa, también va contra el diseño de Dios. De modo que, cuando los principios de sabiduría no aparecen claramente delineados en la Palabra, el diseño de Dios nos permite descifrarlos.

Otro principio relacionado con el diseño de Dios tiene que ver con el cuidado de la creación. En el libro del Génesis leemos que «el Señor Dios tomó al hombre y lo puso en el huerto del Edén para que lo cultivara y lo cuidara» (Gén. 2:15). Por tanto, no se justifica que un cristiano vaya en un carro arrojando basura por la ventana, porque está dañando la ecología del ambiente que Dios lo llamó a cuidar. Ese es un ejemplo sencillo que nos permite ver cuán trastocada está la mente del hombre que no le permite ni siquiera pensar acerca de lo que está bien o mal.

Otro principio revelado a través del diseño de Dios es la necesidad de reposo. En Éxodo 20:8-11, el Señor declara:

> Acuérdate del día de reposo para santificarlo. Seis días trabajarás y harás toda tu obra, pero el séptimo día es día de reposo para el Señor tu Dios. No harás en él trabajo alguno, tú, ni tu hijo, ni tu hija, ni tu siervo, ni tu sierva, ni tu ganado, ni el extranjero que está contigo. Porque en seis días hizo el Señor los cielos y la tierra, el mar y todo lo que en ellos hay, y reposó en el séptimo día. Por tanto, el Señor bendijo el día de reposo y lo santificó (Ex. 20:8-11).

La primera vez que aparece la palabra santo es en el libro de Génesis, y tiene que ver con el día de reposo (el séptimo día), el cual Dios bendijo y santificó, «porque en él reposó de toda la obra que Él había creado y hecho» (Gén. 2:3). Es decir, Dios lo separó, lo apartó para el descanso. Obviamente, Dios no se fatiga ni se cansa, así que el día de reposo fue hecho por causa del hombre (Mar. 2:27). Dios conoce los ciclos biológicos del hombre y su necesidad de descanso; por eso, determinó que el hombre no debe trabajar más de seis días a la semana, y el séptimo día, debe descansar. Ese es el diseño de Dios y como hemos visto, en Su diseño podemos encontrar principios de sabiduría.

En conclusión, la Biblia es un libro complejo, con proverbios, historias, leyes, parábolas, poesías, y diseño; y a través de toda esa gama de géneros literarios está plasmada la sabiduría de Dios y las normas que necesitamos para vivir moral y éticamente. Y Dios ha enviado a

Su Espíritu Santo a morar en el corazón de cada creyente para ayudarnos a entender e interpretar Su Palabra y aplicarla a nuestro diario vivir, de forma tal que podamos, con una cosmovisión cristiana de la vida, ver y honrar la imagen de Dios plasmada en cada ser humano.

11

La cosmovisión bíblica en temas bioéticos

Porque como los cielos son más altos que la tierra, así mis caminos son más altos que vuestros caminos, y mis pensamientos más que vuestros pensamientos.
(Isaías 55:9)

La bioética es la rama de la ética que nos brinda los principios relacionados con aspectos biológicos del ser humano, así como del resto de los seres vivos. En otras palabras, la bioética tiene que ver con las normas morales que rigen la conducta del ser humano respecto a la vida. Y en cierta manera, este es el tema más engorroso de nuestra generación, pues las generaciones anteriores tenían mucho menos complejidades bioéticas con las cuales lidiar. Hoy vivimos en un mundo mucho más avanzado desde el punto de vista tecnológico, pero con menos valores morales de los que tenían nuestros antepasados. La combinación de esas dos cosas es mortal, pues cuando había más valores en la sociedad, la tecnología podía al menos ser frenada en cierta medida. Sin embargo, al presente nos encontramos en medio de una decadencia moral generalizada donde la ciencia pretende avanzar haciendo uso de la tecnología sin un cauce ético que le dé dirección. Esto ha llevado a muchas acciones pecaminosas en las que lamentablemente el cristiano también ha incurrido.

Ahora bien, para poder hablar de asuntos bioéticos, antes tenemos que establecer la diferencia (en términos bioéticos) entre lo que es una cosmovisión humanista y una cosmovisión cristiana. Ya hemos hablado de cosmovisión cristiana en términos generales, pero ahora necesitamos ver la cosmovisión cristiana en asuntos particulares de bioética. Para estos fines, vamos a comenzar revisando algunos principios establecidos por los humanistas y que surgen a partir del primer manifiesto humanista publicado en 1933. Este manifiesto, conocido como el Manifiesto Humanista I, se escribió después de la Primera Guerra Mundial, cuando un grupo de humanistas se reunieron y concluyeron que ya el mundo había aprendido la lección; que había muerto tanta gente sin que hubiésemos llegado a ningún lugar; que había tanto sufrimiento, que el mundo finalmente podría vivir éticamente. No obstante, poco tiempo después estalló la Segunda Guerra Mundial. Entonces, en 1973, hubo que escribir un segundo manifiesto humanista para actualizar el primero, y así hemos continuado hasta la fecha.

Los principios proclamados por ese primer y segundo manifiesto humanista, que datan de casi 100 años atrás, hoy día apoyarían, sin lugar a duda, el aborto, la eutanasia y el suicidio. Y la razón por la que decimos esto es porque el Manifiesto Humanista II declara lo siguiente: «Ninguna divinidad nos salvará; tenemos que salvarnos a nosotros mismos».[111] Si eso es cierto, entonces el hombre tiene que darle rienda suelta a la ciencia y permitir que la ciencia haga y deshaga con el ser humano; debe permitirle modificar la genética hasta el punto de clonar al ser humano, si fuera posible; y así sucesivamente. Pues, como decía Dostoievski, si no hay Dios, entonces todo es permisible. Y es que, en esencia, el humanista piensa que todo es permisible justamente porque cree que no existe divinidad alguna que nos vaya a salvar y mucho menos a juzgar. Por consiguiente, los humanistas entienden que los valores morales no se derivan de Dios, sino de la experiencia humana.[112] Como para ellos Dios no existe, no hay una

---

[111]Paul Kurtz, ed., *Humanist Manifiesto I y II* (Buffalo: Prometheus, 1973), p. 16.
[112]Ibíd., p. 17.

revelación de parte de ese Dios en la conciencia del hombre, tampoco en el mundo ni en la Biblia. La idea es que el ser humano aprende producto de sus experiencias. Por ejemplo, haber pasado por una experiencia como la Primera Guerra Mundial debió enseñarnos algo de forma tal que no fuese necesario llegar a una segunda guerra. Pero resulta que la Primera Guerra Mundial concluyó y no aprendimos nada en términos éticos. Luego atravesamos una Segunda Guerra Mundial y lo mismo volvió a ocurrir; por lo que quizás en un futuro no muy lejano terminemos siendo testigos de una Tercera Guerra Mundial.

La historia del hombre no es circular, como muchos opinan, sino que es lineal. En otras palabras, Dios creó el universo en un momento dado y a partir de entonces la historia ha ido avanzando y seguirá avanzando hasta el día final; pero en esa historia lineal, el hombre se mueve de manera circular. Es decir, el hombre con frecuencia repite lo mismo que hizo en el pasado. El rey Salomón afirmó esto hace mucho tiempo cuando dijo: «No hay nada nuevo bajo el sol» (Ecl. 1:9). Hoy en día, estamos haciendo lo que ya fue hecho en el pasado, y lo que hacemos en el presente será lo que otros harán en el futuro. No hay nada nuevo bajo el sol, no hay un solo pecado nuevo en la humanidad. Las drogas, por ejemplo, quizás hoy sean elaboradas con nuevas sustancias, pero el alcohol siempre ha existido, así como otras sustancias similares que en el pasado causaron la misma adicción y los mismos efectos que las drogas de nuestros días. Y así podríamos citar muchos otros ejemplos que nos permitirían ver que lo que estamos haciendo es simplemente repetir las mismas cosas que el hombre ha hecho en el pasado. Aun así, los humanistas piensan que la experiencia humana nos va a llevar a mejores y superiores planos de ética moral, pero la historia misma prueba que eso no es cierto.

Por otro lado, los humanistas entienden que la ética es autónoma y situacional.[113] En pocas palabras, la ética no depende de nada, mucho menos de Dios, y el hombre la define según la necesidad e interés de cada situación. Ya hemos hablado de ética situacional en los capítulos anteriores, así que no pretendemos abundar sobre esto nuevamente.

---

[113] Ibíd.

Si no recuerda bien lo que plantea la ética situacional, puede hacer una pausa en su lectura y volver a revisar esos capítulos anteriores.

Además, la cosmovisión humanista entiende que necesitamos mejorar la calidad de vida del ser humano. Esto en principio parece muy loable, pero la dificultad surge cuando meditamos en las siguientes preguntas: ¿Quién define lo que es calidad de vida? ¿En qué consiste? ¿Es algo físico, social, emocional o espiritual? ¿Puede el hombre mejorar su calidad de vida independientemente de Dios? La realidad es que no lo puede hacer. Pues, en el mejor sentido de la palabra, la calidad de vida no es simplemente física o puramente material, y los millonarios del mundo están ahí para probarlo, ya que todo ese dinero no necesariamente les ha proporcionado una mejor calidad de vida. Por el contrario, la calidad de vida tiene que ver más con lo espiritual que con lo material.

El término que mejor encierra el concepto de calidad de vida es la palabra hebrea *shalom*,[114] que en español es traducida como «paz». En la cultura hebrea, cuando alguien despedía a su vecino o a algún amigo, al salir le decía: *Shalom*; y con esa expresión estaba deseando que esa persona disfrutara de buena salud; que todas sus necesidades fuesen cubiertas; que tuviera ausencia de conflicto; que viviera en paz; y que sus hijos estuvieran bien. Es un concepto más holístico de la vida. Así que, la palabra *shalom* nos ayuda a entender mejor lo que implica tener calidad de vida; pero el hombre, en su egocentrismo, no ve las cosas de esa manera.

Por el contrario, tomando en consideración el principio de calidad de vida, los humanistas entienden que podemos practicar un aborto cuando el bebé tenga alguna enfermedad o malformación congénita; e incluso hoy en día se está hablando de la posibilidad de quitarle la vida a ese bebé aun después de haber nacido, como vimos en el capítulo anterior. Asimismo, cuando alguien está sufriendo y entiende que no tiene propósito en esta vida, muchos justifican que cometa suicidio bajo el principio de calidad de vida. Y lo mismo sucede con la eutanasia activa, que ocurre cuando alguien activamente hace algo

---

[114] Concordancia Strong del hebreo, n.º 7965.

para quitarle la vida a una persona que padece alguna enfermedad terminal, contrario a la eutanasia pasiva, donde simplemente se permite que la enfermedad tome su curso natural y que sea Dios quien decida cuándo y cómo la persona ha de morir. De todo esto hablaremos más adelante, pero entendimos necesario mencionar primero algunas premisas del pensamiento humanista para entonces hablar de la diferencia entre juzgar la bioética desde el punto de vista cristiano frente a una perspectiva puramente secular.

La cosmovisión humanista y la bioética

Paul Kurtz, reconocido filósofo humanista secular de Estados Unidos, escribió un libro titulado *El fruto prohibido: La ética del humanismo*, donde expresa lo siguiente:

> Nosotros, no Dios, somos los responsables de nuestro propio destino. Por consiguiente, debemos crear nuestro propio universo ético. Debemos procurar transformar una moralidad ciega y premeditada en una basada racionalmente, que retenga la mejor sabiduría del pasado, pero ideando nuevos principios éticos y juzgándolos por sus consecuencias y probándolos en el contexto de la experiencia vivida.[115]

Este es un buen resumen de cómo la cosmovisión humanista piensa con relación a la ética y la bioética. En otras palabras, el humanista entiende que no dependemos de una moralidad que nos ha sido dada por un Dios creador, sino que nosotros mismos tenemos que crearla. Y la manera de crearla es haciendo uso de la razón (debe estar basada en la razón); tomando lo mejor del pasado, pero creando nuevos principios éticos con cada generación. En la medida en que cosechamos consecuencias, vamos a juzgar esas consecuencias y entonces, de acuerdo con ellas, vamos a ir probando distintas cosas en el diario

---

[115] Paul Kurtz, *El fruto prohibido: La ética del humanismo* (New York: Prometheus Books, 2003), p. 6.

vivir hasta llegar a futuras conclusiones éticas que estarán basadas en esas experiencias vividas. Así es como los humanistas piensan.

Ahora bien, si no conociéramos la historia de la humanidad, diríamos que esa manera de pensar suena bastante lógica. El problema es que el hombre tiene toda una vida haciendo eso y hoy en día el mundo no está moralmente mejor que en años anteriores. Ciertamente estamos mejor desde el punto de vista tecnológico y científico, pues los avances en esas áreas han contribuido grandemente al progreso y bienestar de la humanidad, pero moralmente no estamos mejor que ayer.

James Watson, ganador de un Premio Nobel por sus descubrimientos sobre la estructura molecular de los ácidos nucleicos, fue capaz de afirmar que ningún recién nacido debe ser declarado humano hasta que haya pasado ciertas pruebas con respecto a su dotación genética: «Si un niño no es declarado vivo hasta tres días después del nacimiento, entonces todos los padres podrían tener la opción [... de] permitir que el niño muera [...] y evitar mucha miseria y sufrimiento».[116]

Lo que este Premio Nobel está diciendo es que todo recién nacido debe ser sometido a una serie de pruebas para determinar cuál es su legado genético y entonces, si los resultados de esas pruebas revelan alguna deficiencia o trastorno genético, como el síndrome de Down o alguna otra condición que pueda traerle problemas o enfermedades en el futuro, a los padres se les debiera dar el permiso para decidir, dentro de esos primeros tres días, si quieren que la criatura viva o muera. O sea que, los padres podrían decidir no alimentar a su hijo para que él muera o solicitar que los médicos le inyecten alguna sustancia que le provoque la muerte al bebé. Y todo eso supuestamente motivado por el deseo de evitar que el niño sufra.

Increíblemente, hemos regresado al mundo del que salimos. En la Roma antigua, era una práctica común abandonar a recién nacidos en las calles y en los basureros, lo que conllevaba a la muerte del niño, a no ser que alguien se compadeciera y lo recogiera. Con el tiempo, esa

---

[116] James Watson, citado por Norman L. Geisler en *Christian Ethics: Contemporary Issues and Options* (Grand Rapids: Baker Academics, 2010), p. 181.

práctica fue abandonada, porque reconocimos el valor de la vida humana, pero ahora el hombre ha decidido volver atrás. Por eso es que hoy muchos pensadores cristianos y algunos no cristianos, pero que conocen la historia, hablan de que estamos viviendo un neopaganismo. Es decir, salimos del paganismo del pasado, pero estamos poco a poco regresando a ciertas prácticas paganas. Por ejemplo, hoy en día se habla mucho de la poligamia, una costumbre del mundo antiguo que hace tiempo había sido condenada y abandonada, pero resulta que muchos quieren volver ahí. Asimismo, hace mucho que salimos de la homosexualidad imperante en Roma y Grecia, pero el hombre moderno quiere volver a esos tiempos. Por eso muchos entienden que realmente estamos «neopaganizando» la cultura. ¡Claro! Porque lo que cambió la cultura pagana fue Dios, el Dios de los cristianos. Y si sacamos a Dios de la ecuación, como lo ha hecho la cosmovisión humanista, el hombre va a volver al lugar de donde salió; y ahí es donde estamos actualmente.

Otras premisas de la cosmovisión humanista

De acuerdo con la cosmovisión humanista, la persona es soberana sobre su vida. Si esta declaración es cierta, si el hombre verdaderamente es soberano sobre su vida, eso cambia completamente las cosas, porque podemos suicidarnos o solicitar que nos sea practicada una eutanasia sin ningún tipo de inconveniente, pues al final de cuentas, cada uno es dueño de su vida. Y así, una vez más, podemos observar que las premisas que tenemos acerca de la vida, o de una serie de asuntos específicos, determinan la manera en que nos conduciremos en la vida, y marcan toda la diferencia entre un grupo y otro. Esto es así porque vivimos conforme a nuestras premisas, y muchas veces, incluso siendo cristianos, tenemos premisas erradas que nos hacen responder pecaminosamente, como por instinto o reflejo, y que son mentiras que hemos comprado del mundo.

Otra importante premisa en la cosmovisión humanista es que el fin justifica los medios. Y como ya hemos dicho, eso no es más que utilitarismo. Si el fin justifica los medios, la implementación de medidas coercitivas sobre los individuos pudieran estar perfectamente justificadas. En el año 1979, por ejemplo, el gobierno de China determinó que la población era muy grande y como medida de control implementaron una política obligatoria de un hijo por familia; es decir, una pareja de esposos no podía tener más de un hijo. Por tanto, cuando a un matrimonio le nacía un hijo, esa pareja tenía que hacer una de dos cosas: adoptar un plan de planificación familiar mediante el uso de anticonceptivos o someterse a un proceso de esterilización. Lamentablemente, aquel gobierno llegó a esterilizar a mucha gente en contra de su voluntad, pues para ellos el fin (control de la población) justificaba los medios (esterilización forzosa).[117]

De igual manera, hoy muchos ven el aborto como un medio para el control de la natalidad, o como una opción lógica frente a los embarazos no deseados. Por ejemplo, el aborto se presenta como el medio que evita que jovencitas que han quedado embarazadas tengan que cargar con tan grande responsabilidad a una temprana edad. En esos casos, el fin (no cargar a la joven) justificó el medio (el aborto). Sin embargo, en la cosmovisión cristiana, el fin nunca justifica los medios. Por el contrario, los medios deben tener su propia justificación independientemente de los fines. En otras palabras, si el medio es el aborto, este debe estar debidamente justificado. Pero cuando entendemos que es imposible justificar el aborto porque al practicarlo estaríamos eliminando una vida humana —pues la vida comienza desde el momento de la concepción—, y que esa vida fue formada por Dios y lleva plasmada la imagen de su Creador; entonces, en ese momento, no importa el fin, si el medio no es moral, no lo podemos materializar.

En una sociedad altamente pragmática como la nuestra, el argumento de una «mejor calidad de vida» justifica muchas de las acciones que el humanista propone en términos éticos, pero para el creyente es importante reconocer la necesidad de justificar los medios independientemente de los fines. Que los medios tengan su propia justificación es lo que nos ayuda a determinar el fin.

---

[117]Scharping, Thomas (2003). *Birth control in China 1949–2000: Population policy and demographic development*. London: Routledge.

La cosmovisión bíblica en temas bioéticos

Luego de ver algunas de las premisas de la cosmovisión humanista, vamos a revisar varias premisas que forman parte de la cosmovisión bíblica y que están relacionadas con temas bioéticos.

En el libro de Job, encontramos la siguiente declaración: «Y dijo: Desnudo salí del vientre de mi madre y desnudo volveré allá. El Señor dio y el Señor quitó; bendito sea el nombre del Señor» (Job 1:21). De este pasaje, se desprende una importante premisa de la fe cristiana: Dios es soberano sobre la vida, no el hombre. Dios da, Dios quita. Dios es el dueño del cielo y la tierra, y de todo lo que en ellos existe. Por otro lado, en Deuteronomio, leemos: «Ved ahora que yo, yo soy el Señor, y fuera de mí no hay dios. Yo hago morir y hago vivir. Yo hiero y yo sano, y no hay quien pueda librar de mi mano» (Deut. 32:39). Esto implica que, a la hora de considerar el aborto, la eutanasia o el suicidio, debemos recordar que Dios claramente ha dicho que Él, el Dios soberano, es el único que tiene derecho sobre la vida humana porque hace morir y hace vivir al hombre. Esta es otra ilustración de principios cristianos que tienen aplicación en asuntos bioéticos.

Asimismo, las palabras pronunciadas por el apóstol Pablo mientras estuvo en Atenas nos recuerdan que Dios es el sustentador de la vida: «porque en Él vivimos, nos movemos y existimos, así como algunos de vuestros mismos poetas han dicho: "Porque también nosotros somos linaje suyo"» (Hech. 17:28). Dios no solamente da y quita la vida, Él sostiene la vida de todo ser viviente. Si existiera alguna forma de apagar a Dios —lo cual obviamente es imposible—, el universo entero colapsaría. Todo ser humano moriría instantáneamente porque el poder de existencia no está en ninguno de nosotros. Si algo vive, si algo existe en algún lugar del universo es porque hay alguien que tiene el poder de existir, lo que en inglés llaman *the power of being* (el poder de ser), y ese alguien es Dios.

Otra premisa de la cosmovisión cristiana es que el fin no justifica los medios, como ya dijimos, sino que los medios deben tener su propia justificación. No todo fin u objetivo es siempre bueno. Por ejemplo, el argumento de que una joven de 16 años no debe cargar con la responsabilidad de un embarazo, en sí mismo y antes de que el embarazo se produzca, representa una gran verdad. Una joven de 16 años no tiene la capacidad de criar un hijo a tan corta edad. Ahora bien, una vez producido el embarazo, ese argumento es completamente inválido.

Por otro lado, la cosmovisión cristiana establece claramente la soberanía de Dios, así como la dignidad y la santidad de la vida humana, lo cual hemos mencionado anteriormente e incluso ilustrado a través de varios textos bíblicos, por lo que no volveremos a explicar dichos conceptos, pero mencionamos estas verdades bíblicas porque representan premisas de la fe cristiana que tienen un gran impacto en materia de bioética. En otras palabras, a la hora de decidir sobre la vida, o querer jugar con ella en términos genéticos, tenemos que considerar la santidad y la dignidad de la vida humana. Nosotros no podemos jugar a ser Dios. El único soberano sobre la creación es Dios.

Otro principio claramente establecido en la Palabra es el amor que debemos tener por los demás. Es decir que, a la hora de experimentar biológicamente con la vida humana, necesitamos tener siempre en consideración el amor por el otro. Ahora bien, el amor debe ser definido por la Palabra de Dios, pues el ser humano tiende a definir el amor de manera muy subjetiva. Por ejemplo, un hombre de 40 años pudiera decir que se quiere casar con una niña de 8 años porque la ama, pero eso que él siente por esa niña no es amor en términos bíblicos ni es moralmente correcto.

La Palabra de Dios establece en múltiples pasajes que tenemos que amar a Dios sobre todas las cosas, con todo nuestro corazón, con toda nuestra alma, con toda nuestra mente, y con toda nuestra fuerza; y luego amar a nuestro prójimo como a nosotros mismos (Deut. 6:5, Mat. 22:37-39, Mar. 12:30, Luc. 10:27). Cristo lo dijo de la siguiente manera: «Nadie tiene un amor mayor que este: que uno dé su vida por sus amigos» (Juan 15:13). De manera que, el amor al prójimo es un principio más de la cosmovisión cristiana que nos sirve para juzgar asuntos bioéticos. Por ejemplo, al momento de determinar si la donación de órganos es algo ético o no, podemos acudir a estos pasajes bíblicos que acabamos de citar y encontrar luz sobre el asunto. Si alguien decide desinteresadamente donar un riñón, ya sea a un familiar, a un amigo o incluso a un desconocido, y a pesar de ello el donante puede continuar disfrutando de buena calidad de vida, dicha donación encuentra su base bíblica en el principio de amor al prójimo. Sin embargo, hay personas que deciden vender algunos de sus órganos motivados por un beneficio pecuniario en vez de movidos por el amor a los demás. En tales casos, el proceder de esas personas no sería moralmente ético.

Cuando la Palabra de Dios habla de que no hay amor más grande que dar la vida por los demás, en el caso de Cristo fue algo literal, pero en nuestro caso, una manera de «dar la vida por el otro», sin que eso afecte la calidad de nuestra salud, es cuando desinteresadamente decidimos hacer algo —como donar uno de nuestros órganos— en beneficio del otro sin esperar nada a cambio.

Así pues, vemos que hay ciertas decisiones y acciones que se pueden sustentar sobre principios éticos que se desprenden de premisas que encontramos en la cosmovisión cristiana. Hay ciertos principios, como la soberanía de Dios y la dignidad de la vida humana, que no se desprenden de manera indirecta de la Biblia, sino que están claramente establecidos en la Palabra de Dios. Pero hay otros asuntos que necesitamos pensar a partir de principios bíblicos, y por eso decimos que se desprenden de premisas de la cosmovisión cristiana. Asimismo, hay muchas otras cosas que están en lo que la gente comúnmente cataloga como «zonas grises», pero que usualmente no son tan grises como aparentan. En tales casos, lo que necesitamos es pensar claramente y basados en la Escritura.

Principios que se desprenden de una cosmovisión cristiana

En primer lugar, ningún procedimiento médico debería ser forzado. Este principio ético no está contenido en ningún versículo bíblico en particular, pero está bastante claro a la luz de lo que la Biblia establece. Una forma de ilustrar la violación de este principio ético sería el caso que ya hemos mencionado de países como China e India, que han forzado a enormes cantidades de mujeres a esterilizarse, porque tienen una política nacional de solo permitir un niño por familia. Recientemente, China aumentó el límite a dos niños por familia porque el gobierno entendió que la próxima generación iba a perecer si continuaban con dicha política. Pero, una vez más, su decisión no es más que simple utilitarismo. Por el contrario, nosotros entendemos que ningún procedimiento médico debe ser forzado, y por eso en medicina se habla tanto de «consentimiento informado». Esto implica que, a todo paciente, antes de realizarle cualquier intervención médica, se le debe dar un documento informativo sobre el procedimiento al que será sometido y sus posibles consecuencias, que la persona debe leer y firmar como una forma de expresar su consentimiento.

Segundo, preservar la vida no es lo mismo que prolongar la muerte. En otras palabras, en el caso de un paciente de 91 años con cáncer terminal, la decisión de someter a esa persona a tratamientos médicos que no lograrían más que prolongar una muerte inevitable no necesariamente sería una decisión bíblica. Si alguien está padeciendo una enfermedad terminal y vemos que el final de su vida se está acercando, no debemos hacer nada que provoque la muerte de esa persona, pero podemos escoger no someterlo a procedimientos médicos, como la quimioterapia o la diálisis renal, que solo lograrían que la persona viva un mes más en una triste y dolorosa condición. Sería mejor conversar con el médico y encontrar la manera de darle calidad de vida al paciente y controlar su dolor para que pueda descansar y estar tranquilo. Los médicos siempre deben respetar y considerar a los familiares. Sobre todo, hay que respetar primero los deseos del paciente, si está consciente y en condiciones de expresar su voluntad; pero quizás sea conveniente llevarlo a casa para que pueda estar con su familia por el resto de sus días, en vez de dejarlo un mes en cuidados intensivos donde no puede ver a nadie ni recibir visitas. Entonces resulta que, hacer todo lo posible por prolongar una muerte que a la larga es inevitable, no es lo mismo que procurar preservar la vida humana, como en el caso de la lucha contra el aborto.

Tercero, la eutanasia activa no es igual a permitir la muerte. Como ya mencionamos anteriormente, la eutanasia activa tiene lugar cuando alguien activamente le quita la vida a un paciente terminal; por ejemplo, cuando se le inyecta alguna sustancia química que le cause un paro respiratorio al paciente. Hacer eso no sería lo mismo que permitir que la enfermedad tome su curso natural y que la persona deje de respirar cuando Dios así lo decida. En esos casos, estaríamos permitiendo la muerte del paciente, sin hacer nada para acortarle la vida intencional y activamente. En fin, muchos de estos procesos médicos tienen que ver de una u otra manera con varios principios éticos que necesitamos manejar para poder entenderlos más cabalmente y conocer bajo qué premisas razonamos estas cosas.

Cuarto, existen formas artificiales y formas naturales de sostener la vida. Una forma artificial de sostener la vida sería, por ejemplo, la diálisis renal. Una forma natural del sostenimiento de la vida es proveyendo oxígeno, hidratación y alimento al paciente. Ciertamente, existen diferentes casos de pacientes en diálisis renal, y como médico, entiendo que ciertos pacientes deben continuar en diálisis, pero cuando tenemos un paciente, como tuvimos recientemente, de noventa y tantos años con seis semanas en cuidados intensivos, entubado, con neumonía y fallo pulmonar, ¿vamos a dializar a ese paciente? Bueno, en ese caso, se hizo porque así lo requirieron los familiares, pero lamentablemente una semana después, la vida del paciente terminó a pesar de todos los esfuerzos médicos. Ahora bien, hay medios naturales de sostenimiento de la vida, como acabamos de mencionar, como el proveer oxígeno y alimento al paciente, que entendemos se deben seguir proveyendo hasta que se produzca la muerte natural, porque son necesidades básicas de todo ser humano.

Quinto, diferenciar la corrección biológica y la creación de vida. Cuando se habla de corrección biológica, esto no se refiere a la creación de vida. Por ejemplo, si el día de mañana se inventara alguna tecnología para corregir la deficiencia en el páncreas que produce la diabetes, y se pudiera lograr hacer un trasplante de células betas que produzcan insulina, creo que eso sería de gran beneficio para el ser humano que ha ido descubriendo la sabiduría de Dios. Pero, cuando se pretende usar la ciencia y la tecnología para clonar personas, por ejemplo, que no es otra cosa que creación de vida, eso trae consigo un problema ético. Asimismo, cuando comenzamos a hablar de manipulación genética con el objetivo de mejorar la raza, buscando que los hijos sean rubios, con ojos azules y cabello lacio, implícitamente le estamos comunicando a esta generación que los individuos que tienen otro tipo de color de piel, otro color de ojos, y otro tipo de cabello son inferiores. Así es como se comienza a desvalorizar la vida humana. Cambiarle el color de los ojos a una persona o la textura de su cabello no es una corrección biológica, porque no hay nada dañado en esos ojos o ese cabello.

Sexto, que algo ya esté ocurriendo no implica que debamos legalizar su práctica. Es decir, que en ciertos lugares se estén practicando abortos clandestinos no implica que debemos aceptar dicha práctica y legalizarla bajo el argumento de que las personas lo realizarán de todas maneras. Y lo mismo sucede cuando se reparten preservativos en las escuelas porque los adolescentes están teniendo relaciones sexuales, en vez de promover la abstinencia. Si fuésemos a usar este argumento para legalizar todas aquellas cosas que están ocurriendo de manera ilegal, tendríamos entonces que legalizar las diferentes drogas que nuestros adolescentes consumen de manera clandestina. También tendríamos que legalizar los crímenes y las infracciones que a diario se comenten en la sociedad. Entonces, ¿se da cuenta de que no es posible aplicar esa lógica? Legalizar la práctica de algo indebido simplemente porque ya está ocurriendo es inconsistente con la convivencia humana.

Séptimo, un mal no justifica ni corrige otro mal. En otras palabras, una violación sexual es algo horrible y condenable, pero no podemos intentar corregir el mal que fue cometido contra una mujer, mayor de edad o no, quitándole la vida a la criatura inocente que se está formando en su vientre producto de esa violación. No sería lógico querer arreglar algo que está mal haciendo otra cosa que también está mal. Ciertamente, el mal que fue cometido contra esa mujer necesita ser reparado y esa persona necesitará apoyo, consuelo, compañía y consejo. Asimismo, es posible que el Estado tenga que crear instituciones de adopción, de manera que, cuando alguien que ha quedado embarazada producto de una violación quiera dar su bebé en adopción, lo pueda hacer de forma segura y con la garantía de que la institución hará todo lo posible para conseguir padres adoptivos que tengan ciertas condiciones morales. Esa sería una forma ética de corregir algo que está mal con algo que está bien.

APROXIMACIONES CRISTIANAS Y HUMANISTAS A SITUACIONES BIOMÉDICAS

Veamos algunas perspectivas cristianas de cómo servimos a Dios en comparación con la perspectiva humanista que muestra cómo muchas veces jugamos a ser Dios. Los principios que siguen han sido considerados por otros autores, pero como médico de profesión y pastor a la vez, quiero traer mis propias observaciones fruto de mi experiencia en la práctica y en la consejería.

El tratamiento voluntario frente al tratamiento obligatorio. Cuando tomamos, por ejemplo, un tratamiento voluntario como la esterilización, que otorga al individuo que fue creado por Dios la oportunidad de considerar si quiere asumir los riesgos y las consecuencias de dicho tratamiento, y forzamos a esa persona a someterse a tal procedimiento, lo que sucede es que estamos desvalorizando la vida y quitándole significado y dignidad a la vida humana.

Reparar la vida humana frente a recrear la vida humana. Nosotros debemos tratar de reparar la vida humana, como ya dijimos, pero eso no es lo mismo que recrear la vida humana. Hay enfermedades genéticas que debiéramos tratar de reparar o corregir para que no vuelvan a aparecer; pero eso no es recrear la vida, como ocurre en la clonación.

El mantenimiento de la vida frente a la ingeniería de la vida. Debiéramos apoyar todo lo que la ciencia puede hacer a fin de mantener la vida del ser humano con dignidad, pero cuando pasamos a hacer uso de la ingeniería genética para crear selectivamente individuos con ciertas características, como mejores talentos atléticos —algo que algunos ya han considerado—, el asunto se convierte entonces en un negocio. Eso fue precisamente lo que Hitler trató de hacer años atrás motivado por la idea de que había una raza superior. Y si las cosas siguen como van, pronto veremos a los padres ahorrando para poder costear esos procedimientos genéticos de la misma manera en que hoy en día ahorran para enviar a sus hijos a la universidad. A eso precisamente apunta la cosmovisión humanista.

La cooperación con la naturaleza frente al control sobre la naturaleza. Nosotros no tendríamos problemas en que se realicen ciertos procesos, como en ocasiones se ha hecho, frente a una sequía provocada por falta de lluvia, y se procede entonces a bombardear las nubes con ciertas sustancias para provocar que la lluvia descienda. En lo personal, no creo que haya resultado la mayoría de las veces, pero no veo nada de inmoral en ello. En tales casos, el hombre está tratando de cooperar con la naturaleza al procurar lograr algo que la creación hace de manera natural, como llover. El problema surge cuando el individuo quiere controlar la naturaleza haciendo uso de ella con fines egoístas y termina destruyéndola, como está ocurriendo hoy con la selva del Amazonas, la cual produce de un 20 a un 30% del oxígeno del mundo.

La conformidad con la naturaleza frente al poder sobre la naturaleza. En otras palabras, en la naturaleza hay cosas que limitan al hombre; por ejemplo, la condición caída del mundo. Por tanto, debemos conformarnos y aceptar esa realidad como parte del mundo caído en que vivimos, incluidos los desórdenes climáticos. Cuando llueve mucho, cuando hay sequía o cuando ocurren desastres naturales, el cristiano debe ver esas cosas como parte de vivir en un mundo caído. En esos momentos, nos encomendamos a Dios y tratamos de ayudar al otro, pero lo aceptamos y nos conformamos porque sabemos que Dios tiene el control de toda Su creación. Sin embargo, el humanista no ve las cosas de esa manera, sino que quiere ejercer poder sobre la naturaleza con el fin de controlarla, de tal manera que pueda probar su autonomía y su independencia de Dios. Fuimos llamados a ejercer control sobre la naturaleza al momento de la creación bajo el señorío de Dios; pero el hombre, al caer, ha buscado ejercer control de la naturaleza con fines egoístas, como ya mencionamos.

En conclusión, todo lo anterior nos da una idea de la perspectiva cristiana en contraste con la perspectiva humanista en asuntos de bioética. En el próximo capítulo, continuaremos hablando un poco más sobre este tema, en especial sobre la anticoncepción.

12

La cosmovisión bíblica en cuanto a la anticoncepción

Y Dios los bendijo, diciendo: Sed fecundos y multiplicaos, y llenad las aguas en los mares, y multiplíquense las aves en la tierra.
(Gén. 1:22)

En nuestra cultura, la anticoncepción ha sido mayormente aceptada a pesar de ser un tema que ha causado controversia. Aquellos que están menos familiarizados con el tema, a lo largo de este capítulo podrán observar lo antigua que es esta práctica. Muchos piensan que la anticoncepción comenzó hace poco, pero la realidad es que data de cientos de años atrás y a continuación revisaremos rápidamente su historia hasta la actualidad. Pero lo primero que quisiéramos hacer es revisar algunas de las razones para practicar la anticoncepción a la luz de la visión humanista.

La primera de esas razones es el crecimiento poblacional. Por años, China ha usado la anticoncepción como un método para controlar el crecimiento poblacional y actualmente lo continúa haciendo, como vimos en el capítulo anterior. Lo mismo ha sucedido en India y en otras muchas naciones. Las Naciones Unidas están promoviendo activamente aún más esta práctica. Es por esto que tanto Estados Unidos como la Unión Europea han donado grandes cantidades de dinero para que naciones del tercer mundo, sobre las cuales no tienen ninguna autoridad, establezcan planes de control de la natalidad para sus ciudadanos. Es inconcebible el derecho moral que algunas naciones piensan que tienen sobre otras para decidir en qué dirección deben ir.

Una segunda razón para justificar la práctica de la anticoncepción es evitar embarazos a una edad temprana. Por eso, tomando en consideración que la adolescencia es una etapa vulnerable y que cada día más, las jóvenes están teniendo relaciones sexuales prematrimoniales, y como consecuencia quedan embarazadas, muchos han optado por proveer métodos anticonceptivos en las escuelas para evitar embarazos a una temprana edad.

Una tercera razón es la mayor libertad de la pareja. Los anticonceptivos brindan a las parejas, casadas y no casadas, la opción de poder disfrutar de las relaciones sexuales sin el temor a un embarazo.

Una cuarta razón, un tanto similar a la anterior es el disfrute del sexo con toda libertad a cualquier edad. La realidad es que hay muchas otras razones que han sido usadas para justificar la anticoncepción, pero simplemente estamos mencionado algunas de ellas. Tristemente, hay una gran cantidad de parejas que utilizan la anticoncepción y no tienen hijos por razones puramente egoístas como: «no quiero que estorben mi vida»; «estoy en el pináculo de mi desarrollo profesional»; «no quiero cargar con esa responsabilidad ahora»; entre otras. Todo lo anterior puede ser cierto desde la perspectiva humanista, pero no es la manera como Dios espera que piense el cristiano.

Historia de la anticoncepción

En cuanto a la antigüedad de la anticoncepción, existen papiros egipcios que datan del año 1900-1100 a.C. en los cuales se mencionan múltiples brebajes, fórmulas o aceites que se depositaban en el útero como medio para tratar de evitar el embarazo. De hecho, recuerdo que en una ocasión, siendo ya médico, mi madre me comentó que en su época se hablaba mucho de colocar aspirina en el aparato genital de la mujer como una forma de evitar el embarazo. Bueno, no sé cuánta eficacia tiene esto, pero la aspirina es ácida y quizás eso tenga algo que ver con que fuera usada para tales fines.

Por otro lado, en la historia del mundo grecorromano (siglo v a.C.) también se encuentran registrados documentos que hablan de la anticoncepción. Por su parte, Aristóteles tenía sus propias fórmulas (sus propios aceites) para evitar la concepción. Todas estas cosas están claramente documentadas, pero no vamos a entrar en esos detalles porque no nos hace ningún bien conocerlos. De igual manera, en el Talmud babilónico aparecen algunas indicaciones sobre la práctica de la anticoncepción. El Talmud es una colección de enseñanzas rabínicas consideradas como parte fundamental del judaísmo, del cual existe un manuscrito encontrado en Jerusalén y otro encontrado en Babilonia en el área de Mesopotamia. Además, en el Antiguo Testamento encontramos una historia donde se relata una práctica de anticoncepción, que se encuentra registrada en el libro de Génesis:

> «Entonces Judá tomó mujer para Er su primogénito, la cual se llamaba Tamar. Pero Er, primogénito de Judá, era malvado ante los ojos del Señor, y el Señor le quitó la vida. Entonces Judá dijo a Onán: Llégate a la mujer de tu hermano, y cumple con ella tu deber como cuñado, y levanta descendencia a tu hermano. Y Onán sabía que la descendencia no sería suya; y acontecía que cuando se llegaba a la mujer de su hermano, derramaba su semen en tierra para no dar descendencia a su hermano. Pero lo que hacía era malo ante los ojos del Señor; y también a él le quitó la vida» (Gén. 38:9-10).

El hermano de Onán murió, y de acuerdo con la costumbre hebrea, él debía casarse con la mujer de su hermano para darle descendencia. Pero Onán no quería darle descendencia a su hermano y, por tanto, cuando tenía relaciones sexuales derramaba su semen en tierra para que la mujer de su hermano no quedara embarazada. Por eso el texto de Génesis expresa que lo que Onán hacía era malo ante los ojos del Señor y le costó la vida. Ahora bien, Dios no le quitó la vida a Onán por la anticoncepción, sino porque lo que estaba haciendo era simplemente un reflejo de la maldad que había en su corazón, que lo movía a esta práctica.

El método de anticoncepción que acabamos de describir se practica hasta el día de hoy y se conoce como el coitus interruptus o la interrupción del coito. De manera que hay muchos métodos anticonceptivos y no solo píldoras, como mucha gente piensa.

Historia de la anticoncepción en Estados Unidos

El primer defensor de la anticoncepción en Estados Unidos fue el británico-estadounidense Robert Dale Owen a través de su libro *Moral Physiology* [Fisiología moral], o «un tratado breve y llano sobre el interrogante de la población». Este autor expresó su preocupación por el tema desde antes del año 1842, que fue la fecha de publicación de su libro en inglés.[118]

Muchos piensan que el condón o preservativo es algo de hoy, un invento del mundo moderno, pero para la mitad de los años 1600 ya se había fabricado un tipo de preservativo, no de la misma calidad de los que existen actualmente, pero de todos modos un preservativo al fin. Asimismo, el diafragma —que es una especie de capuchón o copa de látex que se coloca en el cuello del útero, de manera tal que los espermatozoides no puedan penetrar y llegar a los óvulos, para evitar así el embarazo— fue desarrollado en el año 1880 por Wilhelm Mensinger. Por tanto, muchos de los métodos anticonceptivos que existen hoy en día existieron de forma rudimentaria hace cientos de años. De hecho, para el año 1935 en Occidente se usaban alrededor de 200 dispositivos diferentes para la práctica de la anticoncepción, incluidos los preservativos y el diafragma. Sin embargo, en Estados Unidos recién se aprobó la píldora anticonceptiva en el año 1965, cuando la Suprema Corte de Connecticut declaró inconstitucional pensar que el uso de anticonceptivos era ilegal o inmoral. Asimismo, en 1972 la Suprema Corte de Massachusetts declaró inconstitucional la ley que prohibía la venta de anticonceptivos a menores de edad. Es decir que hasta no hace mucho tiempo, las leyes de Estados Unidos consideraban que el uso de anticonceptivos era ilegal o inmoral, y además consideraban que su uso no era apropiado para menores de edad. Eso nos habla de cuánto ha cambiado la sociedad en poco tiempo.

---

[118]Robert Dale Owen, *Moral Physiology, Or A Brief and Plain Treatise on the Population Question* (Londres: J. Wat-son, 5, Paul's alley, Paternoster row, 1842).

La píldora anticonceptiva

El método anticonceptivo que más revolucionó la sociedad en términos de conducta moral fue la píldora anticonceptiva. La década de los años 1960-1970 (y sobre todo esta última) ha sido considerada como la década de la revolución sexual en Estados Unidos. Muchos entienden que esa revolución sexual fue empujada primordialmente por la aprobación del uso de la píldora anticonceptiva para todos los estadounidenses el 22 de marzo de 1972,[119] junto con la aprobación del aborto el 22 de enero de 1973.[120] Esto permitió a los individuos tener «sexo libre» sin la necesidad de preocuparse por un embarazo no deseado, pues podían evitarlo con el uso de pastillas o darlo por terminado practicándose un aborto. Entonces, independientemente de cuán moral o inmoral sea el uso de la píldora anticonceptiva, hay algo que está bastante claro en la historia reciente: su uso propulsó la revolución moral de Estados Unidos y, por tanto, del resto del mundo. Esta realidad es innegable.

Datos importantes sobre la píldora anticonceptiva

El producto original tenía un alto contenido de estrógenos (150 mcg) y progesterona (9,85 mg). Debió cambiarse rápidamente por los múltiples efectos colaterales, tales como: accidentes cerebrovasculares, infartos cardíacos, hipertensión, flebitis y aumento de la incidencia del cáncer de mama. Al presente, todos estos efectos permanecen, pero con una probabilidad de ocurrencia mucho menor; y el riesgo aumenta después de los 35 años.

Más recientemente, se desarrollaron otro tipo de píldoras anticonceptivas y al presente se las conoce como «mini-pastillas». En esencia, la mini-pastilla tiene progesterona sin estrógeno para evitar, precisamente, algunos de los efectos secundarios que acabamos de mencionar. El problema con la mini-pastilla (aquellos que son jóvenes y tal vez estén usando anticonceptivos para evitar embarazarse

---

[119] U.S. Reports: Eisenstadt v. Baird, 405 U.S. 438 (1972).; Library of Congress.

[120] Roe Vs. Wade (Roe v. Wade, 410 U.S. 113 (1973), Findlaw.com.

tienen que conocer estas cosas) es que permite, en ocasiones, la ovulación. Entonces, si la mujer ovula y tiene relaciones sexuales, puede embarazarse, pero la pastilla no permite que el huevo fecundado se implante. Por tanto, la mini-pastilla es potencialmente abortiva. Nuestra recomendación, como médico y desde una perspectiva bíblica, es que si van a usar píldoras anticonceptivas, estas deben tener no menos de 50mg de progesterona para evitar justamente que ocurra lo que acabamos de mencionar. De modo que la intención de bajar la dosis de progesterona fue buena, pues se buscaba reducir los efectos colaterales, pero como a la larga puede resultar una pastilla abortiva, esto la hace una opción no ética.

De todos los métodos anticonceptivos que existen, la píldora anticonceptiva con toda probabilidad es el método más efectivo de prevención de embarazos, con un nivel de fracaso de un 2%, lo cual es bastante bajo. No obstante, conozco casos de mujeres que han quedado embarazadas a pesar de estar tomando pastillas anticonceptivas. En esos casos, tiendo a reírme y pensar: Dios probablemente observó la situación desde Su trono y dijo: «Yo soy soberano y nada ni nadie va a impedir lo que yo quiero hacer, incluyendo una píldora anticonceptiva».

El dispositivo intrauterino (DIU)

Este no es un libro sobre medicina, sino sobre ética cristiana; por tanto, no vamos a abundar mucho en los detalles y el funcionamiento de cada uno de estos métodos anticonceptivos, pero el dispositivo intrauterino o DIU, como popularmente se lo conoce, es un pequeño dispositivo en forma de T que se coloca en el útero para evitar embarazos. Los primeros dispositivos creados eran metálicos, pero causaban muchos problemas de salud y eventualmente fueron eliminados del mercado. Para el año 1962-1968 aparecieron los primeros dispositivos intrauterinos plásticos, los cuales redujeron bastante la probabilidad de efectos secundarios. Sin embargo, en el año 1969, surge el DIU de cobre, que ciertamente le causó menos problemas de infección a la mujer y resultó ser mucho más efectivo para prevenir embarazos que los anteriores. Por eso, hoy el dis-positivo intrauterino de cobre sigue vigente. Mas con el tiempo, la ciencia contribuyó al desarrollo de los dispositivos hormonales o medicados, que vienen cargados de la hormona progestina para proteger contra embarazos. Estos dispositivos hormonales ocasionalmente permiten la ovulación y potencialmente el huevo puede terminar siendo fecundado, pero sin posibilidad de implantación. Si esto sucediera, estaríamos hablando de que en ese caso en particular, este dispositivo hormonal también terminó siendo abortivo. El porcentaje de fracasos al hablar del DIU se ha calculado en seis por cada cien mujeres por año de uso. En otras palabras, de cien mujeres que usan estos dispositivos por un período de un año, probablemente seis de ellas queden embarazadas durante ese año.

Por mucho tiempo no se conocía exactamente la manera en que funcionaban estos dispositivos de cobre, pero al presente está bastante claro que lo que hacen es causar una reacción inflamatoria tóxica a nivel del endometrio que no permite la implantación del óvulo fecundado. Por tanto, la famosa «T de cobre» es un método abortivo porque permite la fecundación, pero no permite la implantación. Entonces, desde el punto de vista de la ética cristiana no estamos de acuerdo con el uso de este dispositivo.

El condón, el diafragma y los espermaticidas

El condón o preservativo es otro de los tantos métodos de anticoncepción que existen en el mercado. Como ya mencionamos, el uso de preservativos comenzó a surgir alrededor del año 1650. Lamentablemente, una de las medidas que los gobiernos han tomado es repartir preservativos a los adolescentes, amparados en la idea de que ellos ya están teniendo relaciones sexuales y, por ende, con toda probabilidad las jóvenes quedarán embarazadas. Pero repartir condones para evitar embarazos en la adolescencia es una manera errada de pensar, pues como sociedad le estamos transmitiendo al adolescente la idea de que las relaciones sexuales premaritales en la adolescencia son buenas y válidas. Tan buenas y válidas que las promovemos y aplaudimos al darles un preservativo.

¿Por qué no le da usted a un hijo de 15 años las llaves de su auto? Porque no está preparado emocionalmente para manejar tal responsabilidad. Entonces, si su hijo adolescente no puede manejar la responsabilidad de tener las llaves de su auto, no puede lidiar con lo que implica el uso de un preservativo porque el preservativo es más peligroso que las llaves de un auto. Usted puede enseñarle a su hijo a manejar un auto de forma tal que sea el mejor chofer del mundo a los quince años, pero no puede enseñarle a ningún joven a ser un experto en controlar sus impulsos sexuales, y menos cuando cuenta con un preservativo al alcance de su mano. Solo Dios puede hacer ese trabajo en el corazón del hombre y darle dominio propio como parte del fruto de Su Espíritu. No obstante, pretendemos hacer cosas en áreas morales y sexuales que no haríamos en otras áreas. ¿O quién le da una pistola a un hijo de 15 años porque entiende que está listo para manejarla? Si no tiene la madurez para eso, tampoco la tiene para manejar un preservativo.

La realidad es que como infectólogo he sido testigo de casos donde parejas, a quienes se les ha instruido y advertido que deben usar preservativos el 100 % de las veces porque hay uno de ellos que es VIH positivo y existe la probabilidad de transmisión del virus si no se usa el preservativo, han admitido haberlo usado solo el 60 % de las veces. De manera que, si personas adultas y maduras que conocen el alto riesgo que corren de contagiarse el virus del VIH por descuido o dejadez no usan el preservativo, ¿cómo se pretende que el adolescente sea lo suficientemente responsable para manejar el uso de este método anticonceptivo? De ningún modo.

Cuando el preservativo es bien usado, puede ser altamente efectivo en la prevención de embarazos y de enfermedades de transmisión sexual. Algunas campañas publicitarias han querido vendernos la idea de que el uso de preservativos nos da el derecho de experimentar una vida sexual libre de consecuencias. Tal libertad no existe en absoluto porque está demostrado que es posible contagiarse de sífilis o del virus del papiloma humano a pesar del uso del preservativo, porque hay áreas íntimas que el preservativo no cubre. Por otro lado, muchas veces el preservativo se coloca mal a la hora de usarlo y esto puede ocasionar la fuga del semen o la ruptura del preservativo. En otras ocasiones, su uso es simplemente inconstante, como mencionamos anteriormente.

Otro de los problemas que presenta el uso de este tipo de anticonceptivos es que muchos de los preservativos que se venden en países como el nuestro se producen en lugares como China o India, y lamentablemente son de mala calidad. Resulta que todos los preservativos tienen poros —muy pequeños y en poca cantidad en aquellos preservativos de mejor calidad, pero más grandes y en mayor cantidad en los preservativos de mala calidad—, lo cual permite el paso de espermatozoides y de enfermedades de transmisión sexual.

En el caso del diafragma, como otro de los métodos anticonceptivos que hemos mencionado, se ha reportado un promedio de 2 a 20 % de casos de fracaso, y mucho de esto tiene que ver con la eficacia del ginecólogo a la hora de medir el cerviz de la mujer, pues los diafragmas vienen por medidas y si no se tomó bien la medida y no hubo además un buen entrenamiento sobre su uso, la mujer no va a saber cómo colocarlo y habrá entonces un mayor índice de fracaso.

Todos estos métodos anticonceptivos, tanto el condón como el diafragma, así como los espermaticidas que básicamente consisten en espumas elaboradas con diferentes compuestos que tienen el poder de eliminar el espermatozoide a nivel del aparato genital, pueden resultar incómodos o poco prácticos para muchos, y también causantes de alergias para otros, lo que limita su efectividad como método anticonceptivo.

La esterilización

Ya hemos mencionado varias veces cómo China instituyó la esterilización obligatoria entre el año 1979 y 1980 como una forma de controlar la natalidad de la población, permitiendo solo un hijo por familia, aunque recientemente el permiso aumentó a dos hijos por familia. Una de las formas de practicar la esterilización es mediante el procedimiento de ligadura de las trompas de Falopio de una mujer. En esencia, las trompas se pueden ligar, cortar y cauterizar, cortar y amarrar, o se les puede poner un clip. De todos, este es probablemente el método anticonceptivo más practicado en el mundo. El 19 % de las mujeres que están utilizando algún método anticonceptivo, es decir, casi una de cada cinco mujeres, utiliza este método para la anticoncepción. Si lo comparamos con el uso de anticonceptivos orales, el índice sería de un 14%. De manera que, la esterilización por ligadura o corte de las trompas todavía sigue siendo altamente usada entre las mujeres.

La esterilización hoy en día también puede hacerse con microcirugía, lo que permite la posibilidad de volver a unir la trompa después de haberla cortado en caso de que la mujer posteriormente cambie de opinión. Este procedimiento tendría un 50 % o 60 % de éxito, siempre y cuando se haya hecho una buena cirugía en primer lugar.

Otra forma de esterilización muy común hoy en día es la vasectomía, con un promedio de 500 000 vasectomías practicadas por año en Estados Unidos. Este es un procedimiento relativamente sencillo, por lo que el individuo puede irse a su casa entre media y una hora después de haber terminado la intervención. En la vasectomía, los conductos deferentes del aparato reproductor masculino se cortan y se cauterizan. Entonces, esos canales o conductos que normalmente envían espermatozoides desde los testículos a las vesículas seminales, y de las vesículas seminales a través de la próstata hacia fuera, dejan de hacerlo, y no hay manera en que los espermatozoides puedan llegar hasta el óvulo y fecundarlo. Sin embargo, cuando se realiza este procedimiento, se recomienda que por los próximos seis meses la pareja use otro método anticonceptivo, pues por alguna razón cuya explicación no se conoce exactamente, durante los próximos seis meses todavía los espermatozoides se las ingenian para salir, a pesar de que se hayan cortado los conductos deferentes.

En esencia, el propósito de estos métodos anticonceptivos es el mismo, la esterilización, y aunque mencionamos que hoy en día se practica la microcirugía que pudiera permitirle a alguien cambiar de opinión en el futuro, como médico y pastor entiendo que antes de practicarse uno de estos procedimientos, es necesario pensarlo muy bien y sobre todo hablar con Dios en oración. Si usted está tomando anticonceptivos orales y en el día de mañana Dios cambia su opinión al respecto, usted puede dejar de tomar el anticonceptivo inmediatamente y todo puede volver a la normalidad otra vez. Pero si usted alteró anatómicamente su aparato reproductor, entonces no tiene chance de revertir el procedimiento; y si se hizo una microcirugía, la probabilidad de revertir efectivamente los efectos de la cirugía es sumamente reducida. Por eso decimos que hay que pensar y orar mucho antes de someterse a uno de estos procedimientos, sobre todo aquellas personas que son jóvenes, pues nosotros no sabemos cómo se desarrollará la vida. Tal vez mañana su cónyuge muere, y si Dios le permite volver a casarse, quizás su nueva pareja quiere tener hijos, pero resulta que usted ya está anatómicamente incapacitado producto de una decisión que tomó a la ligera. Entonces, la pareja debe pensarlo muy bien y estar ambos de acuerdo, pero a la larga será una decisión personal.

Una vez más, nada de esto debe practicarse sin oración, sin el consentimiento mutuo, sin reflexión mas la ayuda de consejería pastoral. En otras palabras, como cristianos no debemos conformarnos con pensar: «Ya hablé con mi médico y él me dijo que ese procedimiento no tiene riesgo y es fácil de realizar; que eso se hace en media hora y luego me voy a casa». Cuando actuamos de esa manera es porque no hemos sido movidos a la reflexión bíblica. En días pasados, alguien me preguntó acerca de las cirugías plásticas, y al final de la conversación le expresé: «Oye, independientemente de que te vayas de acuerdo conmigo o no, te voy a decir lo que me gustó de nuestra conversación. Acudiste a alguien que tú entiendes que puede guiarte espiritualmente; le dijiste qué estabas pensando, le preguntaste qué veía de bueno o de malo en eso y le preguntaste si creía que estabas pensando bíblicamente. En otras palabras, hiciste el ejercicio y ahora vas a regresar a hablar con tu esposo y preguntarle acerca de las motivaciones detrás de esto. Entonces, por lo menos hasta el momento, yo creo que Dios está complacido porque no simplemente has tomado la información médica que está ahí afuera y has dicho: «Bueno, yo lo puedo hacer, yo tengo el dinero, así que vamos a hacerlo». Sino que te has molestado en tratar de hacer la voluntad de Dios y tratar de buscar consejo. Así que, una vez más, nada es tan simple como parece.

Todo en la vida tiene cierto grado de complejidad porque vivimos en un mundo caído junto a personas caídas. Quien escribe es una persona caída y, por tanto, antes de tomar cualquier decisión ética necesito pensar, meditar, y orar. En ese sentido, mi recomendación es que usted haga lo mismo, y no dé ningún paso hasta que Dios no lo convenza junto a su cónyuge sobre qué hacer en cuanto a estos asuntos.

La planificación familiar natural

Hay un grupo de cristianos evangélicosortodoxos que entienden que el uso de anticonceptivos es pecaminoso; y ese grupo no es tan pequeño. Pero la realidad es que todo el mundo cree en la planificación familiar, aunque no todos creen en el uso de métodos artificiales de planificación familiar. La única manera de estar completamente en contra de la planificación familiar es no usando ningún método anticonceptivo, incluyendo el método del ritmo, y continuar teniendo intimidad sexual independientemente de lo que pase. Pero cuando alguien usa un método anticonceptivo, ya sea natural o no, implícitamente está diciéndole a Dios que no desea embarazarse. Por eso decimos que todo el mundo, a excepción de los que ya mencionamos, cree en la planificación familiar. La diferencia está en que unos creen que es posible hacer uso de formas artificiales y otros piensan que solamente pueden usarse las formas naturales como el método del ritmo.

Por mucho tiempo, la posición católica ha sido contraria a la anticoncepción, a excepción del método natural del ritmo. Esa posición viene de San Agustín, el teólogo más influyente, no solo de la Iglesia católica, sino probablemente de la Iglesia en general, pues las enseñanzas de Agustín ejercieron gran influencia en hombres como Juan Calvino, que luego influyeron en gran manera en el movimiento protestante. Agustín venía de un trasfondo de lujuria y, por ende, él entendía que el acto sexual, aún dentro del matrimonio, tenía un elemento de concupiscencia y la única manera de resolverlo era teniendo hijos, pues el bien de tener hijos contrarrestaba la concupiscencia del acto sexual. De hecho, Agustín tenía una serie de normas bien peculiares sobre la abstinencia sexual, como por ejemplo, el entendimiento de que en Semana Santa no se podía practicar el acto sexual. Así que esa manera de pensar es la que ha influenciado a la Iglesia católica por mucho tiempo.

Por el contrario, la Iglesia protestante es más abierta sobre este tema. En sentido general, la posición protestante entiende que la planificación familiar es correcta, aún mediante el uso de métodos artificiales, y es un elemento importante para una sexualidad responsable, que debe hacerse bajo mucha oración. Hablando acerca de la planificación familiar, en una ocasión el pastor John Piper dijo: «Dios le ordena al hombre que sojuzgue la tierra y la domine, pero no le dice que, de manera individual, sojuzgue y domine toda la tierra». De manera que, cuando Dios le dice al hombre: Sed fecundos y multiplicaos (Gén 1:28), ciertamente le está diciendo que se multiplique, pero Dios no le está diciendo que tenga todos los hijos que pueda tener. Piper hace esa aclaración porque Génesis 1:28 es uno de los pasajes que se usan para justificar que debiéramos tener todos los hijos posibles. Asimismo, Piper dice que ese no es un buen argumento porque el dominio de la tierra no implica que el hombre debe dominar todo el planeta, sino la porción que Dios nos da; es decir, nuestra casa y las cosas que Él ha puesto en nuestras manos.

Consecuencias éticas de la planificación familiar

Las naciones necesitan una tasa de reemplazo de 2,2 niños por mujer. En otras palabras, si contamos el número de mujeres en edad reproductiva en una nación, y luego multiplicamos ese número de mujeres por 2,2, el resultado que obtenemos es la tasa de reemplazo que la nación debe tener para que la población no desaparezca. Si como nación tenemos una tasa de reemplazo superior a 2,2 niños por mujer, la población continuará creciendo. Pero cuando la tasa de reemplazo es inferior a 2,2, la población va disminuyendo cada año hasta desaparecer. Para el año 2010, el 48 % de la población mundial (3300 millones de personas) vivía con una tasa de reemplazo por debajo de 2 niños por mujer.[121]

Según estas estadísticas, países como Estados Unidos, Canadá, Brasil, Australia, España, Italia, Alemania, toda la península de Escandinavia, Rusia, y China tienen tasas de reemplazo negativas. Y en las áreas donde la población está creciendo, esta crece por inmigración. También se nos indica qué tasas de reemplazo tienen otras naciones. En ese sentido, vemos que los países musulmanes tienen una tasa de reemplazo enorme y esa es una de las formas en que ellos pretenden expandir el movimiento musulmán.

Esto nos da una idea de hasta dónde pueden llegar las consecuencias cuando el hombre comienza a hacer un uso puramente médico de métodos de planificación disponibles, sin tomar en cuenta la parte ética o sin tomar en cuenta la voluntad de Dios. El Señor sabe lo que hace, y cómo las naciones necesitan crecer y ser reemplazadas. Gracias a Dios, en la República Dominicana tenemos una tasa de reemplazo por encima del promedio necesario, cerca de un 2,3. De hecho, durante la investigación realizada para la preparación de este material, pudimos percatarnos de que en la República Dominicana hay más planificación familiar de lo que imaginábamos. Es más, se cita a la República Dominicana como uno de los países donde se realiza un mayor número de procedimientos de ligazón de trompas. Y ciertamente es así, pues conocemos algunos casos muy lamentables en hospitales públicos donde se les ligaron las trompas a mujeres sin que dieran su consentimiento, simplemente porque el ginecólogo entendía que ya tenían suficientes hijos y no debían tener más.

Hasta aquí un vistazo general de las implicaciones éticas del uso de métodos anticonceptivos y la planificación familiar. En los próximos capítulos hablaremos sobre tecnología reproductiva y trataremos

---

[121] «Imagen 8: Población por fertilidad total (millones)» en World Population Prospects, revisión 2010. Naciones Unidas, Departamento de asuntos económicos y sociales, División población (2011).

temas como la inseminación artificial, la fertilización *in vitro*, la clonación, el vientre de alquiler, etcétera; y eventualmente, tocaremos el tema del aborto.

13

La cosmovisión bíblica en cuanto a las tecnologías reproductivas

Porque tú formaste mis entrañas; me hiciste en el seno de mi madre. Te alabaré, porque asombrosa y maravillosamente he sido hecho; maravillosas son tus obras, y mi alma lo sabe muy bien. No estaba oculto de ti mi cuerpo, cuando en secreto fui formado, y entretejido en las profundidades de la tierra. Tus ojos vieron mi embrión, y en tu libro se escribieron todos los días que me fueron dados, cuando no existía ni uno solo de ellos.
(Salmo 139:13-16)

Muchos de los dilemas que hoy enfrentamos en la sociedad y que han sido motivo de grandes discusiones a nivel de políticas públicas tienen que ver con asuntos bioéticos. Es decir, con aquellos problemas éticos que surgen producto de la investigación y experimentación en el campo de la biología. Y aunque estos temas tienen un gran contenido médico, necesitamos conocer y entender un poco sobre su manejo biológico para poder comprender el proceder ético en estos asuntos. Por tales motivos, usaremos las próximas páginas para hablar sobre tecnologías reproductivas, un tema que no aparece como tal en la Biblia, pero a pesar de esto, en la Palabra de Dios encontramos varias premisas y principios que nos pueden guiar para saber cómo interpretar y manejar muchos de los dilemas éticos que analizaremos más adelante.

La inseminación artificial

La inseminación artificial es la introducción asistida de espermatozoides en el aparato genital de la mujer, con el objetivo de que esos espermatozoides puedan fecundar de manera natural el óvulo que la mujer ha donado durante su ovulación. Cuando la inseminación es llevada a cabo de esta manera se está tratando de colocar el espermatozoide lo más cerca posible de lo que sería la entrada del útero para aumentar así las probabilidades de fecundación, y en determinadas ocasiones, se los coloca incluso en las trompas de Falopio. La razón es que muchos espermatozoides tienen problemas de motilidad y, por tanto, no pueden nadar bien a través del mucus femenino, lo cual dificulta muchas veces la fecundación.

En la inseminación artificial, el dilema ético surge durante el proceso de obtención de los espermatozoides. Estos pudieran ser obtenidos de una manera que corresponda al diseño de Dios o de una forma que viole dicho diseño. Por ejemplo, el diseño de Dios es honrado cuando los espermatozoides son donados por el esposo de la mujer, cuyos óvulos han de ser fecundados. Pero, cuando un hombre que no es el esposo resulta ser el donante de los espermatozoides, el diseño de Dios es violado y todo aquello que no corresponde al diseño de Dios representa una violación a los principios de ética cristiana. Dios ha diseñado que nosotros seamos responsables de nuestros descendientes biológicos. Eso implica que todo hijo debiera ser el fruto de la unión del espermatozoide de un hombre y el óvulo de una mujer que están casados. Sin embargo, producto de los avances de la ciencia, hoy en día existen bancos de esperma donde se conservan espermatozoides que han sido donados por diversos hombres para una futura inseminación artificial.

En ese sentido, una investigación realizada por el New York Times en el año 2011 demostró hasta dónde el hombre ha sido capaz de llegar en el uso de la tecnología, cuando el resultado de la investigación reveló que un solo donante era el padre de 150 niños, pues aquel hombre hacía donaciones recurrentes en ese banco de esperma.[122] De modo que, cuando algún día esos niños pregunten a sus madres, «¿quién es mi padre?», la respuesta real será: un donante a quien se le pagaron 25 dólares por la muestra donada. Por supuesto, lo más probable es que esa no sea la respuesta que el niño reciba porque el esposo de la mujer cuyo óvulo fue fecundado con el espermatozoide donado es quien va a criar a ese niño como su propio hijo. Aun así, hay algo que no está bien en todo esto, porque la vida es mucho más significativa que una muestra que costó 25 dólares. Además, el individuo que se convierte en un donante recurrente que cada vez que va al banco de esperma (el reporte habla de un donante que iba dos veces a la semana) recibe 25 dólares, está haciendo un acto sexual que le permite donar a cambio de dinero, algo que Dios diseñó para un propósito mucho más sublime que un negocio: la reproducción de la vida humana, que es portadora de la imagen de Dios. Esto nos permite ver que los asuntos bioéticos no son tan simples como parecen, pues en la medida en que este tipo de cosas son promovidas poco a poco se va desvalorizando al ser humano hasta convertirlo (en este caso) en el fruto de un acto comercial, y es entonces cuando comienzan los problemas.

Observe cuánto han cambiado las cosas: En el año 1921, en la provincia de Ontario en Canadá, toda mujer que resultaba embarazada producto de una inseminación artificial realizada usando un donante era considerada culpable de adulterio por ley. Es decir que, hace poco menos de cien años, si una mujer se embarazaba con un espermatozoide donado por un hombre que no era su esposo, podía ser acusada ante la ley de adulterio, pues en Canadá el adulterio era considerado un delito penado por ley.[123] Sin embargo, hoy en día esas prácticas son vistas como normales porque tenemos una sociedad con una nueva moralidad. Ahora, quizás alguien que lea este libro tenga un hijo o esté esperando un hijo que fue concebido de esta manera; si ese es el

---

[122] Jacqueline Mroz, «One Sperm Donor, 150 Offspring», New York Times, Sept 5, 2011: https://www.nytimes.com/2011/09/06/health/06donor.html.

[123] Kara w. Swanson, «Adultery by Doctor: Artificial Insemination», 1890–1945: https://repository.library.northeastern.edu/files/neu:332971/fulltext.pdf.

caso, no estamos acusando a nadie ni tratando de hacerlo sentir culpable, sino que simplemente estamos describiendo los problemas éticos y bíblicos que este tipo de procedimientos trae consigo. Además, en la medida en que avanzamos en nuestro caminar cristiano, Dios nos va dando entendimiento de forma tal que siempre podemos arrepentirnos de cosas que hicimos en el pasado o de cosas que hicimos antes de nuestra conversión.

La inseminación artificial es más común de lo que pensamos

Se calcula que en Estados Unidos hay entre 30 000 y 60 000 niños por año que son el fruto de inseminación artificial.[124] Esto es simplemente un estimado. Una vez más, nosotros no tenemos ningún problema éticocristiano con la inseminación artificial que corresponde al diseño de Dios; es decir, aquella que se lleva a cabo usando el espermatozoide de un hombre que es esposo de la mujer cuyo óvulo ha de ser fecundado. El asunto es que la mayoría de las inseminaciones artificiales no ocurren de esta manera y, lamentablemente, dicho procedimiento se ha convertido en todo un comercio, como veremos más adelante.

La inseminación artificial se ha vuelto tan común que en la actualidad existen múltiples bancos de espermatozoides congelados alrededor del mundo. Al presente hay un aumento notable en los casos de inseminación artificial, ya sea a través de espermatozoides donados por el esposo o por un donante anónimo, debido a que el número de niños disponibles para adopción ha disminuido significativamente, por lo menos según las estadísticas en Estados Unidos, que es una nación que se caracteriza por realizar estudios y llevar estadísticas de múltiples tipos. Esto se debe a diversos factores, pero uno de los principales es el aumento del número de abortos que se realizan en esta sociedad, pues muchos de esos niños abortados pudieron haber

---

[124]Daar Judith F. «Accessing Reproductive Technologies: Invisible Barriers, Indelible Harms». Berkeley Journal of Gender, Law and Justice. 2008; 23:18–82.

nacido y ser dados en adopción. Por otro lado, el número de madres solteras que desean quedarse con sus hijos también ha ido significativamente en aumento, contribuyendo así a la disminución del número de niños disponibles para la adopción y, por ende, al aumento de los casos de inseminación artificial. Además, las estadísticas revelan que la inseminación artificial se ha vuelto cada vez más común debido al aumento de la infertilidad masculina en Estados Unidos.

Hace 15 años, por razones no muy claras, el promedio de espermatozoides en hombres saludables era de 50 a 100 millones por milímetro cúbico. Al presente, esa cifra ha disminuido en un 50%, es decir, entre 25 a 50 millones de espermatozoides por milímetro cúbico. Se han postulado múltiples razones para tratar de explicar el aumento de la infertilidad masculina, desde toxicidad en los alimentos hasta el nivel de estrés de la humanidad.[125] Lo cierto es que todo tiene un costo y un precio. Dios tiene una manera de diseñar la vida, y cuando nosotros violamos ese diseño debemos enfrentar las consecuencias que resultan de dicha violación, no solo a nivel emocional, sino también a nivel orgánico, aunque muchas veces no seamos conscientes de ellas.

Si Dios diseñó el acto sexual de manera tal que en un milímetro cúbico de una muestra haya de 50 a 100 millones de espermatozoides es porque Él entiende que se requiere una cantidad extrema de espermatozoides para que, en el mejor de los casos, se produzca la fecundación. Hoy en día, hay documentales educativos que usted puede buscar en Internet para tener una mejor idea de cómo luce el proceso de fecundación, pero podemos decirle que ver a los espermatozoides nadar a través del mucus es algo extraordinario. Ellos se lanzan en una carrera, como si estuvieran en una lucha por el poder, donde uno desea ganarle al otro. Entonces, cuando encuentran un óvulo a fecundar, hay alrededor de cinco, ocho o diez espermatozoides que atacan el óvulo al mismo tiempo tratando de entrar primero para fecundarlo. Inmediatamente un espermatozoide penetra el óvulo, este se cierra y forma una resistencia a fin de que ya no entre ningún otro, aunque en

---

[125] Kate Kelland, «Sperm Count Dropping in Western World», July 2017, Scientific American: https://www.scientificamerican.com/article/sperm-count-dropping-in-western-world.

ocasiones más de un espermatozoide logra entrar al mismo tiempo y esto puede resultar en un embarazo de mellizos. ¡Ese es el maravilloso diseño de Dios! Y pensar que muchos creen que eso, así de específico, es pura obra del azar. En lo personal entiendo que hay que ser bastante necio para pensar de esa manera.

Entonces, volviendo a la idea original, todo lo anterior ha contribuido a que aumente la necesidad de recurrir a la inseminación artificial. Ahora bien, uno de los dilemas éticos que tenemos con este tipo de procedimientos se presenta cuando una mujer soltera procura embarazarse utilizando un donante de esperma. De hecho, en el año 2010, un banco de esperma de la ciudad de Los Ángeles reportó que el 30 % de sus ingresos venían de procedimientos realizados a mujeres solteras. Este es un tema que ha surgido en nuestra iglesia local en más de una ocasión. De manera que estos asuntos no están tan alejados de la realidad cristiana como algunos pudieran pensar y, por tanto, debemos ser sensibles, pero a la vez bíblicos al discutir estas cosas.

Cada vez que nos preguntan cuál es nuestra opinión sobre este tema, una y otra vez hemos respondido que este procedimiento realizado en mujeres solteras no es algo éticamente correcto por varias razones.

En primer lugar, Dios diseñó que los hijos fueran el fruto de la relación entre un hombre y una mujer. Ahora bien, no solamente esa es la manera como biológicamente se produce un hijo, sino que Dios entiende que ese hijo necesita recibir alimentación emocional y espiritual tanto de un sexo como del otro, y el mejor equilibrio en la educación de un niño proviene de lo que una madre y un padre le aportan; sobre todo cuando esa pareja es cristiana.

En segundo lugar, si como cristianos aprobamos y aplaudimos que una mujer soltera recurra a la inseminación artificial por donante, estamos abriendo a la vez una caja de pandora, pues cuando una pareja homosexual quiera adoptar un niño, no podremos oponernos ni decirles nada porque dos hombres o dos mujeres criando un hijo sería el equivalente a que una mujer soltera tenga un niño, en el sentido de que sería un solo sexo que estaría criando y educando a ese niño. Entonces, desde el punto de vista ético, no sabemos qué consecuencias pueden resultar de ello ni cómo detenerlas. Por tanto, lo mejor que podemos hacer es respetar el diseño de Dios en todo tiempo.

Así que, cuando usted tenga dudas sobre algo, uno de los criterios a considerar es si lo que está tratando de hacer es algo que corresponde o no al diseño de Dios, pues todo aquello que se conforma al diseño de Dios corresponde a Su sabiduría. Y en el caso de los hijos, así como en el de otros tantos asuntos que tienen que ver con el hombre, hay un diseño claramente establecido por Dios en Su Palabra. Por ejemplo, Dios diseñó la vida de forma tal que el hombre trabaje arduamente, y eso lo sabemos porque desde el principio Dios dispuso seis días de trabajo y uno de reposo o descanso. Él pudo haber diseñado las cosas de otra manera, pero Dios entendió que al hombre le convenía más emplear seis días en ser productivo porque el trabajo es parte de lo que el hombre necesita para estar emocional, espiritual y físicamente saludable (por supuesto, siempre y cuando trabaje a la manera de Dios). El tiempo extra de ocio nunca ha producido nada bueno, pues no es conforme al diseño de Dios. Así que, cuando tenga dudas respecto a algo, no olvide tomar en cuenta el diseño de Dios.

La fertilización in vitro

Mucha gente confunde la inseminación artificial con la fertilización in vitro, pero estos dos procedimientos representan escenarios completamente diferentes. Ciertamente, hay principios similares detrás de ambos procedimientos, pero la principal diferencia es que, en la inseminación artificial, la fecundación se produce en el tracto genital de la mujer, mientras que en la fertilización *in vitro* esta se produce fuera del organismo de la mujer (del cérvix o intraútero). Por otro lado, cuando se realiza una fertilización in vitro usualmente se fecundan múltiples óvulos que han sido obtenidos de la mujer por medio de una laparoscopía, y dichos óvulos fertilizados, ya sea haciendo uso de un donante de esperma o no, son inmediatamente congelados a fin de preservarlos. Luego, se toman varios óvulos fecundados y se implantan en la mujer para que de esos que se implantaron, quizás uno pueda adherirse exitosamente al endometrio, crecer y desarrollarse. En determinadas ocasiones más de un óvulo fecundado logra adherirse, pero eso no es muy común, sino que usualmente uno se adhiere y los demás óvulos se pierden.

Consideraciones éticas basadas en el diseño de Dios

En términos del diseño de Dios, entendemos que hay ciertas consideraciones éticas que los cristianos debemos tomar muy en cuenta al momento de considerar la fertilización in vitro. Por ejemplo, si una esposa ha donado el óvulo y su esposo ha donado el espermatozoide, y ambos han pedido a su médico que solamente se fecunden los óvulos que se van a implantar, de manera que no se congele ni se deseche ningún óvulo fecundado, nosotros entendemos que esa manera de proceder respeta el diseño de Dios. El problema comienza cuando se fecundan óvulos que van a permanecer congelados indefinidamente. Y es que, pensando un poco en la suerte que corren esos óvulos congelados, resulta que en muchos casos, si uno de los que fue implantado se implanta y el feto comienza a desarrollarse exitosamente, al resto se los preserva para un tiempo posterior o se los destruye si la pareja no está interesada en tener más hijos.

Nosotros entendemos que la vida comienza en el momento de la fecundación. Esta no es una posición que deriva exclusivamente de nuestros valores cristianos, sino que biológicamente sabemos que, si algo es capaz de crecer, multiplicarse y tener metabolismo, ese «algo» está vivo. Esa es precisamente la razón por la que muchos entienden que si algún día llegamos a encontrar una célula en el planeta Marte, tal descubrimiento sería una señal de que hay vida allí. Entonces, si una célula en Marte es señal de vida, ¿cómo puede ser que el feto en el vientre de una madre no sea considerado como una vida humana? Tristemente, esa es la manera como el ser humano racionaliza sus pecados y sus malas acciones. No obstante, la ciencia está ahí para confirmar que desde el momento en que se produce la fecundación hay vida, y esa vida es humana porque el espermatozoide provino de un hombre y el óvulo de una mujer. Por tal razón, nosotros entendemos que los óvulos fecundados *in vitro* no deben ser nunca destruidos, pues de hacerlo estaríamos eliminando vidas humanas.

De igual manera, no estamos de acuerdo con la idea de congelar óvulos fecundados con el propósito de que en un futuro sean implantados en la matriz de la mujer, pues la congelación de esos óvulos no garantiza su vida permanente. Entonces, cuando uno de esos óvulos muere, resulta que una vida humana se ha perdido. Por eso entendemos que, bíblicamente hablando, el proceso de congelamiento de óvulos fecundados no es algo que debiera hacerse.

Además, puede suceder —como de hecho ocurrió con una pareja en Colorado, Estados Unidos que años después de haber congelado óvulos fecundados, terminaron divorciándose y entonces iniciaron una batalla legal por la custodia de los huevos congelados. El exesposo quería destruirlos y la exesposa quería preservarlos porque deseaba una familia más numerosa en el futuro. Inicialmente una corte de distrito concedió el derecho al exesposo y luego la exesposa apeló a la Suprema Corte del estado y ganó la batalla a ese nivel. Pero todavía le tocaba regresar a la corte del distrito para que el caso fuera revisado nuevamente.[126] Podemos imaginar también que en el ínterin la pareja tiene un accidente en el que ambos pierden la vida, ¿qué pasaría entonces con esos óvulos? La verdad es que cuando se dejan óvulos congelados, no se tiene garantía de la suerte que van a correr.

Por todas estas razones, creemos que la fertilización *in vitro*, si ha de ocurrir, debe ser realizada, como ya mencionamos, haciendo uso de los óvulos donados por una mujer cuyo esposo ha donado los espermatozoides que se usarán para fecundar dichos óvulos; y que solo sean fecundados los que se van a implantar, sin desechar ni congelar ninguno de ellos. Si el procedimiento no resulta exitoso, entonces habría que intentarlo otra vez, lo cual cuesta mucho dinero, y es por ello que la gente no quiere tener que volver a pagar por el procedimiento nuevamente. Pero, como siempre hemos dicho, el dinero no

---

[126] Andrew Fies, «Divorced couple take their fight over frozen embryos to Colorado Supreme Court»; abc News; 10 de enero de 2018: https://abcnews.go.com/US/divorced-couple-fight-frozen-embryos-colorado-court/story?id=52270585.

debe ser el factor que determine nuestras decisiones. Cada vez que un cristiano toma una decisión, de cualquier tipo, donde el dinero fue el factor determinante, en ese momento el dinero pasó a ser el dios funcional de esa persona en esa decisión. Y ese es un principio que hemos enseñado en nuestra iglesia desde que comenzamos: el dinero nunca puede tomar la decisión.

Vientres de alquiler

El concepto de vientre de alquiler o gestación subrogada es otro de esos procedimientos que suscita varios dilemas éticos y legales. Dicho procedimiento, que pudiera involucrar una inseminación artificial o una fertilización *in vitro*, implica que una mujer acepta quedar embarazada y dar a luz una criatura en favor de una mujer que no puede concebir naturalmente. Entonces, resulta que hay varios posibles escenarios para este procedimiento. Por ejemplo, una pareja dona tanto los óvulos como los espermatozoides, y esos óvulos luego de ser fecundados mediante una fertilización *in vitro* pasan a ser implantados en el vientre alquilado. Pero también puede suceder que la mujer que ha dado su vientre en alquiler (u otra persona) sea quien done los óvulos, y se realice entonces una inseminación artificial haciendo uso de los espermatozoides del esposo de la mujer que no puede gestar o de un donante. El problema es que todo esto viola el diseño original de Dios para la concepción.

Si vamos al Antiguo Testamento y revisamos la historia de Ana, la madre de Samuel, vemos que el texto de 1 Samuel 1:5 dice que: «el Señor no le había dado hijos». Dios es quien abre y cierra la matriz conforme a Su plan soberano. Ana entendía que Dios era soberano y Él podía abrir su matriz, por eso oró a Dios y Él la abrió. Con esto no estamos diciendo que las parejas cristianas no debieran hacer uso de la fertilización *in vitro*, pues el proceso de redención ciertamente incluye corregir lo que ha sido dañado por la caída, siempre y cuando se respeten los principios éticos cristianos. De hecho, el principio detrás de la adopción es el mismo, pues se busca corregir algo que está roto y no está funcionando conforme al diseño original. ¿Y qué es lo que está roto? Que ese niño o niña no tiene padres o sus padres no lo quieren. Entonces, eso que está fracturado necesita ser reparado. ¿Y cómo lo reparamos? Proveyendo padres para esos niños. De esa misma manera, si alguien quisiera hacer uso de la inseminación artificial o la fertilización in vitro, siempre que siga los parámetros que ya hemos mencionado, nosotros no vemos ningún problema en ello. En otras palabras, para poder seguir y respetar el diseño de Dios, la mujer que ha de llevar ese óvulo fecundado en su vientre, debe ser la donante del óvulo y su esposo el donante del espermatozoide que fecundó el óvulo.

Cuando comenzamos a alquilar vientres, hay algo que implícitamente estamos comunicando sobre el valor de la vida, pues el procedimiento muchas veces se convierte en una simple transacción comercial donde la persona acepta dar su vientre en alquiler a cambio de recibir una significativa suma de dinero, y así se le resta valor a la vida y a la dignidad humana. Todo esto sin contar con los problemas legales que surgen cuando la gestante subrogada, luego de llevar al niño durante nueve meses en su vientre, no lo quiere entregar a la pareja que la contrató. Este cambio de parecer puede explicarse por razones puramente biológicas, ya que cuando una mujer queda embarazada se dan ciertos cambios hormonales en su organismo y hay múltiples hormonas, en especial aquellas conocidas como feromonas, que le dan a la madre la sensación de amar y desear a ese hijo a pesar de nunca haberlo visto. Luego, cuando el niño nace, él detecta el olor de las feromonas de su madre que el resto de nosotros no podemos detectar, y eso es lo que lo lleva a querer succionar la leche materna tan pronto sale del vientre. Pero, según los hombres necios de la ciencia, todo eso es obra del azar.

La selección del sexo

Hoy en día se habla mucho del deseo que algunos padres tienen de poder seleccionar el sexo de sus futuros hijos. Para poder entender qué es lo que se trata de hacer con la selección del sexo, necesitamos explicar cómo luce un cariotipo normal de los cromosomas. Si nosotros tomamos una célula de la boca, de la piel o de cualquier otra parte del cuerpo humano, la manera en que luce el conjunto de los pares de cromosomas de dicha célula en forma, tamaño y número, se conoce como cariotipo. Si pudiéramos observar una foto de este cariotipo veríamos 22 pares de cromosomas mas un último par que determina el sexo. Este último par solo puede ser una de dos optiones en circunstancias normales: XX o XY. Es decir, las mujeres tendrán dos cromosomas de la misma clase (XX) y los hombres tendrán un cromosoma X y uno Y. El cromosoma femenino es significativamente más grande, pero también tiene un poco más de contenido genético que el cromosoma masculino. En el diseño extraordinario de nuestro Dios, todas las células del organismo tienen 23 pares de cromosomas, excepto el espermatozoide y el óvulo que tienen 23 cromosomas, pero no en pares, sino de manera singular. Esto se debe a que ellos tienen que unirse y producir células de 46 cromosomas o 23 pares. ¡Ese es nuestro extraordinario Dios!

Un óvulo siempre tendrá un cromosoma X, ya que el par de cromosomas sexuales de la mujer solamente tiene X. Sin embargo, los espermatozoides pueden tener un cromosoma X o un cromosoma Y.

Al principio no hay pares. Luego, cuando el óvulo y el espermatozoide se unen durante la fecundación, las células que resultan de dicha unión tendrán 23 pares de cromosomas. Entonces, con el procedimiento de selección de sexo, la ciencia busca lograr una de dos cosas:

1) Fecundar un número de óvulos, analizarlos y determinar cuántos de los óvulos fecundados son masculinos y cuántos son femeninos, para entonces implantar en el útero el óvulo que corresponda al sexo deseado.
2) Tomar una muestra de espermatozoides y hacerla pasar por lo que se llama una columna de albúmina, donde los espermatozoides masculinos (Y), que nadan más rápido que los espermatozoides femeninos (X), tienden a irse al fondo del recipiente en que se coleccionó la muestra, por lo que casi todos los espermatozoides que se reúnen allí serán masculinos. Entonces, se procede a tomar la muestra para fecundar los óvulos, de forma tal que sean masculinos o femeninos, según

> el caso deseado. Pero ahí es precisamente donde nosotros entendemos que está el mayor problema, pues al hacer esto estamos jugando a ser Dios. Queremos lo que queremos de manera egoísta, y no permitimos que el Creador nos dé los hijos, varones o hembras, que Él entienda que debemos tener. En vez de recibir con gozo la voluntad de Dios, los deseos egoístas del hombre lo llevan a querer determinar el sexo de los hijos que ha de tener.

Para empeorar las cosas, hasta ahora el sexo preferido por la mayoría es el masculino, pues tradicionalmente se cree que los hijos varones dan menos problemas que las mujeres, lo cual no es cierto. Quizás den menos problemas de un tipo, pero los hombres dan muchos problemas. En esta manera de pensar también observamos problemas éticos porque la sociedad termina prefiriendo un sexo sobre el otro, con lo cual va desvalorizando un sexo y dándole un valor al sexo opuesto por encima de lo que debería ser. Así es como el ser humano comienza a crear, en vez de permitir que Dios, en el manejo de la ecología humana, balancee la proporción de hombre/mujer.

La terapia genética y la manipulación genética

La terapia genética, si se hace bajo principios éticos, es excelente. Para ilustrarlo, vamos a usar como ejemplo a las personas que padecen anemia falciforme. Esta es una enfermedad genética causada por la sustitución de un aminoácido (el ácido glutámico) por otro (la valina) en la sexta posición de la cadena de globina β3. Esto deforma los glóbulos rojos y estos pacientes con frecuencia hacen crisis dolorosas por trombosis de los vasos sanguíneos. Si pudiéramos entrar y hacer el cambio de ese aminoácido por medio de la manipulación genética, se podría ayudar a muchos pacientes y podrían evitarse muchas complicaciones. Esa terapia genética sería entonces parte del proceso de redención; sería corregir algo que está roto. De hecho, esto ya se ha realizado con diferentes enfermedades, con menor o mayor éxito. El problema surge cuando tomamos ese mismo conocimiento genético y lo aplicamos, ya no como terapia, sino como una forma de manipular los genes en búsqueda de una mejoría genética.

Así pues, con la manipulación genética se busca que alguien que desee tener un hijo con ciertas características físicas, como ojos azules y cabello rubio, o una predisposición genética hacia la práctica de un deporte u otro, lo pueda lograr por medio de la donación de óvulos y espermatozoides de personas que tengan esos genes. Pero, una vez más, este tipo de prácticas desvaloriza la vida humana y le comunica al resto de los seres humanos que si no tienen determinadas características físicas o intelectuales no tienen el mismo valor que aquellos que sí las tienen porque las obtuvieron a través de la manipulación genética.

Los hombres de ciencia no quieren que les pongan cortapisas a su desarrollo, pero muchos estamos luchando precisamente porque entendemos que hay ciertos límites éticos que deben mantenerse para evitar que este tipo de cosas ocurran. De hecho, Hitler no logró hacer esa manipulación genética, pero eso era lo que perseguía. Hitler, influenciado por las ideas de Darwin, creía en la existencia de una raza superior, la raza aria. Por su parte, Darwin creía que las especies que sobreviven son aquellas que se adaptan mejor al cambio y que aquellas que existen hoy en día es porque han sido las mejores en adaptarse, pero las demás se fueron quedando atrás y, por tanto, no eran merecedoras de vivir. Bueno, no ha de extrañarnos entonces que hoy en día haya personas como Peter Singer, que entienden que los padres tienen el derecho de quitarle la vida a sus hijos si tienen algún defecto genético hasta cierto tiempo después de nacidos como ya mencionamos en un capítulo anterior.

Las células madres embrionarias

Las células madres son aquellas células que en inglés se conocen como *stem cells* o células del tronco. Estas células se pueden obtener de diferentes partes del cuerpo humano. Hasta ese momento no ha ocurrido una sola división, pero pronto ese oocito va a dividirse para formar una mórula. Básicamente, la mórula es el mismo oocito que ahora se ha dividido en varias células. Si la célula madre es tomada de ahí, esta se denomina célula madre totipotencial. De esa célula madre sale todo lo que el ser humano tiene, incluyendo la placenta misma que se forma; por eso se llama totipotencial, pues tiene el poder de crear todos los órganos.

Cuando la mórula avanza, forma un blastocisto. En el interior del blastocisto hay unas células de las cuales se pueden obtener células madres, y esas células son denominadas pluripotenciales porque tienen la capacidad de formar todos los órganos del ser humano: corazón, cerebro, ligamentos, glóbulos blancos, glóbulos rojos, pero no la placenta. Ahora bien, de tejidos adultos (después de que el organismo crece) se pueden obtener las denominadas células madres unipotentes, las cuales solo pueden generar un único tipo de células o tejidos. Es decir, tienen la capacidad de formar más de un órgano, pero siempre del mismo tipo. Por ejemplo, las glándulas parótidas y el páncreas se forman de la misma línea celular, pero las células madres unipotenciales que pueden dar lugar a esos órganos, no pueden formar otro tipo de tejidos.

Lo increíble de todo esto es que tanto las células madres pluripotenciales y totipotenciales como las unipotenciales vienen de una misma célula, la célula tronco (*stem cells*). Dios ha creado entonces diferentes agentes químicos en el organismo que sirven para estimular esa célula, de forma tal que esas sustancias le dicen a las células: «Tú vas a formar un corazón, tú vas a formar los huesos, tú vas a formar los glóbulos blancos, y tú las plaquetas». Entonces, luego de todo este extraordinario proceso de formación de órganos, resulta que cada órgano va al lugar que le corresponde, según el perfecto diseño de Dios. No obstante, todavía hay gente que cree ciegamente que toda esa conexión es al azar, a través de millones de años de evolución. ¡De ningún modo! Se necesita más fe para creer algo así, que para creer en un Dios creador. Y en lo personal estamos convencidos de que es la imagen de Dios, plasmada en ese ser que se está desarrollando, la que dirige ese proceso en coordinación con el dador y sustentador de la vida. No tenemos forma de probarlo, pero cuando entremos en gloria le preguntaremos a Dios si estábamos en lo correcto.

La clonación

Para concluir este capítulo sobre tecnologías reproductivas, hablaremos brevemente y de manera muy sencilla sobre la clonación. Probablemente usted recuerda el famoso caso de la oveja Dolly, el primer mamífero clonado a partir de la célula de la ubre de una oveja donante.

Otra oveja adulta donó un óvulo inmaduro (ovocito), al cual le fue removido el núcleo, ya que todas las células tienen un núcleo, y ambas células fueron entonces fundidas a través de un proceso de shock eléctrico formándose así un embrión con características de la oveja donante que luego fue implantado en una oveja receptora que dio a luz a Dolly. De manera que, de esa fusión se obtuvo una célula madura y completa con la potencialidad de crecer.

Ahora, ya explicamos que cuando el óvulo fecundado comienza a dividirse se lo denomina mórula. A ese nivel, la mórula pudiera colocarse en un tubo de ensayo o una placa de Petri, a fin de hacerla crecer para a partir de ella formar órganos o tejidos que serían usados con fines terapéuticos.

La clonación terapéutica

Si pensamos en el ser humano, la clonación terapéutica básicamente consiste en algo muy similar. Hay un donante que es mujer y un donante que es hombre. Entonces, se procede a removerle el núcleo al oocito, y a la célula que se obtuvo. Por ejemplo, de la boca del hombre, se le quita también el núcleo para unirlo al oocito de forma tal que el núcleo de la célula del hombre viene a ser el núcleo del óvulo que la mujer donó.

Como ya explicamos, la célula comienza entonces a dividirse para formar una mórula que se implanta en la mujer, quien potencialmente daría a luz un hijo si es que se pudiera hacer la clonación humana. Ahora bien, otro propósito de todo ese procedimiento sería simplemente extraer células madres de esa mórula para de ahí producir órganos con fines terapéuticos, y luego destruir esa vida que estaba comenzando a desarrollarse. En otras palabras, una madre podría decidir embarazarse nuevamente con el único propósito de obtener células madres del embrión que está gestando, a fin de que esas células madres sean usadas para hacerle un trasplante de médula a su hijo de ocho años que tiene leucemia. Una vez obtenidas las células necesarias para el trasplante, el embrión donante pasaría a ser destruido. Eso habla del poco valor que le otorgamos a la vida humana.

Gracias a Dios, la clonación humana está prohibida y no puede realizarse. Ciertamente, al presente se han clonado múltiples animales, Dolly no fue la única, pero la mayoría de esos intentos han fracasado. Además, hasta hoy existen muchas limitaciones en el proceso de clonación hasta determinar exactamente qué se podrá hacer. Si tuviera éxito, no sabemos con certeza qué tipo de seres humanos resultarían del mismo, pero sospechamos que no sería algo normal. Es que tomando en consideración el concepto de la imagen de Dios en el ser humano, hay algo que no termina de encajar en nuestra mente y que nos resulta muy difícil de creer: ¿cómo es que al donar una célula de la boca para extraerle el núcleo y luego unirlo al óvulo de mi esposa, por ejemplo, se podría obtener una vida humana con la imagen de Dios? Esto no tiene mucho sentido.

Algo más que todavía no se sabe a ciencia cierta es si en el trayecto de lograr la clonación humana se podría terminar creando otros tipos de seres vivientes. Nosotros sabemos que en la actualidad hay mucha manipulación genética a nivel de las bacterias. Como ejemplo podemos citar la manipulación genética de la E. Coli para la producción de biocombustibles:

«Modificando genéticamente la E. Coli con genes del árbol de alcanfor, bacterias presentes en la tierra y algas, han conseguido un tipo de organismo que al ser alimentado con glucosa produce una enzima que convierte el azúcar suministrado en ácidos grasos que acaban transformándose en hidrocarburos de estructura química idéntica a la que tienen los fluidos que emanan del surtidor de la gasolinera. Es decir: que se ha logrado producir biológicamente un producto comparable al que se comercializa como derivado del petróleo. El próximo paso en la investigación consiste en experimentar con la producción a gran escala».[127]

Consideraciones éticas finales

Antes de experimentar con tecnologías reproductivas o considerar hacer uso de ellas, como creyentes debemos plantearnos algunas preguntas, muchas de las cuales hemos venido haciendo a lo largo de estos capítulos, que nos ayudarán a sopesar todas estas cosas desde un punto de vista ético. Ya otros autores se han hecho las preguntas que siguen a continuación:

1) ¿Cuál es el significado y valor de la vida? (deontológico).
2) ¿Cuál o qué es la vida buena? (teleológico).
3) ¿Qué tipos de seres humanos queremos producir? (teleológico).
4) ¿Qué beneficios podemos derivar? (utilitarista).
5) ¿Son los beneficios justificables a la luz del costo? (utilitarista).
6) ¿Cuál sería el efecto sobre la sociedad? (deontológico/teleológico).

Unos capítulos atrás hablamos de que había diferentes tipos de sistemas éticos, y uno de ellos era el deontológico, que tiene que ver con deberes. En ese sentido, éticamente hablando debemos preguntarnos cuál es el deber del ser humano a la hora de proteger la vida. Asimismo, debemos considerar de qué manera el ser humano debe continuar salvaguardando la santidad y el significado de la vida. Por otro lado, considerando la perspectiva teleológica (teleo= fin, propósito), tenemos que meditar en cuál es el fin o el propósito de la vida, y qué es verdaderamente una buena vida porque la manipulación genética busca, supuestamente, mejorar la calidad de vida del ser humano. Pero, ¿qué es calidad de vida? ¿Es ser más inteligente? ¿Es ser más atlético? ¿Es ser más rubio? Y sobre todo, ¿quién define la calidad de

---

[127] José Camós, «La bacteria E. coli, posible medio para obtener biocombustibles»: https://www.motorpasion.com/coches-hibridos-alternativos/la-bacteria-e-coli-posible-medio-para-obtener-biocombustibles, 25 de abril de 2013. Nota: este artículo usó como fuente: Rebecca Summers, Bacteria churn out first ever petrol-like biofuel publicado en NewScientist, 24 de abril de 2013.

la vida? Necesitamos tener mucha claridad en el entendimiento de lo que la vida es antes de querer experimentar con ella.

Si la ciencia pretende seguir manipulando la genética humana, entonces debe preguntarse qué tipo de seres humanos quiere llegar a producir. ¿Seres humanos desde el punto de vista utilitarista? ¿Estamos hablando de seres humanos o estamos hablando de máquinas que manipulamos antojadizamente para crearlas conforme a nuestros deseos e intereses? Queremos una hija que sea reina de belleza, entonces hacemos uso de la manipulación genética para lograr que esa hija nazca con todas las cualidades físicas que la favorezcan para alcanzar ese objetivo. ¿Es esa la vida? ¿Son los beneficios justificables a la luz del costo? No el costo económico, pues todo en la vida tiene un costo, sino el costo de vivir en una sociedad que ha materializado tanto la vida que ya no le da valor a la vida humana. Piense por un momento en el efecto que todo eso tendría en la sociedad. En nuestra opinión, si algún día llegáramos a ese punto, entendemos que los resultados serían monstruosos y para nosotros sería preferible haber partido ya de este planeta. Pero, Dios es Dios, y Él es quien controla todas estas variables. No podemos olvidar que Él es soberano y mantiene el control sobre todo lo que está ocurriendo con el ser humano.

14

La cosmovisión bíblica en cuanto al aborto y al valor de la vida

Y si algunos hombres luchan entre sí y golpean a una mujer encinta, y ella aborta, sin haber otro daño, ciertamente el culpable será multado según lo que el esposo de la mujer demande de él; y pagará según lo que los jueces decidan. Pero si hubiera algún otro daño, entonces pondrás como castigo, vida por vida, ojo por ojo, diente por diente, mano por mano, pie por pie. (Éxodo 21:22-24)

Algunas de las ideas que expresaremos en este capítulo han sido publicadas previamente a través de varios artículos que hemos escrito para distintos medios de comunicación en torno al debate del aborto. Sin embargo, entendemos que exponer este tema dentro de un libro nos da la libertad de poder explicarlo más ampliamente y de una mejor manera. En ese tenor, lo primero que haremos es revisar la historia reciente, pues muchos desconocen toda la verdad detrás del aborto.

La historia detrás del aborto

El 22 de enero de 1973, la Suprema Corte de Justicia de Estados Unidos decidió legalizar el aborto en el histórico caso de Roe vs. Wade,[128] por considerar que las leyes violaban el derecho constitucional a la privacidad de la mujer. Esto se logró, como veremos más adelante, a través de un ingenioso proceso mercadológico que garantizó su eventual aprobación.

La legalización del aborto en Estados Unidos ocurre en la misma década en que esta nación aprueba el uso de la píldora anticonceptiva. Ambas decisiones contribuyeron con la revolución sexual y la aceleraron, pues daban a las mujeres la oportunidad de tener relaciones sexuales sin quedar embarazadas, así como la posibilidad de practicarse un aborto en caso de que quedaran embarazadas. Indiscutiblemente, esto no ha sido nada bueno para la raza humana porque, por un lado, la píldora anticonceptiva ha causado múltiples problemas de salud, como ya mencionamos en un capítulo anterior y por otro lado, tanto la pastilla anticonceptiva como el aborto han contribuido a liberalizar las relaciones sexuales y desvalorizar la vida humana que lleva plasmada la imagen de Dios.

Ahora bien, el mismo día en que la Suprema Corte de Justicia aprobó el aborto, decidió —en el caso Doe vs. Bolton[129]— que el aborto era permisible siempre y cuando la salud de la madre estuviera en peligro. El problema se agravó ya que la Suprema Corte inmediatamente pasó a definir la salud de la madre, incluyendo factores tales como aspectos físicos, emocionales, psicológicos, familiares y la edad de la paciente. Esto abrió la puerta para llevar a cabo abortos en toda mujer cuyo médico dijera que la salud de su paciente estaba comprometida por cualquier causa y no simplemente por aquellas que amenazaban su vida. Desde entonces, se han practicado millones de abortos bajo el calificativo de «amenaza a la salud de la madre»,

---

[128] Roe v. Wade, 410 U.S. 113 (1973), https://caselaw.findlaw.com/us-supreme-court/410/113.html

[129] Doe v. Bolton, 410 U.S. 179, https://caselaw.findlaw.com/us-supreme-court/410/179.html

cuando en realidad la vida de esa mujer nunca estuvo en peligro. Es que, la aprobación del aborto en circunstancias donde la salud de la madre pudiera estar en peligro es un término muy amplio, ambiguo y que se presta a un fácil abuso. Por consiguiente, ese concepto se ha usado y manipulado a discreción para justificar lo que de otra manera sería injustificable.

En el momento histórico en que se produce toda la discusión relativa a la aprobación del aborto, la sociedad estadounidense entendía que no estaba preparada para aprobarlo, tal como no lo ha estado la sociedad dominicana ni la sociedad latinoamericana en general. Entonces, ¿cómo se logra convencer a una sociedad que no está lista para aprobar el aborto de que necesita legalizarlo? Fue entonces cuando surgió una frase genial desde el punto de vista mercadológico, pero malévola desde el punto de vista ético, que le daba a las personas la oportunidad, no de decir que estaban abiertamente a favor del aborto, sino que estaban a favor de que cada quien tuviera la oportunidad de escoger realizarse un aborto como respuesta a un embarazo no planificado. Y así fue como rápidamente se popularizó la frase «I'm pro-choice» o «Yo soy proelección», en español. Esa frase fue genial para vender la idea del aborto, pues no hay nada más estadounidense que la posibilidad de que cada persona ejerza su libertad y escoja así su propio derrotero. De hecho, todavía hoy podemos escuchar a personas que expresan: «No estoy a favor del aborto; soy proelección». Así de necio es el corazón humano al intentar justificar sus acciones pecaminosas.

La manipulación de la verdad

Desde sus inicios, la legalización del aborto ha estado indiscutiblemente motivada por múltiples intereses e intenciones viciados. De ahí que, las encuestas usadas para aprobar el aborto fueron manipuladas, tal como confesó el doctor Bernard Nathanson, un exabortista que originalmente fue conocido como el rey del aborto. Este afamado ginecólogo obstetra abandonó la práctica de los abortos después de haber sido responsable de unos 75 000 abortos realizados en la clínica que dirigía en la ciudad de Nueva York. Su cambio de opinión ocurrió cuando en un momento dado, mientras practicaba un aborto, tomó el brazo del feto con una pinza y vio cómo este fruncía la cara de dolor. Ese fue su último aborto y desde entonces se convirtió en un activista provida. En su famoso documental de 1984, «The Silent Scream» o «El grito silencioso», el doctor Nathanson mostró al mundo que el feto realmente siente dolor durante el proceso del aborto, y desde entonces, dicho documental se ha convertido en un arma efectiva y educativa en la lucha contra el aborto.

El testimonio del doctor Bernard Nathanson incluye el relato de cómo se diseñó toda una estrategia mercadológica para convencer a la población a favor del aborto, incluyendo: 1) convencer a la prensa de que el aborto era una idea sofisticada y liberal; 2) encontrar personas que dijeran que estaban a favor del aborto siendo católicas; y 3) suprimir toda verdad científica de que la vida comienza en la concepción.[130]

Por su parte, la señora Norma McCorvey (1947-2017), del afamado caso Roe vs. Wade, dio testimonio de que ella fue usada por sus abogadas para producir un caso que permitiera legalizar el aborto. McCorvey, cuyo nombre fue cambiado al seudónimo Jane Roe al presentar su caso ante la Suprema Corte Federal, había llevado su embarazo a término y dado su bebé en adopción para el momento en que se emitió la decisión judicial.[131] Posteriormente, Norma McCorvey confesó que nunca fue violada (argumento que se utilizó para apoyar su caso) ni pensó inicialmente en abortar, y se convirtió en una activista en contra del aborto y del controversial fallo legal que ella misma había ayudado a conseguir.

A pesar de estas importantes revelaciones, hoy en día lamentablemente se continúan aprobando leyes en los congresos basadas en información tergiversada y motivadas exclusivamente por razones políticas, lo cual nos deja ver la maldad del hombre.

---

[130]Nathanson, Bernard, *Confessions of an Ex-Abortionist en The Hand of God: A Journey from Death to Life by the Abortion Doctor Who Changed His Mind* (Washington: Regnery Publishing, 1996).

[131]Witchel, Alex (28 de julio de 1994). «Norma McCorvey: Of Roe, Dreams and Choices». The New York Times.

Algunas estadísticas sobre el aborto

Se considera que en el mundo se practican alrededor de 40 a 50 millones de abortos por año; eso implica 125 000 abortos por día. Según las estadísticas, el 22 % de todos los embarazos en Estados Unidos terminan en abortos. Es decir, uno de cada cinco embarazos es interrumpido mediante un aborto. De esos abortos, el 90 % ocurre durante las primeras doce semanas (tres meses) de embarazo. Esta información es importante porque muchos han querido justificar la legalización del aborto en los casos en que la vida de la madre está en peligro, y se habla de que podría practicarse un aborto en casos de preeclampsia, eclampsia, condiciones cardíacas y de embarazos ectópicos. Sin embargo, en el tiempo en que se efectúan la gran mayoría de los abortos (primeras doce semanas), no ocurren casos de eclampsia o preeclampsia, ya que estas son condiciones típicas de la segunda mitad de la gestación (quinto mes en adelante), de acuerdo con las mejores fuentes de obstetricia y ginecología. Lo mismo podríamos decir de los casos de descompensación cardíaca, los cuales no comienzan a aparecer sino hasta después de las 20 semanas (quinto mes) del embarazo debido al aumento del volumen de líquido circulante, no antes. Entonces, cuando la población general desconoce estas verdades, resulta muy fácil manipular y tergiversar estos términos médicos para usarlos a favor de intereses particulares.

Por otro lado, los que abogan por la legalización del aborto hablan de la necesidad de aprobarlo en algunos casos extremos, como sería el caso de las violaciones sexuales. Sin embargo, las estadísticas mundiales revelan que el porcentaje de abortos que ocurren como causa de violaciones representa menos de un 1 %. Además, aprobar el aborto en esos casos abriría la puerta para que cualquier mujer que tenga un embarazo no planificado pueda alegar que ese embarazo es fruto de una violación sexual para poder así justificar la práctica del aborto, como lo hizo Jane Roe (pseudónimo). Es bastante evidente que los activistas proaborto buscan encontrar cualquier ventana por donde ellos puedan entrar para poder garantizar así todo tipo de abortos.

Otro caso extremo que se usa para justificar la despenalización o legalización del aborto es cuando la mujer embarazada padece de cáncer, sobre todo de cáncer uterino, y su vida corre peligro. En ese sentido, recordemos que un feto puede ser potencialmente viable a partir de las 22 semanas. En Estados Unidos, el feto más joven que ha sobrevivido tenía 21 semanas y 6 días al momento de nacer. Si se hace un aborto en esa etapa para tratar a la madre que padece de cáncer, eso implicaría que el feto sería succionado, destruido y depositado como desecho. Pero, pasado el primer trimestre del embarazo, podrían realizarse muchos de los tratamientos para el cáncer. De hecho, conversando con la doctora Catalina (Kathy) González Pons, quien por muchos años fungió como la directora del Instituto de Oncología Dr. Heriberto Pieter, en Santo Domingo, República Dominicana y también como directora general del Instituto Nacional de Cáncer Rosa Emilia de Tavares en República Dominicana, confirmamos que es posible interrumpir un embarazo a partir de las 22 semanas para tratar a la madre que padece de cáncer sin tener que esperar a las 40 semanas, y se coloca al bebé inmediatamente en una incubadora para luchar por su vida.

Ahora bien, somos conscientes de que muchos de esos niños quizás no sobrevivan, pero al actuar de esa manera le estamos diciendo al resto del mundo que consideramos a ese feto, aun a su corta edad, como una vida humana digna de salvar, y eso honra a Dios y le otorga valor a la vida humana. En mi calidad de médico internista e infectólogo, en dos ocasiones he participado en casos de embarazos complicados donde los bebés nacieron a las 23-24 semanas, sépticos, y por la gracia de Dios ellos respondieron al tratamiento y sobrevivieron. Así que, soy testigo ocular de que ciertamente es posible para un feto sobrevivir a partir de las 22 semanas. Por lo tanto, un médico puede atender a las pacientes con eclampsia, preeclampsia o incluso cáncer, y llegado el momento interrumpir el embarazo con la intención expresa de luchar tanto por la vida de la madre como por el feto, tal como hasta ahora se ha llevado a cabo en los centros médicos sin necesidad de cambiar las leyes. En estos casos se habla de nacimiento prematuro y no de aborto porque la idea no es quitarle la vida al feto, sino preservarla junto con la de la madre. Si a pesar de todos los esfuerzos, el bebé no sobrevive, podemos descansar en que Dios determinó que así fuera. En cuanto al aspecto legal, la muerte de ese bebé no sería considerada como un aborto criminal, pues el propósito expreso del aborto criminal es matar al niño, condición que no está presente en estos casos.

Vamos a ilustrarlo de esta manera: Si un paciente entra a cirugía de corazón abierto y durante la operación hace un paro cardíaco y muere, ¿debe ese médico ir a la cárcel por quitarle la vida a su paciente? No, porque su propósito no era matarlo, sino salvarle la vida; pero él lamentablemente murió durante el proceso. Esto es algo que ha pasado múltiples veces y que representa un riesgo común para todo el que se somete a algún tipo de procedimiento quirúrgico. Entonces, el médico puede proceder a tratar a la madre, incluso con quimioterapia, y si ella llega a perder a la criatura, eso se puede llamar aborto solo en el sentido de que la vida de ese feto terminó antes de tiempo, pero no es un aborto criminal porque no hubo una intención criminal en ninguna de las partes involucradas.

¿Cuándo comienza la vida?

Tristemente, el aborto se ha convertido en un tema político a nivel mundial. Y la mejor evidencia de ello es que los legisladores aún no han podido resolver este tema. Hay maneras de elaborar leyes de forma tal que estos casos médicos que hemos mencionado puedan especificarse y protegerse, pero lo que muchos buscan es lograr abrir ventanas para que puedan practicarse todo tipo de abortos bajo ciertas categorías que puedan ser fácilmente manipuladas. En Estados Unidos, por ejemplo, aquellos que forman parte del partido demócrata están a favor del aborto y aquellos que son del partido republicano están en contra. Pero, eso no tiene sentido en lo absoluto. Si el aborto no fuera visto como un tema puramente político, dentro de ambos partidos habría personas a favor y en contra del aborto. Y esa es la penosa realidad en muchos países latinoamericanos, como República Dominicana, donde la legalización del aborto se ha vuelto un tema político populista. Solo cuando entendamos la vida como Dios y la biología misma la ven, podremos dejar la política a un lado y ponernos de acuerdo.

En un capítulo anterior mencionamos que en biología, si algo tiene metabolismo, si crece y se multiplica, ese «algo» tiene vida por definición. También dijimos que el feto reúne estas características. Ahora bien, otra manera de saber si el feto tiene o no vida es aplicando los criterios establecidos por la Universidad de Harvard para determinar si un paciente aún está con vida a la hora de proceder a desconectarlo de un respirador artificial. Entre los criterios[132] establecidos para determinar la muerte de un paciente, están los siguientes:

- Primero, que el paciente sea capaz de responder a estímulos externos dolorosos;
- Segundo, que el paciente tenga reflejos cuando se lo examina;
- Tercero, que el paciente presente esfuerzos respiratorios espontáneos.
- Cuarto, que el paciente tenga un EEG con o sin ondas cerebrales.

Estos criterios están presentes en el feto al momento del aborto. Y no solo eso, sino que el feto es capaz de determinar el cambio de la química del líquido amniótico, si este se hace más o menos salino. Asimismo, según los criterios de la Universidad de Harvard, cuando alguien tiene ondas cerebrales, a esa persona se la considera con vida. Entonces, si un electroencefalograma revela que el feto tiene actividad eléctrica producida por el cerebro (ondas cerebrales), eso implica que ese feto está vivo. Y si está vivo, entonces lógicamente es una vida humana. Muchos prefieren no definirla como vida humana por conveniencia política y porque no todos los médicos tienen una cosmovisión cristiana. Hace un tiempo atrás, un médico pediatra, director de una clínica en República Dominicana, se pronunció públicamente diciendo que una mujer debiera tener el derecho de hacerse tres, cuatro o cinco abortos, si ella quisiera hacérselos, sin tener que

---

[132] Beecher's Criteria, 1968. Ver: Alan R. Kemp, *Death, Dying, and Bereavement in a changing World* (Routledge; 2ª edición (2 de noviembre de 2018).

dar ninguna excusa por su decisión. Bueno, si esa persona fuera el pediatra de mis hijos, inmediatamente buscaría otro médico en base a un principio que ni siquiera es exclusivamente cristiano, sino de lógica y razonamiento básico. Y es que, ¿cómo podemos confiar en que ese pediatra está favor de la vida de nuestros hijos, cuando tiene tan poco valor por la vida de un bebé en el útero? ¡De ningún modo!

La Convención Americana de Derechos Humanos ha establecido que «toda persona tiene derecho a que se respete su vida y ese derecho debe ser respetado desde el momento de la concepción».[133] Lógicamente, si el derecho a la vida debe ser respetado desde el momento de la concepción es porque se entiende que el feto en el vientre es una vida humana. No obstante, la Organización de las Naciones Unidas está a favor del aborto.

Durante la década de los años 70, el doctor Jérôme Lejeune (1926-1994), pediatra y genetista francés, mejor conocido por descubrir el vínculo que existe entre el Síndrome de Down y las anomalías cromosómicas, testificó ante la Suprema Corte de Justicia de Francia y Estados Unidos sobre su perspectiva profesional en cuanto al inicio de la vida. Además, el doctor Lejeune presentó un informe científico ante el subcomité judicial del Senado de Estados Unidos. En su declaración, expresó: «[Cuando] el espermatozoide y el óvulo se encuentran, se forma un nuevo ser humano porque su propia constitución humana y personal está completamente definida. La fecundación produce una constitución personal que es enteramente única de este ser humano, la cual no ha ocurrido antes ni ocurrirá jamás. Debo decir que no hay dificultad en entender que en el principio de la vida, la información genética, la estructura molecular del huevo, el espíritu, la materia, el alma y el cuerpo ya están completamente unidos porque es el comienzo de una nueva maravilla que llamamos "ser humano"». Asimismo, con relación a la pregunta de si en su opinión el feto era o no una vida humana, Lejeune contestó: «Esa no es mi opinión; es la enseñanza de toda la genética que he aprendido; no hay duda de que es un ser humano porque no es un ser chimpancé, por tanto, es un ser

[133] Artículo 4, acápite 1 de la Convención Americana de Derechos Humanos.

humano».[134] Lamentablemente, el testimonio de este gran hombre de ciencia no fue tomado en cuenta lo suficiente como para detener los avances en aras de la legalización del aborto.

En República Dominicana, donde resido, así como en otros países en vías de desarrollo, se habla mucho sobre la necesidad de legalizar el aborto para poder reducir el índice de mortalidad materna. Sin embargo, esto no es más que otro intento de manipular la información con fines meramente políticos. Lo cierto es que, estudios realizados en nuestro país reflejan que la mortalidad materna nacional depende en gran manera del mejoramiento de la calidad de los servicios prestados. En el año 1999, la Organización Mundial de la Salud, la UNFPA, UNICEF y el Banco Mundial publicaron los resultados de un estudio realizado que claramente revela que el aborto no es la causa primaria de la mortalidad materna en naciones como la nuestra.[135] No obstante, el aborto continúa siendo citado como una de las causas principales, sin tomar en consideración otros factores de suma importancia. En este estudio, los investigadores hicieron las siguientes observaciones sobre cuáles son en efecto las principales causas que contribuyen a la mortalidad materna:

1) Deficiencia en la calidad de los servicios. Durante el parto, solamente un 53 % de las mujeres en los países en desarrollo reciben asistencia por parte de un personal médico debidamente entrenado. Cuidado, las enfermeras graduadas o médicos con exequátur no califican necesariamente como personal entrenado para efectuar partos.
2) Mala nutrición. Una mala nutrición contribuye a que muchas mujeres no alcancen la estatura adecuada durante su desarrollo. Una baja estatura predispone entonces a la mujer al riesgo de una labor obstructiva al momento del parto.
3) Hemorragia (25 %).

---

[134]Testimonio del doctor Jérôme Lejeune frente al juez W. Dale Young en Blount County, Tennessee, USA, en el caso de Junior L. Davis contra Mary Sue Davis Stowe (exesposa); febrero de 1989.

[135]Reduction of maternal mortality, A Joint WHO/UNFPA/UNICEF World Bank Statement; Organización Mundial de la Salud, Ginebra, 1999: https://apps.who.int/iris/bitstream/handle/10665/42191/9241561955_eng.pdf?sequence=1&isAllowed=y.

4) Sepsis (15 %).
5) Causas indirectas: Anemia, malaria, hepatitis, problemas cardíacos. Tristemente, la anemia es un factor común en países como el nuestro y afecta significativamente la salud tanto de la madre como del bebé.
6) Deficiencia severa de Vitamina A.
7) Deficiencia de yodo.
8) Deficiencia (documentada) de calcio. La deficiencia de calcio es aparentemente un factor que aumenta el riesgo de desarrollar eclampsia y preeclampsia durante el embarazo.

La recomendación final de este estudio para poder reducir la mortalidad materna fue el mejoramiento de estas condiciones. Asimismo, un estudio más reciente realizado en nuestro país en el año 2007 con el doctor Eddy Pérez M.P.H., M.S.P.H., Ph.D. como investigador principal, concluyó que en la actualidad existe «una situación crítica en lo que respecta a la calidad de la atención de las embarazadas y de los niños menores de un año en centros de atención primaria de la República Dominicana. Es preocupante que solo un 8% de los proveedores de salud cumplió con lo estipulado en las guías nacionales del primer nivel de atención en cuanto a los procedimientos a seguir en la atención a la embarazada que acude a centros de atención primaria. Aún más, ninguno de los médicos en atención primaria reunió los criterios para proveer una adecuada calidad de atención en los niños menores de un año de edad. Esto llama mucho la atención porque la atención primaria se considera como uno de los pilares en la reducción de la mortalidad materno-infantil».[136]

La historia reciente ha demostrado que los países que han logrado bajar el índice de mortalidad materna en sus poblaciones no han tenido que introducir el aborto. Por ejemplo, el estudio realizado por la OMS, la UNFPA, UNICEF y el Banco Mundial mencionado anteriormente habla sobre una disminución significativa de la morta-

[136] Dr. Eddy Pérez Then, Director del Centro Nacional de Investigaciones en Salud Materno Infantil (CENISMI), Dra. Ana Gómez, investigadora asociada al CENISMI, Calidad de atención a la embarazada y al niño sano en centros de primer nivel de atención de las regiones de salud de III, IV, V y VI de la República Dominicana (abril 2008).

lidad materna en Suecia durante los años 1800, simplemente con la introducción de una partera con cierto grado de experiencia y entrenamiento. Lo mismo sucedió en Dinamarca, Japón, Noruega y Holanda. Sin embargo, en nuestro país todavía existen lugares donde no hay personal debidamente entrenado que pueda asistir adecuadamente a las mujeres embarazadas en el proceso de dar a luz.

Cuando revisamos la historia de lo que ocurrió en el Reino Unido, vemos que para el año 1840, la mortalidad materna era de 400 muertes por cada 100 000 embarazos. En el año 1920, poco menos de 100 años después, en esa nación se implementó el cuidado prenatal, lo cual redujo la mortalidad materna significativamente. Y para los años 1950 y 1960, antes de la legalización del aborto, con la introducción de antibióticos, transfusiones de sangre y procedimientos quirúrgicos, en el Reino Unido se pudo reducir el índice de mortalidad materna por debajo de 50 muertes por cada 100 000 embarazos, cifra tres veces menor que la mortalidad materna de muchos de los países del tercer mundo, sin siquiera mencionar la palabra aborto.

Penosamente, en nuestro país todavía hay casos de mujeres que llegan a las salas de emergencia de los hospitales públicos sin que nunca nadie las haya evaluado. Ante tal realidad, es lógico que los casos de mortalidad materna vayan en aumento, pues si nadie atendió a esa mujer durante los nueve meses que duró su embarazo, resulta muy difícil, sino imposible, saber qué esperar durante la labor de parto. Entonces, no ha de sorprendernos que al día de hoy, en el mejor de los escenarios, la mortalidad materna de la República Dominicana sea de 100 por cada 100 000 embarazos. Es decir que nuestro país está peor que el Reino Unido en los años 1950-1960. Eso es algo muy desafortunado.

En el año 2017, Chile aprobó el aborto, una decisión lamentable e innecesaria porque para el año 2003, cuando el aborto aún no había sido legalizado, la mortalidad materna en Chile era de un 14 %,[137] una tasa de mortalidad materna similar a la de Estados Unidos durante el

---

[137] Camila Maturana Kesten, «Maternal Mortality in Chile» (Women's Health Journal, FindArticles.com, 21 de mayo de 2009).

año 2004,[138] a pesar de que en aquel país se efectuaban entonces 1,5 millones de abortos por año. Por tanto, no podemos permitir que se continúe mintiendo a la población. Chile es ejemplo de que es posible disminuir significativamente la mortalidad materna sin tener que legalizar el aborto. Pero, a pesar de esto, aprobó el aborto arrastrada por una presión política y no por la convicción de que eso traería una mejoría en el índice de mortalidad materna.

Ahora, ¿sabe cuál es la mejor manera de bajar los índices de mortalidad materna? Entrenando al personal médico de los hospitales para que sepan cómo hacer los procedimientos quirúrgicos necesarios. Además, los centros médicos deben asegurarse de tener siempre sangre disponible para casos en que se requiera hacer una transfusión de sangre durante un alumbramiento; y deben procurar tener a mano todos los medicamentos y antibióticos apropiados para el tratamiento tanto de la madre como de la criatura. Así fue como lo lograron hace 60 años en el Reino Unido.

Aspectos psicológicos del aborto

Es increíble que hoy muchos sigan afirmando que el aborto no tiene consecuencias psicológicas para la mujer. Esa es otra manipulación más de la información y las estadísticas que existen a nivel mundial. Hace unos años atrás, el Colegio Médico de Inglaterra estableció que las mujeres que fuesen a abortar debían recibir suficiente información antes de que se les practicara el procedimiento. En particular, a ellas se les debía explicar sobre el riesgo significativo que tienen de sufrir trastornos mentales después del aborto. Esta recomendación salió a la luz a principios del año 2008, cuando una artista muy talentosa se suicidó después de haber abortado unos gemelos. Su nombre era Emma Beck y tenía 30 años cuando se quitó la vida. Beck dejó una nota que decía: «Vivir es un infierno para mí. Nunca debí haberme practicado un aborto. Ahora puedo ver cómo pude haber sido una buena madre.

---

[138] Mike Stobbe, «Experts: U.S. Childbirth Deaths on Rise» (The Associated Press Friday, 24 de agosto de 2007).

Quisiera estar con mis bebés; ellos me necesitan, nadie más me necesita».[139] ¿Se da cuenta de cómo esto es algo real y no simplemente un argumento que usan los cristianos en contra del aborto? El Colegio Médico de Psiquiatras de Inglaterra analizó varios casos y determinó que —para evitar justamente algunos de estos abortos— se le debía informar a la mujer que estaba considerando abortar que los hallazgos sugieren que el aborto puede estar asociado con un mayor riesgo de problemas de salud mental.

Particularmente, un estudio publicado en el *European Journal of Public Health*, conducido en Finlandia por el Centro Nacional de Investigación y Desarrollo para la Buena Salud, reveló que el riesgo de muerte por suicidio, accidente u homicidio era más alto (248 % mayor) en las mujeres que habían tenido un aborto en el año anterior a la ocurrencia del evento, comparado con mujeres no embarazadas.[140] Por otro lado, los estudios han confirmado que las mujeres que han pasado por la experiencia de un aborto tienen una mayor incidencia de abuso de sustancias controladas, ansiedad, problemas del sueño, pensamientos suicidas, enfermedades psiquiátricas, problemas relacionales y de conductas que ponen su vida en riesgo.

¿Recuerda cuál fue el tercer punto mercadológico que se usó para aprobar el aborto? Suprimir toda verdad o evidencia científica de que la vida comienza en el momento de la concepción. De igual manera, los activistas proaborto buscan suprimir toda evidencia científica de que estos problemas ocurren. Es más, al día de hoy todavía hay pediatras y psiquiatras que discuten sobre si hay o no un síndrome postaborto descrito. No podemos afirmar que cada mujer que tiene un aborto padece del síndrome postaborto, pero ciertamente hay un síndrome postaborto descrito y documentado por el Colegio Médico de Inglaterra, que Escandinavia y otros países nórdicos también han

---

[139]El Colegio Médico de Psiquiatras de Inglaterra pidió que se hiciera una actualización de sus recomendaciones y que fueran publicadas en el Journal of Child Psychology and Psychiatry (47:1 (2006), págs. 16-24).

[140]M. Gissler et al., Injury, deaths, suicides and homicides associated with pregnancy, Finland 1987-2000 (European Journal of Public Health, 15 (5): 459-63 [2005]), estudio conducido en Finlandia por el Centro Nacional de Investigación y Desarrollo para la Buena Salud (1987-2000).

documentado, pero que muchos se niegan a reconocer. En pocas palabras, el tema del aborto lleva tanto tiempo dando vueltas sin que podamos ponernos de acuerdo porque se trata más bien de una lucha política presente en todas las naciones.

Pensamientos del doctor Jérôme Lejeune

El citado doctor Jérôme Lejeune publicó un artículo titulado «21 pensamientos» con el objetivo de ayudarnos a pensar ética y biológicamente sobre el valor de la vida humana desde la concepción. A continuación, compartimos algunos de esos pensamientos:

Pensamiento n.º 12: No debemos temer a la medicina, sino a la locura de la humanidad. Cada día, la experiencia de nuestros predecesores aumenta nuestra capacidad de cambiar la naturaleza mediante el uso de sus propias leyes. Pero usar este poder con sabiduría es lo que cada generación debe aprender a su vez. Hoy somos ciertamente más poderosos que nunca, pero no somos más sabios: La tecnología es acumulativa, la sabiduría no.

Debemos aprender a manejar la tecnología porque su aumento y perfeccionamiento nos hace más poderosos, pero al hacernos más poderosos corremos el riesgo de convertimos en personas más dañinas, a menos que tengamos la sabiduría necesaria para manejar esa tecnología.

Pensamiento n.º 15: La gente dice: «El precio de las enfermedades genéticas es alto. Si estos individuos pudieran ser eliminados desde el principio, ¡el ahorro sería enorme!». No se puede negar que el precio de estas enfermedades es alto en sufrimiento para el individuo y en la carga para la sociedad, ¡sin mencionar el sufrimiento de los padres! Pero podemos asignar un valor a ese precio: Es precisamente lo que una sociedad debe pagar para seguir siendo plenamente humana.

Es cierto que las enfermedades genéticas tienen un costo en sufrimiento y tienen un costo económico, pero ese es el precio que una sociedad tiene que pagar para seguir llamándose humana, entendiendo que todo ser humano tiene valor, tiene sentido, y tiene un propósito en esta tierra.

Pensamiento n.º 16: Los enemigos de la vida saben que para destruir la civilización, primero tienen que destruir a la familia en su punto más débil, el niño. Y entre los más débiles, deben elegir al menos protegido de todos, al niño que nunca se ha visto; al niño que aún no es conocido o amado en el sentido habitual de la palabra; que aún no ha visto la luz del día, que ni siquiera puede gritar de angustia.

Si usted tiene alguna duda de que realmente nos hemos desensibilizado tanto hasta el punto de llegar a tener personas que son enemigas de la vida, pues solo tiene que recordar al citado doctor Peter Singer, considerado como el filósofo más influyente de nuestra época, defensor del aborto y la teoría de la evolución, quien piensa que los padres debieran tener la habilidad y el poder legal para quitarle la vida a un niño hasta los tres años si padece alguna enfermedad congénita, con tan solo argumentar que ellos no quieren que sus vidas sean tronchadas por un niño enfermo. La gente que piensa de esta manera es enemiga de la civilización, sin lugar a dudas, porque no le está dando ningún valor a la vida humana y a la vida de los más indefensos.

Pensamiento n.º 17: Tenemos que ser claros: La calidad de una civilización se puede medir por el respeto que se tiene por sus miembros más débiles. No hay otro criterio.

Este es un excelente argumento. Cuando una sociedad respeta a todos sus ciudadanos, a los minusválidos, a los de tez blanca, a los de tez oscura, a los que tienen el pelo lacio, a los que tienen el pelo rizado, a los que miden 1,80 m, a los que miden 1 m; ¡esa es una sociedad extraordinaria!

Pensamiento n.º 18: Para evitar el sobrecalentamiento del debate, voy a ir mucho más atrás, a los espartanos, los únicos en eliminar a los recién nacidos que creían que serían incapaces de portar armas o engendrar futuros soldados. Esparta era la única ciudad griega que practicaba este tipo de eugenesia, esta eliminación sistemática. Y hoy no queda nada de ella: ¡No nos ha dejado ni un solo poeta, ni un solo músico, ni siquiera una ruina! ¡Esparta es la única ciudad griega que no aportó nada a la humanidad! ¿Es eso una coincidencia o hay una conexión directa? Los genetistas se preguntan, «¿se volvieron estúpidos porque mataron a sus futuros pensadores y artistas cuando mataron a sus niños menos hermosos?».

Esparta decidió eliminar a los niños que ellos entendían que no podían llegar a ser soldados ni engendrar futuros soldados; eliminaron a los niños más débiles. Y con ello, eliminaron toda una civilización. **Pensamiento n.º 20:** La composición genética de un ser humano está completa desde el momento de fecundación: Ni un solo científico lo duda. Lo que algunos de ellos quieren debatir es la cantidad de respeto que se debe a un individuo en base a su etapa de desarrollo. Si un ser humano mide un centímetro de largo, ¿merece respeto? Si mide 50 centímetros de largo, ¿se merece 50 veces más? Las personas que usan años y kilos para cuantificar el respeto debido a otro ser humano no están bien intencionadas.

Un ser humano es un ser humano, independientemente del tamaño que tenga. Pero la raza humana ha descendido tanto que en Estados Unidos, para usar una ilustración, se penaliza a cualquier persona que destruya el huevo de un águila calva o águila americana (Bald Eagle) con $10 000 dólares de multa y dos años de cárcel porque ese huevo se considera una vida potencial, mientras que a la vez se ejecutan 1,6 millones de seres humanos indefensos por año en el vientre de sus madres. Esto es algo totalmente incongruente. Para colmo, en varios estados, si una menor de edad le dice a su profesora que está embarazada y desea practicarse un aborto, la profesora no puede informarlo a sus padres y tiene el derecho de ingeniárselas para sacar a esa niña del aula de clases, llevarla a un centro de abortos y luego regresarla al aula como si nada hubiese pasado. Sin embargo, si ese mismo día el hermanito de esa niña, por ejemplo, va a la emergencia del colegio con vómitos, diarrea y fiebre, la enfermera no puede inyectarle un medicamento para bajarle la fiebre y detenerle los demás síntomas hasta tanto contacte a los padres. Todo esto es el resultado del manejo no ético de abogados y legisladores que han manipulado la información para crear este tipo de leyes.

Una de las razones por las que estábamos complacidos de que el partido demócrata no ganara las elecciones estadounidenses es porque ya era tiempo de buscar la forma de secar los fondos de *Planned*

Parenthood, una institución dedicada no solo a promover el aborto, sino a la venta de órganos de bebés abortados, tal como quedó evidenciado en distintos vídeos que salieron a la luz, pero lamentablemente hicieron todo lo posible por ahogar la evidencia. Pero lo más increíble de todo es que el actual gobierno estadounidense le quitó 500 000 000 de dólares en aportes a *Planned Parenthood*, y un grupo de millonarios, incluyendo a Bill Gates, se los donó. De manera que esa organización todavía cuenta con la misma cantidad de recursos para continuar haciendo abortos. Una sociedad que es capaz de aprobar tal monstruosidad terminará con las consecuencias que se merece. Recuerde lo que dice la Palabra: «No os dejéis engañar, de Dios nadie se burla; pues todo lo que el hombre siembre, eso también segará» (Gál. 6:7).

Nos resulta difícil hablar de estas cosas sin apasionarnos, no solo porque nos entristece mucho ver el poco valor que hoy en día se le da a la vida humana, sino porque nos irrita sobremanera la evidente manipulación de información médica y legal detrás de los debates que están tomando lugar alrededor del mundo, en especial en nuestro país de origen, con el único objetivo de hacer avanzar agendas particulares que terminarán llevando a la población a una decadencia moral y espiritual mucho peor de la ya existente. Por eso, cuando en varias ocasiones nos ha tocado publicar artículos sobre este tema, los hemos titulado: «La verdadera historia detrás del aborto». Es que la mayoría no conoce la verdad, sino aquellas informaciones que han sido tergiversadas para justificar algo vergonzoso y perverso.

Finalmente, defendemos el derecho que cada persona tiene a tomar decisiones personales sobre su vida. No obstante, desde el momento de la concepción, el ser que se desarrolla dentro de una mujer es biológica y espiritualmente un ser diferente y separado de la madre, aunque ella lo lleve en su vientre. Esos dos cuerpos tienen dos corazones, dos cerebros y dos constituciones genéticas diferentes. Por esta razón, los derechos de la madre llegan hasta donde comienzan los derechos del ser humano que se encuentra dentro de su vientre.

15

La cosmovisión bíblica en cuanto al final de la vida y la eutanasia

No seas demasiado impío, ni seas necio. ¿Por qué has de morir antes de tu tiempo? (Eclesiastés 7:17)

Hemos dedicado cinco capítulos para tratar asuntos bioéticos en un libro de ética cristiana simplemente debido a las características de la generación en la que estamos viviendo. Se trata de una generación muy particular a la que le ha tocado lidiar con temas que hace 100, 50 y en algunos casos hasta 30 años atrás no teníamos que manejar. Sin embargo, hoy en día esos asuntos están encima de nosotros, por así decirlo, y por eso necesitamos prestarles la debida atención a fin de entender lo que está sucediendo a nuestro alrededor para poder tener entonces una discusión bíblica apropiada e informada al respecto. De ahí que entendemos prudente abordar a continuación algunos tópicos relacionados con el fin de la vida.

Hay diferentes aspectos y escenarios a considerar al momento de hablar sobre el fin de la vida. Podemos, por ejemplo, pensar en la eutanasia per se, pero también podríamos pensar en el suicidio o incluso en el infanticidio, algo que tristemente está ocurriendo, créase o no. En ese sentido, cuando se menciona la palabra eutanasia inmediatamente nos imaginamos a aquel paciente envejecido que está al final de sus días, postrado en cama y conectado quizás a un respirador artificial. Sin embargo, ya no se trata de pacientes en edad avanzada, sino de pacientes de todas las edades. ¿Cómo manejamos esos casos? ¿Hasta dónde debemos llegar en nuestros esfuerzos por prolongar la vida de esos pacientes? ¿Hasta dónde sería apropiado y hasta dónde no lo es? Sin duda, el tema del fin de la vida se ha vuelto cada día más complicado y controversial producto de la época en que vivimos, en medio de una generación hedonista que considera el placer como su meta principal y que tiene a su alcance todos los avances de la ciencia y la tecnología.

El problema de esta generación

El hedonista tiene como meta principal el disfrute de la vida. Por tanto, entiende que el dolor debiera evitarse a toda costa, de ahí que siempre esté buscando la forma de eliminarlo o por lo menos aminorarlo. Esto es cierto no solamente del dolor físico, sino también del dolor emocional. Esta generación carece de entendimiento y no comprende que hay una forma digna de atravesar el sufrimiento, llena de propósito y de enseñanzas. Si nosotros no estuviéramos en medio de tal generación es muy probable que pudiéramos ponernos de acuerdo mucho más fácilmente sobre los distintos dilemas bioéticos que hemos venido describiendo. Lo que dificulta poder llegar a un acuerdo es precisamente la manera en que la generación de nuestros días entiende la vida, pues es incapaz de reconocer que las dificultades que experimentamos tienen propósito, sentido y significado en las manos de Dios.

Como pastor y médico, en ocasiones he tenido que ver sufrir a pacientes a causa de enfermedades que los mantienen postrados en cama por largo tiempo, y con frecuencia los familiares de esas personas nos hacen la misma pregunta: «Si mamá está en esa cama sin poder hacer nada ni siquiera levantarse de allí, ¿por qué Dios no se la lleva?». Bueno, quizás esa persona ya no pueda moverse ni hablar, pero si está viva es porque su propósito en esta tierra todavía no se ha cumplido. Tal vez Dios no tenga nada más que hacer en su vida, pero ella, en medio de sus circunstancias, está siendo un instrumento en las manos de Dios para los que estamos alrededor, para hacer en nosotros cosas que probablemente no ocurrirían de otra manera. No obstante, esta generación considera que morir con cierto grado de sufrimiento es algo indigno.

El infanticidio en los siglos xx-xxi

Es sumamente probable que pocos estén al tanto de que el infanticidio ocurre —y no a escondidas— en los mejores centros médicos del mundo. En el año 1982,[141] en Bloomington, Indiana nació un bebé con síndrome de Down que, a consecuencia de esta patología, tenía ciertas anomalías en el esófago que impedían una alimentación normal y por lo tanto requerían cirugía. Este caso se hizo famoso porque los padres del recién nacido rechazaron la cirugía para reparar el daño en el esófago argumentando que los niños con síndrome de Down nunca lograban tener una calidad de vida aceptable. El hospital no estuvo de acuerdo con la decisión de los padres y el asunto fue llevado de emergencia ante un juez, pero este determinó que los padres tenían el derecho de tomar la decisión de tratar o no al niño. El caso de «Baby Doe» (nombre ficticio que recibió el niño para fines legales) eventualmente llegó hasta la Suprema Corte de Indiana, que también falló tres a uno a favor de los padres. Baby Doe murió al siguiente día por deshidratación e inanición. Posteriormente hubo un caso similar de otro bebé con síndrome de Down que nació en la Universidad John Hopkins con atresia duodenal. La atresia duodenal es una afección común en los niños que puede ser exitosamente corregida con cirugía. Sin embargo, en este caso los padres optaron por no corregir la atresia duodenal, porque el niño tenía síndrome de Down. Una vez más, la justicia decidió que los padres tenían el derecho de rechazar el tratamiento médico, lo que condujo a que este niño también muriera de inanición y deshidratación.[142] Es lamentable que este tipo de abuso haya ocurrido en pleno siglo xx, y peor aún, que todavía siga ocurriendo.

---

[141] Citado por John Jefferson Davis en *Evangelical Ethics* (Phillipsburg: P & R Publishing, 2015), págs. 161-162.

[142] Ibíd.

El síndrome de Down

Antes de continuar, vamos a explicar un poco (no queremos entrar de lleno en la parte médica) en qué consiste el síndrome de Down, a fin de que el lector esté familiarizado con los aspectos generales y las principales características que presentan las personas que lo padecen.

El síndrome de Down es un trastorno genético presente en 1 de cada 1000 nacimientos, según estadísticas de Estados Unidos. Básicamente, este trastorno consiste en una anomalía en el cromosoma 21 que se origina cuando una división celular anormal produce una copia adicional total o parcial de este cromosoma. Es decir, la persona tiene tres copias del cromosoma 21 en lugar de dos, tal como se puede observar en el cariotipo que aparece abajo.

Esta copia adicional del cromosoma 21 es responsable de los problemas de desarrollo intelectual y características físicas relacionadas con el síndrome de Down. Estas características se manifiestan en distintas formas y distintos grados, y las más frecuentes son las siguientes: rostro aplanado, especialmente en el área del puente nasal, ojos rasgados o en forma almendrada, cuello corto, orejas pequeñas, manos anchas y dedos cortos, poco tono muscular, baja estatura, entre otros. Además, las personas con síndrome de Down pueden nacer con diversos problemas de salud o tener propensión a padecerlos. La descripción clínica de estos síntomas y características físicas de las personas con síndrome de Down data del año 1866, pero recién en el año 1959 se supo qué los producía, gracias a los hallazgos del equipo formado por los doctores Raymond Turpin, Jérôme Lejeune y Marthe Gautier.

En el año 1973, la revista *The New England Journal of Medicine*, que probablemente es la revista de medicina más prestigiosa en Estados Unidos, publicó un informe donde se citaban 43 casos documentados de recién nacidos con varios tipos de deformidades físicas que murieron en el Hospital Yale-New Haven en Connecticut por interrupción o suspensión del tratamiento de manera intencional, pues los padres y los médicos consideraban que para esos niños el pronóstico de una vida significativa era extremadamente pobre o sin esperanza.[143]

Estos son casos de infanticidio de recién nacidos con enfermedades y malformaciones congénitas que lamentablemente siguen ocurriendo hoy en los mejores centros médicos del mundo. La razón es muy sencilla: el hombre ha ido perdiendo el respeto por la dignidad de la vida humana. Tanto es así, que de acuerdo con el filósofo y profesor de la Universidad de Princeton, Peter Singer, a quien hemos mencionado ya varias veces a lo largo de este libro: «Ya no podemos basar nuestra ética sobre la idea de que los seres humanos son una creación especial, hechos a la imagen de Dios, separados del resto de otros animales y que solamente ellos poseen un alma inmortal. Debemos reconocer», argumenta Singer, «que en algunos casos, la vida de un perro o de un cerdo puede ser moralmente más significativa que la vida de un niño defectuoso, porque el perro o el cerdo tal vez posean poderes superiores de racionalidad y de autoconciencia. Ser miembro de la especie homo sapiens no significa necesariamente ser moralmente superior».[144]

Esa es la opinión de un profesor universitario que es reconocido por ser uno de los filósofos más influyentes de la época moderna. Esto nos deja ver que hoy en día hay que tener más miedo de los profesores que de los estudiantes porque ese grupo, que representa a una minoría, es el que está adoctrinando y ejerciendo influencia sobre las futuras generaciones que habrán de dirigir la vida de las naciones. ¿Y qué es lo que están enseñando? Que la vida de un niño con ciertos defectos congénitos puede tener menos valor que la de un cerdo, que es un animal que sirve de alimento al ser humano, pues estos académicos creen que ser humano no necesariamente implica ser moralmente superior a los animales. Este tipo de razonamiento ilógico es producto de abrazar una filosofía de vida completamente

---

[143] Dr. Raymond S. Duff, A. G. M. Campbell, F. R. C. P. (Edin.), Moral and Ethical Dilemmas in the Special-Care Nursery (The New England Journal of Medicine, October 25, 1973, Vol. 289, N.º 17, págs. 890-894). https://www.nejm.org/doi/full/10.1056/NEJM197310252891705.

[144] Peter Singer, *Sanctity of Life or Quality of life?* (Pediatrics, Vol. 72, N.º 1, julio de 1983), págs. 128-129.

secular y divorciada de Dios. La diferencia está en el concepto que tenemos de Él. Si no tomamos a Dios en cuenta, no hay un estándar que determine lo que es bueno o malo, superior o inferior. Y lo que separa al hombre de los animales es, justamente, que nosotros fuimos hechos a imagen y semejanza de Dios. De ahí que dedicamos todo un capítulo para explicar que la base de los derechos humanos es la imagen de Dios plasmada en el hombre. Si la imagen de Dios no está presente en el ser humano, entonces no hay razón para hablar de derechos humanos.

Si pensamos cuál es la motivación detrás de esta idea del infanticidio y la eutanasia de niños que nacen con defectos congénitos nos daremos cuenta de que está impulsada por una razón económica. Entendemos que es así porque uno de los primeros argumentos que por lo general sale a relucir es que los tratamientos que estos niños requieren son sumamente costosos para los padres y para la sociedad. Por eso, en el capítulo anterior citamos al doctor Jérôme Lejeune, quien dijo que ciertamente el cuidado de estos niños implica un costo económico, pero que ese es el precio que la sociedad tiene que pagar para permanecer completamente humana.

No obstante, a fin de cuentas, si analizamos esto más profundamente nos percataremos de que la raíz del problema no es un asunto meramente económico, aunque así es como se presenta, sino que se trata de un problema del corazón, pues muchos no ven esas vidas como dignas del mismo valor que las del resto de la sociedad. Para ilustrarlo, veamos la siguiente comparación: En el año 1983, un artículo publicado en la revista *Reasons* citaba los resultados de un estudio en el que 243 adictos a la heroína en Baltimore admitieron haber cometido un total de 500 000 crímenes durante los once años anteriores. Eso equivale a un promedio de 187 delitos por adicto cada año. En esa misma época, uno de cada cinco prisioneros que cumplían condena por robo en Estados Unidos era adicto a la heroína en el momento en que cometió el crimen.[145] Entonces, calcule cuál fue el costo de mantener en la cárcel a 243 convictos a quienes había

[145] «Heroine and Crime: Rx for a solution» (*Reasons*, abril de 1983), p. 20.

que proveerles absolutamente todo (desayuno, almuerzo y cena), sin contar los gastos normales que se derivan del mantenimiento de las instalaciones físicas donde operan las distintas cárceles. La sociedad estadounidense está dispuesta a correr con esos gastos a fin de vengar esos crímenes, pero no está dispuesta a pagar por el cuidado de niños vulnerables e indefensos. De modo que, no se trata de un problema económico, sino más bien de una falta de intencionalidad en querer emplear los recursos donde verdaderamente debieran emplearse, de forma tal que podamos comunicarle a la sociedad que el ser humano es tan valioso, aun aquellos con discapacidades físicas, que vale la pena invertir en su cuidado y sostén hasta que Dios decida cuál será su destino.

El infanticidio en la antigüedad

Es muy penoso ver cómo poco a poco hemos regresado al lugar de donde salimos. En la antigüedad, el infanticidio por abandono en las calles era algo bastante común en casos de niños recién nacidos con anormalidades físicas, o cuando se trataba del nacimiento de una niña, pues el padre tenía la patria potestad o el derecho de decidir arbitrariamente el destino de esas criaturas con tan solo mover el dedo pulgar hacia arriba o hacia abajo, dependiendo de si quería que el niño viviera o muriera.

Lo que cambia la situación es el impacto de los valores cristianos a lo largo de todo el Imperio romano, que cambió incluso las leyes hasta la promulgación en el siglo VI del famoso código Justiniano que eliminó el infanticidio y una serie de prácticas inhumanas. Las peleas de gladiadores, por ejemplo, fueron eliminadas justamente por la influencia de los valores cristianos en la sociedad. Sin embargo, muchos filósofos de hoy en día, como Peter Singer, pretenden que la sociedad vuelva a abrazar todas esas prácticas antiguas que fueron también promovidas por los filósofos de la época. Aristóteles, el famoso filósofo griego, entendía que no debía criarse nada imperfecto y que debían limitarse los embarazos; por tanto, pasado el límite establecido, todo embarazo adicional debía terminar en aborto. Mientras que en Roma, la ley de las XII Tablas prohibía criar hijos deformes, de manera que todo recién nacido con anomalías físicas significativas debía morir (Tabla IV).[146] Por su parte, en Esparta era obligatorio eliminar a todos los niños que nacían con algún tipo de deformidad. En el capítulo anterior citamos al doctor Jérôme Lejeune que decía que los genetistas se preguntan si es una mera coincidencia que hoy no quede nada de aquella civilización —ni un solo poeta, ni un solo músico, ni siquiera una ruina— o si hay una conexión directa porque mataron a sus futuros pensadores y artistas cuando mataron a sus niños menos hermosos.

El aspecto económico de la cultura de la muerte

Revisemos una serie de estadísticas que nos permitirán ver que aquello que empuja muchas de las cosas que suceden hoy, incluyendo el interés de la Organización de las Naciones Unidas por el control de la natalidad y el crecimiento poblacional, viene como resultado de un análisis económico.

En el año 1929, el cuidado médico de la población estadounidense consumía el 3,5 % del Producto Bruto Nacional . Al presente, esa cifra está por encima del 17 %; de manera que, actualmente el Producto Bruto Nacional consume una proporción cinco veces mayor de lo que consumía a principios del siglo xx.[147] Pero, ¿qué está pasando en la sociedad que hace que el cuidado médico cueste mucho más hoy? A principios del siglo xx, dos tercios de la población estadounidense moría antes de cumplir los 50 años, y la mayoría de esas personas morían en sus hogares, rodeados de sus familiares. Esto implica que al final de sus días, la gente no gastaba grandes cantidades de dinero en cuidados médicos y hospitales, además de que la muerte por lo

---

[146] «The History Guide, Lectures on Ancient and Medieval European History; The Laws of the Twelve Tables, aprox. 450 a.C.»: http://www.historyguide.org/ancient/12tables.html.

[147] Ver también: Mark, L. Berk, Alan C. Monheit and Michael Hagan, «How the U.S. Spent Its Health Care Dollar»: 1929-1980, Health Affairs vol. 7, n.º 4: https://www.healthaffairs.org/doi/full/10.1377/hlthaff.7.4.4

general llegaba mucho más temprano. Desde entonces, la situación ha cambiado bastante, pues se estima que en Estados Unidos las personas hoy mueren a una edad muy por encima de los 50 años y dos tercios de la población no muere en sus casas, sino en centros de atención médica. Es decir que, una población más envejecida gasta mucho más dinero en cuidados médicos que la anterior porque muere en los hospitales y centros médicos. Además, con el paso de los años se han desarrollado procedimientos cada vez más costosos. Esa realidad ha hecho que los gobiernos quieran empujar todo este movimiento de eutanasia e infanticidio con el objetivo de bajar esos costos.

Por otro lado, a principios del año 1900, la expectativa de vida para hombres y mujeres en Estados Unidos oscilaba entre los 46 y 48 años respectivamente. Para el año 2017, la expectativa de vida era de 79 años. En otras palabras, se estima que toda persona nacida en los últimos dos años llegará a los 79 años, aunque evidentemente existe la posibilidad de que algunas de esas personas no alcancen o sobrepasen esa edad. Pero, en general, la expectativa de vida hoy en día está situada en 79 años.[148] Por eso es que hay compañías de seguros médicos que no quieren pagar por ciertos procedimientos, como por ejemplo, tratamientos de diálisis renal después de que el paciente alcanza los 65 años. Sin embargo, frecuentemente vemos a personas que tienen 70 años y están en completo ejercicio de sus funciones, incluso para gobernar una nación, como el caso de algunos presidentes de Estados Unidos.

La eutanasia: sus orígenes

El término eutanasia se forma con el prefijo «eu» que significa «bueno» y la palabra «thanatos» que significa «muerte». Entonces, el término eutanasia busca trasmitir la idea de tener una muerte buena o una muerte fácil, según los criterios del hombre. Y aunque la eu-

[148] National Vital Statistics Reports, Vol. 50, N.° 6. «Life Expectancy at Birth, by Race and Sex, Selected Years 1929-98».; National Vital Statistics Reports, Vol. 49, N.° 12. Deaths, Preliminary Data for 2000.;U.S. Census Bureau. P23-190 Current Population Reports: Special Studies. 65+ in the United States.

tanasia ha estado en boga y en discusión últimamente, los casos de eutanasia no son nada nuevo. Por el contrario, de la misma manera que el infanticidio estuvo presente en los antiguos imperios de Grecia y Roma, así también fue algo común la práctica de la eutanasia. Esto no ha de extrañarnos, pues cuando perdemos el respeto por los más indefensos de la sociedad, resulta imposible respetar a los demás seres humanos. Hay incluso registros históricos que afirman que los seguidores del gran filósofo y matemático Pitágoras se oponían a ella. Pero también hay evidencia de que los estoicos, al igual que Platón, promovían la eutanasia en casos de enfermedades incurables.

Con el avance del cristianismo las cosas fueron cambiando y estas corrientes filosóficas fueron perdiendo cada vez más fuerza e influencia, pues los valores cristianos impactaron grandemente en la sociedad. Asimismo, hubo algo que ocurrió fuera de los círculos cristianos que también causó un gran impacto a favor de la humanidad y fue el surgimiento del famoso juramento hipocrático, tradicionalmente atribuido a Hipócrates —reconocido médico de la antigua Grecia que vivió alrededor del siglo V a. C.—, aunque algunos historiadores entienden que dicho juramento quizás fue escrito posteriormente por alguno de sus discípulos. El juramento hipocrático consiste en un documento cargado de importantes valores y principios éticos relacionados con la buena práctica médica. En particular, el médico se comprometía diciendo, entre otras cosas: «Jamás daré a nadie medicamento mortal, por mucho que me lo soliciten, ni tomaré iniciativa alguna de este tipo; tampoco administraré abortivo a mujer alguna. Por el contrario, viviré y practicaré mi arte de forma santa y pura». Este juramento fue escrito antes de Cristo y, por tanto, en un contexto no cristiano. Lo cual nos deja ver que ciertamente la ley moral de Dios está escrita en la conciencia del hombre.

Durante cientos de años, los recién graduados en Medicina han estado haciendo un compromiso público de no dar jamás un medicamento mortal ni administrar abortivo a mujer alguna, sin importar cuánto se lo soliciten. Sin embargo, todo eso se ha perdido fruto de la secularización de la sociedad. Y así, poco a poco la sociedad está regresando a las costumbres que tenía años atrás. De ahí venimos y ahí volvemos. Esto ocurre, como bien explica el apóstol Pablo en su carta a los romanos, cuando el hombre no reconoce a Dios ni le da las gracias, sino que termina adorando a la criatura antes que al Creador (Rom. 1:25). Para empeorar las cosas, el hombre ha llegado incluso a valorar más la vida animal que la vida de la única criatura que es portadora de la imagen del Dios creador.

Entonces, en la medida en que la sociedad fue secularizándose, así mismo fue desarrollándose el activismo proeutanasia. En el año 1935, el doctor Charles Killick Millard fundó la Sociedad Voluntaria de Legalización de la Eutanasia (actualmente denominada Dignity in Dying) en el Reino Unido. Esta organización promovía la idea de una muerte rápida y sin dolor para pacientes con enfermedades incurables, por lo que lanzó una campaña para la legalización de la eutanasia en el Reino Unido.[149] Poco tiempo después, durante la década de 1930, la defensa de la eutanasia alcanzó gran popularidad en Estados Unidos.

Ciertamente, nosotros no debemos anhelar el dolor, pero tampoco debemos pensar que no existe propósito alguno en el dolor y el sufrimiento, pues si no lo hubiera, Dios no los permitiría en nuestras vidas. El dolor tiene múltiples propósitos, no solo nos recuerda que vivimos en un planeta caído donde inevitablemente experimentaremos las consecuencias del pecado, sino que también nos sirve de instrumento para hacer en nosotros cosas que solamente se pueden lograr a través de la dificultad y la tribulación. Si somos sinceros, la mayoría de nosotros tendría que admitir que la imagen de Cristo que hoy puede verse reflejada en nuestras vidas no se formó en tiempos de plenitud y abundancia, sino en medio de la tribulación, la dificultad y el dolor. Por eso C. S. Lewis escribió: «Dios nos susurra en nuestros placeres, habla a nuestra conciencia, pero grita en nuestro dolor: el dolor es Su megáfono para despertar a un mundo sordo».[150] Esa es la realidad, Dios tiene un propósito para nuestro dolor.

---

[149]Nick Kemp, *Merciful Release: A history of the British Euthanasia Movement* (Manchester University Press, 2002).

[150]C. S. Lewis, *The Problem of Pain* (Nueva York: HarperCollins Publishers, 1996), p. 91.

Tipos de eutanasia

Desde el punto de vista del paciente, la eutanasia puede ser clasificada de distintas maneras dependiendo de si la persona ha expresado o no su voluntad respecto a toda medida que tenga por objeto acelerar su muerte o evitar la intervención de terceros en su proceso hacia la muerte. En ese sentido, la eutanasia es voluntaria cuando la decisión es tomada directamente por el paciente o por un tercero que actúa en cumplimiento de la voluntad previamente expresada por el paciente. La eutanasia no voluntaria es aquella que se lleva a cabo por decisión de un tercero que actúa sin el consentimiento del paciente debido a que este no tiene la capacidad para expresar su voluntad. Un ejemplo sería el caso del paciente que entra en un estado comatoso y sus familiares deben entonces tomar una decisión, pero desconocen la voluntad de su pariente porque nunca habían hablado sobre cómo proceder en una situación como esa. Por otro lado, la eutanasia involuntaria tiene lugar cuando la decisión es tomada por un tercero sin el consentimiento expreso de un paciente que está en plena capacidad de expresar su voluntad o cuando la decisión va en contra de una voluntad previamente expresada.

A su vez, la eutanasia puede ser clasificada como pasiva o activa. La eutanasia se considera pasiva cuando el paciente desea que no se tome ninguna medida extraordinaria para impedir su muerte. Asimismo, si el paciente no ha expresado su deseo frente a la muerte, pero los encargados de su cuidado y salud deciden no tomar medidas que le prolonguen la vida, eso también se consideraría como un caso de eutanasia pasiva. En otras palabras, se trata de aquellos casos en que simplemente se permite que la enfermedad siga su curso natural y que sea Dios quien decida cuándo y cómo la persona ha de morir. Un ejemplo común sería el caso del paciente con cáncer terminal que decide no someterse a quimioterapia porque entiende que el pronóstico de vida sería más o menos el mismo con o sin tratamiento, por lo que prefiere no hacer nada para dilatar el proceso hacia la muerte.

La eutanasia activa, como su nombre lo indica, ocurre cuando alguien activamente hace algo para acelerar o provocar la muerte de una persona que padece alguna enfermedad terminal. Ese accionar puede tener lugar cuando el paciente desea que lo asistan en provocar su muerte o cuando el paciente no ha expresado su deseo frente a la muerte, pero otro toma la decisión de provocar la muerte del individuo. Por ejemplo, se considera eutanasia activa cuando se inyecta una dosis mortal de un medicamento al paciente o cuando se toma la decisión de desconectarlo de un respirador artificial con el objetivo de acortar o suprimir el curso vital.

Hace unos meses atrás tratamos a un paciente de 92 años con fallo multiorgánico: su cerebro, sus pulmones, riñones y corazón habían fallado. Nuestra recomendación médica fue que el paciente no debía ser puesto en diálisis renal porque no se lograría ningún resultado. Los familiares, sin embargo, decidieron que sí se hiciera la diálisis renal. El paciente vivió unos días más, pero eventualmente falleció porque no había manera de sacarlo de ese cuadro clínico; todos sus órganos habían fallado. Si los familiares hubieran optado por no hacer la diálisis renal, su decisión habría sido considerada como una eutanasia pasiva. Pero, si ellos hubiesen solicitado que se inyectara algo al paciente para que ese mismo día todo terminara, entonces eso hubiese sido calificado como una eutanasia activa. De todos modos, las leyes en nuestro país prohíben la eutanasia activa.

En este tipo de casos, nosotros siempre estaremos en contra de la eutanasia activa. Ahora bien, no tendríamos ningún problema ético con la eutanasia pasiva en casos donde el paciente no tiene posibilidad de sobrevivir o cuando se estima que ha llegado al final de sus días, siempre y cuando se cumplan ciertos requisitos. Por ejemplo, hay medidas ordinarias de sostenimiento que no debieran faltarle nunca al paciente, como son la alimentación, la hidratación, el oxígeno, la higiene, así como la administración de medicamentos para mitigar el dolor o cualquier otro síntoma molesto, de manera que permanezca cómodo y tenga una mejor calidad de vida.

NO ES TAN SIMPLE COMO PARECE: DOS CASOS FAMOSOS DE EUTANASIA

Probablemente recuerde dos casos de eutanasia pasiva que alcanzaron fama mundial por lo controversiales que fueron y porque dieron paso a importantes cambios en asuntos de bioética y derechos civiles en Estados Unidos. Hablamos del caso Karen Ann Quinlan (1976) y el caso Terri Schiavo (2005).

En abril de 1975, Karen Ann Quinlan, una joven estadounidense de 21 años, asistió a la fiesta de cumpleaños de un amigo que tuvo lugar en un bar de Nueva Jersey. Según testigos, Karen, quien no había comido prácticamente nada en dos días porque estaba llevando una dieta muy estricta, ingirió alcohol y Valium durante la fiesta. Esa combinación hizo que se sintiera muy débil por lo que sus amigos decidieron llevarla a casa y acostarla. Pocos minutos después, sus amigos fueron a revisar cómo seguía y notaron que Karen no estaba respirando. Los paramédicos lograron que volviera a respirar, pero eventualmente se determinó que había sufrido un daño cerebral irreversible que la dejaría en un estado vegetativo persistente producto de que su cerebro había estado privado de oxígeno por un largo tiempo. A partir de ese momento comenzaron los debates sobre qué hacer con ella.

Los padres de Karen, al entender que el estado de su hija era irreversible, decidieron desconectarla del respirador artificial por considerarlo un medio extraordinario de prolongar su vida, así que acudieron a la justicia para que se les permitiera retirarle el ventilador. Luego de apelar la decisión judicial que les negó su petición original, el 31 de marzo de 1976 la Suprema Corte de Nueva Jersey falló a favor de los padres de Karen. Ella fue desconectada del ventilador en mayo de 1976 y para sorpresa de todos continuó respirando por sí misma durante nueve años más. Karen nunca salió de su estado vegetativo, pero sus padres continuaron velando por ella, alimentándola e hidratándola de manera artificial, hasta el día de su muerte a causa de una insuficiencia respiratoria provocada por complicaciones derivadas de una neumonía.

Otro caso un poco más reciente fue el de Theresa Marie Schiavo (Terri Schiavo), una mujer estadounidense de 26 años que sufrió daño cerebral masivo por falta de oxígeno a su cerebro producto de haber tenido un paro cardíaco el 25 de febrero de 1990 mientras estaba en su hogar. Al parecer, Terri también había estado tratando de perder peso haciendo una dieta bien estricta a base de líquidos que la llevó a un estado de inanición tan severo que trajo como consecuencia un paro cardíaco. Las arritmias cardíacas son muy comunes en pacientes con malnutrición, por eso es que los trastornos alimenticios no son tan simples como parecen.

En mayo de 1998, luego de varios intentos fallidos de revertir la condición de Terri, su esposo y tutor legal, Michael Schiavo, elevó una petición ante la justicia para que el tubo de alimentación de Terri fuera retirado, pero los padres de Terri se opusieron. La batalla legal entre los padres y el esposo de Terri Schiavo duró siete años hasta que finalmente, el 18 de marzo del 2005, el tubo de alimentación de Terri fue removido por orden judicial. Terri Schiavo murió el 31 de marzo de 2005, quince años después de haber sufrido el paro cardíaco que la dejó en un estado vegetativo persistente.

Ambos casos son evidencia de que cuando se mantienen los medios ordinarios de sostenimiento de la vida es posible para el ser humano sobrevivir durante meses e incluso años. Por eso, al momento de evaluar casos similares, no debemos olvidar que en pacientes terminales hay una gran diferencia entre remover el uso de medios extraordinarios de sostenimiento (máquina de diálisis, ventilador, medicamentos, etc.), y remover los métodos ordinarios para el sostenimiento de la vida, como la alimentación, lo cual es algo que incluso un bebé de apenas un par de horas de haber nacido pide de forma natural. Cuando decidimos inyectarles a este tipo de pacientes alguna sustancia que acelere su muerte estamos jugando a ser Dios porque pensamos que sabemos lo que nos conviene más que Él.

Lamentablemente, y esto lo hemos comprobado a través de varias conversaciones que hemos sostenido sobre este tema, lo que muchas veces impulsa este tipo de decisiones es el factor económico, que es lo mismo que hoy en día motiva a las personas a optar por la cremación cuando un familiar fallece. De hecho, hasta hace poco no se hablaba de cremación, y eso se debe a que dar sepultura a alguien no era un asunto tan costoso, pero los entierros, los ataúdes, el terreno y los servicios fúnebres son cada vez más caros. Entonces, en ese contexto, la gente considera cada día más la cremación de cadáveres por ser una alternativa relativamente más económica. Pero, como ya hemos dicho antes, el dinero no debe ser lo que tome la decisión. Además, necesitamos considerar a la luz de la Palabra de Dios si la cremación es la mejor forma de disponer del cuerpo cuando el alma ha partido y esa vida humana ha llegado al fin de sus días.

Ciertamente, la Biblia no instruye en una dirección u otra, pero creemos que hay principios bíblicos que nos dejan ver claramente que cremar el cuerpo de un ser humano no es lo más sabio, por lo menos no para el cristiano.

En primer lugar, ese cuerpo fue cuidadosamente entretejido en el vientre de una madre por parte del Creador como afirma el salmo 139.

En segundo lugar, ese cuerpo humano fue portador de la imagen de Dios.

En tercer lugar, fue templo del Espíritu Santo en el caso del creyente.

En cuarto lugar, hay evidencia en la Palabra de que Dios piensa usar ese cuerpo una vez más (1 Cor. 15). Ahora, no estamos diciendo que Dios necesita un cuerpo sin cremar para hacerlo resucitar, pero si el Dios Creador piensa volver a usar ese cuerpo, ¿por qué hemos nosotros de quemar aquello que Dios pretende usar de nuevo?

En quinto y último lugar, necesitamos considerar que al cremar un cuerpo que fue portador de la imagen de Dios y templo del Espíritu Santo le estamos dando el mismo trato que se le da a la basura que diariamente es quemada en los vertederos. ¿Ese es el trato que hemos de darle a la corona de la creación de Dios? Las condiciones probablemente no sean similares a las de un vertedero, pero el resultado final es el mismo. Por tanto, consideramos que esa no sería la forma más sabia de disponer del cuerpo humano cuando ha llegado el fin de sus días en esta tierra. En esta época minimalista, hemos ido reduciendo el valor y el honor que damos a las cosas a su mínima expresión y de esa forma le hemos ido quitando honra a cosas que debieran ser honradas, si queremos una sociedad que sepa diferenciar lo sagrado de lo profano.

Lamentablemente, vivimos en medio de una generación reduccionista y minimalista como dijimos, que todo lo minimiza y a todo le resta valor. Es por eso que cada vez con más frecuencia vemos a pastores que se paran detrás del púlpito vestidos de manera informal, con camisetas, pantalones cortos y chanclas, porque a fin de cuentas el púlpito es solo un pedazo de madera. El problema es que, el púlpito puede estar hecho de madera, pero representa mucho más que la madera. Hay algo que ocurre detrás de cada púlpito que tiene un valor trascendente y es la predicación de la Palabra de Dios, que necesita ser expuesta y representada de una forma digna de Aquel que la inspiró. Y ese mismo principio se aplica para cada cosa que hacemos en nombre de Dios, porque estamos representando a un Dios trascendente. No obstante, la generación de nuestros días le ha ido quitando valor a todo hasta llegar al punto en que ni la vida humana ni el cuerpo humano tienen valor. Es pues en ese contexto que la cultura de la muerte ha proliferado.

No obstante, sabemos que hay muchos creyentes que han optado por la cremación o que llegado el momento la considerarían, incluso gente que es parte de nuestra iglesia, y con esto no estamos acusándoles ni pretendemos decirles cómo deben hacer las cosas, pero consideramos prudente compartir estos principios de sabiduría, lo cual hemos hecho cada vez que alguien se nos acerca a preguntar nuestra opinión sobre este tema, y dejar entonces que cada uno tome su propia decisión en oración.

El suicidio

El suicidio ha sido uno de los temas que más controversias ha desatado a lo largo de los años y frente al cual muchos han respondido de una manera emocional y no a través del análisis bíblico. De hecho, hace unos años, durante una de nuestras conferencias Por Su Causa, alguien hizo una pregunta sobre este tema y dedicamos unos cuatro minutos a la respuesta. Eso desató una guerra de más de cuatro años de parte de un solo bando, pues el otro bando, al cual representábamos, no disparó un solo tiro, por así decirlo. Al día de hoy, nos resulta increíble que aquella respuesta haya podido incendiar a tanta gente por tantos años y que todavía sea la razón de que en ocasiones algunas personas se nos acerquen para entregarnos documentos que hablan sobre el suicidio. Entendemos que esto se debe a que dentro del pueblo cristiano hay distintas posiciones frente al suicidio, muchas de ellas completamente lejos de la verdad.

Aquellos de nosotros que crecimos en el catolicismo siempre oímos que el suicidio era un pecado mortal que enviaba a la persona directamente al infierno de forma irremediable. Por eso, a los que han crecido con ese entendimiento les resulta muy difícil despojarse de esa idea. De hecho, nos sorprende ver cuán profundamente arraigada está la posición católica tradicional sobre el suicidio en el pueblo evangélico del continente latinoamericano; esto prueba que es posible sacar a un católico de la Iglesia católica, pero frecuentemente es imposible sacar el catolicismo de la mente del católico que se ha convertido en evangélico; esa es la realidad. Sin embargo, en el mundo protestante no hay tanta lucha con este tema. La posición católica tradicional fue la creencia mayoritaria hasta la época de la Reforma, cuando la doctrina de la salvación comenzó a ser mejor estudiada y entendida. En ese momento, tanto Lutero como Calvino concluyeron que ellos no podían afirmar categóricamente que un cristiano no podía cometer suicidio o que los que se suicidaban iban a la condenación eterna. Y así, en la medida en que la salvación de las almas fue analizada en detalle, muchos de los reformadores comenzaron a llegar a conclusiones diferentes de lo que había enseñado la iglesia de Roma hasta entonces.

La realidad es que la Biblia no habla claramente sobre el suicidio. Si tuviéramos un texto bíblico que afirme que el suicidio implica condenación eterna no estaríamos discutiendo sobre el tema. Tampoco estaríamos discutiendo si hubiese un pasaje que indique que el suicidio no implica condenación. La única razón por la que todavía nos debatimos sobre este asunto es porque, por alguna razón, Dios decidió no dejarnos la respuesta claramente plasmada en Su Palabra. A pesar de ello, en la Biblia tenemos suficiente sabiduría como para llegar a una conclusión probable sobre un hecho que no ha sido definitivamente establecido.

La salvación y el suicidio

Para poder ser objetivos, el tema del suicidio y la salvación debe ser abordado desde distintos ángulos. En ese sentido, lo primero que queremos hacer es aclarar que si alguien no es creyente y comete suicidio, esa persona queda automáticamente condenada, pero su condena precedió a su suicidio porque rechazó el mensaje del evangelio de Cristo que es lo único que puede librarle de la condenación eterna. De modo que, en casos de personas inconversas que cometen suicidio no hay nada que argumentar ni discutir sobre el destino final de esas almas. El debate surge más bien a raíz de la siguiente pregunta: ¿qué pasa si un creyente se suicida? La respuesta a esa pregunta ha dado lugar a posiciones divididas dentro de la iglesia. Algunos han estudiado el tema y después de haberlo hecho han concluido que ningún cristiano sería capaz de terminar con su vida porque Dios de alguna forma lo evitaría. De ser así, entonces la discusión podría terminar ahí mismo porque en la Biblia no hay un versículo que indique lo contrario, así que esa podría ser una posibilidad.

Sin embargo, eso no es lo que está en discusión; el debate tiene que ver más bien con qué pasaría con la salvación de una persona que llamándose creyente termina suicidándose. En el caso de aquellos que creen que un cristiano puede cometer suicidio, unos afirman que esa persona perdería su salvación (posición arminiana). La lógica usada es que ese pecado cometido en el último momento de la vida de una persona no provee oportunidad para el arrepentimiento y, por tanto, termina robándole la salvación a esa persona. De modo que el problema con este grupo no parece ser el suicidio, sino que Dios nos encuentre en pecado al momento de morir. Pero, deténgase un momento y considere qué pasaría si usted muere justo en este instante; ¿piensa que moriría libre de pecado? ¡No! Nadie muere sin pecado porque no hay un instante de nuestras vidas en el que estemos completamente libres de pecado. De hecho, hay pecados en nuestras vidas de los cuales ni siquiera somos conscientes, pero que Dios sí conoce en plenitud.

Otro grupo entiende que un cristiano podría cometer suicidio en situaciones extremas, sin que eso lleve a su condenación. La realidad es que el sacrificio de Cristo en la cruz pagó por todos nuestros pecados: pasados, presentes y futuros. Por tanto, el sacrificio que cubre los pecados que han permanecido con nosotros hasta el momento de nuestra muerte es el mismo que cubriría un pecado como el suicidio. La Palabra de Dios es clara: «ni la muerte, ni la vida, ni ángeles, ni principados, ni lo presente, ni lo por venir, ni los poderes, ni lo alto, ni lo profundo, ni ninguna otra cosa creada nos podrá separar del amor de Dios que es en Cristo Jesús Señor nuestro» (Rom. 8:38-39). La frase «ninguna otra cosa creada» incluye al creyente mismo y «lo por venir» hace referencia a situaciones futuras que todavía no hemos vivido, incluyendo pecados futuros de cualquier tipo como el suicidio. Por otro lado, Juan 10:27-29 nos habla de que nadie nos puede arrebatar de la mano de nuestro Padre; y Filipenses 1:6 declara que «el que comenzó en vosotros la buena obra, la perfeccionará hasta el día de Cristo Jesús». Es por esto que aquellos que afirmamos la seguridad eterna del creyente (perseverancia de los santos) no somos de los que creen que el suicidio o cualquier otro pecado eliminaría la salvación que Cristo compró a precio de sangre. Independientemente de las circunstancias, la salvación no se pierde porque Dios mismo nos escogió en Cristo desde antes de la fundación del mundo para que fuésemos santos y sin mancha delante de Él (Ef. 1:4). El sacrificio de Cristo por nuestros pecados —pasados, presentes y futuros— nos ha librado de la pena del pecado, nos ha declarado justos delante de Dios y nos ha dado el privilegio de ser contados como hijos de Dios por medio de la adopción (Ef. 1:5).

Ahora bien, para los que osen pensar que la seguridad eterna del creyente es un permiso para vivir como queramos, permítanme recordarles que la única manera en que podemos vivir de esa manera es si no somos verdaderos cristianos o si hemos valorado tan poco la cruz de Cristo que realmente no nos importa en absoluto el precio que Él pagó por los pecados que ahora nosotros queremos practicar y celebrar. Si somos cristianos genuinos, el Espíritu de Dios que mora en nosotros nos irá dando sensibilidad hacia el pecado. Asimismo, en la medida en que vamos creciendo en sabiduría delante de Dios, llegamos a valorar tanto la cruz de Cristo que ya no deseamos ofender la cruz donde el Hijo de Dios se entregó en propiciación por nuestros pecados.

Finalmente, creemos que la posibilidad de que un verdadero creyente se suicide es remota; pero potencialmente posible en casos extremos. En esos casos, pensamos que la salvación de ese creyente no se perdería porque creemos en la seguridad eterna del creyente.

CUARTA PARTE

La crisis ética es una crisis de carácter

16

La crisis de carácter y su impacto en el ambiente laboral

Y todo lo que hagáis, hacedlo de corazón, como para el Señor y no para los hombres, sabiendo que del Señor recibiréis la recompensa de la herencia. Es a Cristo el Señor a quien servís (Col. 3:23-24)

No podemos concluir un libro sobre ética cristiana sin hablar un poco sobre la ética del trabajo. Este tema es vital, sobre todo para esta generación y para nuestro continente que no ha sido impactado aún por la ética protestante del trabajo, ya que el movimiento de la Reforma nunca influenció nuestra región debido al control ejercido por la iglesia de Roma hasta hace pocos años. Por eso, aun dentro del pueblo de Dios hay mucha falta de ética en el ámbito laboral. A manera de introducción, quisiéramos usar algunas ilustraciones de eventos que sucedieron en este siglo y que nos ayudarán a comprender mejor cómo se manifiesta la falta de ética en el trabajo.

En el año 2001, la empresa Enron Corporation, una compañía energética estadounidense con sede en Houston, se declaró en bancarrota.[151] Pero, ¿qué llevó a una compañía de más de 20 000 empleados a la quiebra? El soborno y el tráfico de influencias en América Cen-

---

[151] Parte de la información que sigue referente a estas crisis financieras fue publicada en la introducción de mi libro, *Vivir con Integridad y Sabiduría* (Nashville: B&H, 2016).

tral, América del Sur, África, Filipinas e India; además de deudas y pérdidas no reportadas. En otras palabras, la compañía Enron adquirió deudas significativas que no fueron informadas a sus accionistas y tuvo pérdidas millonarias que tampoco fueron informadas. Al momento de declararse en bancarrota, Enron estaba valorada en 65 500 millones de dólares; la quiebra corporativa más grande de la historia de Estados Unidos hasta este momento.[152] Pero, en 2002, tan solo un año después, la compañía de telecomunicaciones WorldCom quebró por razones muy similares a las de Enron, con una pérdida calculada en 103 billones de dólares.[153]

Global Crossings fue otra compañía estadounidense de telecomunicaciones que se declaró en bancarrota, reportando pérdidas de 30 000 millones de dólares.[154] Otras múltiples empresas quebraron en la misma época y dieron inicio a una gran crisis financiera que puso en tela de juicio las prácticas y actividades de contabilidad de muchas de las empresas estadounidenses. Ahora bien, cualquiera pensaría que una crisis financiera que afectó al mundo entero haría que las personas recapacitaran y que solucionaría el problema de corrupción administrativa por lo menos por un tiempo. Sin embargo, apenas cinco años después, esa crisis fue seguida por otra aún peor, la crisis financiera global de 2007-2008, la más grande y la más severa crisis financiera desde la Gran Depresión. La bancarrota más grande de todos los tiempos fue declarada por Lehman Brothers el 15 de septiembre de 2008. Tenían 691 063 millones de dólares en activos antes de la quiebra.[155]

Ya había una historia de bancarrotas a principios del siglo pasado. En 1929, Estados Unidos entró en un período de baja actividad eco-

---

[152] William W. Bratton, «Does Corporate Law Protect the Interests of Shareholders and Other Stakeholders?»: Enron and the Dark Side of Shareholder Value (PDF), (New Orleans: Tulane Law Review, mayo 2002), pág. 61. Consultado el 1 de junio de 2015.

[153] Mark Tran, «WorldCom goes bankrupt; Telecommunications giant WorldCom has filed for bankruptcy in America's biggest corporate failure.» The Guardian, 22 de julio de 2002, 13: https://www.theguardian.com/world/2002/jul/22/qanda.worldcom.

[154] «The 20 Biggest Bankruptcies In US History», Charted; Digg, 26 de junio de 2019: https://digg.com/2019/20-biggest-bankruptcies-chart

[155] «Mighty Max, The 20 Biggest Bankruptcies In United States History»; Title-Max: https://www.titlemax.com/discovery-center/money-finance/20-biggest-bankruptcies-in-us-history/.

nómica y experimentó una depresión que causó la quiebra de 5000 bancos entre 1929 y 1933.[156]

El efecto devastador de esas quiebras fue tal que reformó por completo el mundo de las finanzas y las inversiones bancarias. A partir de entonces, se introdujeron una serie de controles para tratar de frenar los fraudes millonarios que estaban ocurriendo en las empresas estadounidenses, muchos de los cuales, lamentablemente, el presidente Donald Trump está tratando de eliminar hoy en día, y es algo que puede crear un grave problema para la sociedad.

La causa de las crisis del 2001-2002 y del 2007-2008 se le atribuyó a múltiples factores, pero detrás de todos estos fracasos hubo grandes irregularidades relacionadas a la falta de integridad de los individuos y las agencias involucradas. De manera que esa crisis financiera global, antes de ser financiera fue una crisis moral, una crisis de carácter, y una crisis de integridad.

De acuerdo con el informe de la Comisión Investigadora de la Crisis Financiera —la comisión gubernamental que estudió esta crisis—, detrás del funcionamiento de muchas compañías hubo «una falta de transparencia de los balances de muchas de las grandes instituciones financieras»,[157] así como «una permisividad generalizada».[158] Muchas de estas instituciones actuaron con imprudencia,[159] y la inspección realizada «reveló impresionantes casos de fallos de los gobiernos [institucionales] y de irresponsabilidad».[160] Como resultado de la investigación, la comisión concluyó que «hubo un colapso sistémico en la rendición de cuentas y la ética».[161] Como podemos ver, detrás de esta crisis financiera hubo primero un colapso en la ética laboral.

---

[156]GCSECCEA; The Great Depression, 1929-1933; BBC: https://www.bbc.co.uk/bitesize/guides/zxy3k2p/revision/2.

[157]Financial Crisis Inquiry Commission, «The Financial Crisis Inquiry Report: Final Report of the National Com-mission on the Causes of the Financial and Economic Crisis in the United States», edición oficial presentada en enero de 2011, página consultada el 26 de abril de 2016, XVI. http://www.gpo.gov/fdsys/pkg/GPO-FCIC/pdf/GPO-FCIC.pdf

[158]Ibíd., XVII.

[159] Ibíd., XVIII.

[160]Ibíd., XIX.

[161]Ibíd., XXII.

Esto afectó significativamente a la nación estadounidense, tal como señaló el informe de la Comisión Investigadora de la Crisis Financiera:

> Al momento que este informe va a la imprenta, hay más de 26 millones de estadounidenses que están sin trabajo, no pueden encontrar trabajo a tiempo completo o han dejado de buscarlo. Cerca de cuatro millones de familias han perdido sus hogares a causa de una ejecución hipotecaria (*foreclosure*) y otros cuatro millones y medio han caído en el proceso de ejecución hipotecaria o están seriamente atrasados en sus pagos de hipoteca. Casi once mil millones de dólares en riqueza han desaparecido de los hogares, con planes de jubilación y ahorros (*life savings*) que se esfumaron [...] Muchas personas que habían seguido todas las reglas ahora se encuentran sin trabajo e inseguros acerca de sus perspectivas futuras [...] Es probable que los impactos de esta crisis se sientan durante una generación.[162]

Como resultado de la crisis de 2007-2008, personas que llevaban años haciendo las cosas bien, siguiendo las reglas, de repente perdieron todos sus ahorros e incluso sus trabajos por culpa de empresas que no hicieron las cosas bien ni siguieron las reglas. De hecho, nosotros teníamos una pequeña cantidad de acciones en la compañía WorldCom, y gracias a Dios que no representaba una suma significativa de dinero, pues todo eso se perdió cuando la compañía quebró. Pero, lamentablemente, aquellos que invirtieron grandes cantidades de dinero en compañías como esa, al final terminaron sin nada. De modo que la falta de ética en el ámbito laboral nos afecta a todos tarde o temprano porque no somos islas; los seres humanos estamos conectados unos con otros de diferentes maneras.

---

[162] Ibíd., XV-XVI.

La ética del trabajo

El diccionario define la ética del trabajo como «la creencia de que el trabajo tiene un beneficio moral y una habilidad inherente de fortalecer el carácter».[163] De acuerdo con este diccionario secular, si se aplican los principios éticos en el lugar de trabajo, esa práctica tiene un beneficio moral y no simplemente económico, que puede incluso fortalecer nuestro carácter. Sin embargo, esa ética del trabajo que estuvo presente en generaciones anteriores es justamente lo que está ausente en la sociedad de hoy.

La Biblia y el trabajo

Pasemos a revisar brevemente algunos principios que la Biblia nos enseña sobre el trabajo y que necesitamos entender a fin de tener una perspectiva correcta de él.

Primero: el trabajo no es resultado de la caída del hombre. Dios ordenó a Adán a cultivar la tierra y el huerto antes de que él y Eva pecaran (Gén. 2:15). Más bien, el trabajo es un don de Dios. Jesús dijo: «… Hasta ahora mi Padre trabaja, y yo también trabajo» (Juan 5:7b).

Segundo: el trabajo es parte de lo que Dios diseñó para dar sentido y propósito a la vida del hombre. Ahora bien, no es el trabajo en sí mismo lo que le da propósito al hombre, sino que Dios nos da un sentido de propósito cuando hacemos el trabajo asignado por Él bajo el señorío de Cristo; eso hace la diferencia. El trabajo bajo el señorío de Cristo motiva al hombre, le da propósito y le da sentido a su existencia. Eso fue lo que perdió con la caída, pues en su rebelión ya no se somete al señorío de Cristo, y en este estado no puede disfrutar de Sus bendiciones. Cuando Salomón se alejó de Dios, esto fue lo que concluyó: «Pues, ¿qué recibe el hombre de todo su trabajo y del esfuerzo de su corazón con que se afana bajo el sol?» (Ecl. 2:22).

Tercero: el trabajo se corrompió a partir de Génesis 3. Toda la creación se corrompió por el pecado; el habla, las emociones, los

---

[163] Dictionary.com, bajo «Work Ethic».

sentimientos, las relaciones interpersonales, y también el trabajo se vieron afectados por la caída del hombre.

Cuarto: el trabajo arduo es una virtud. Dios ordenó que la semana tuviera seis días de trabajo y uno de descanso. De manera que Dios entiende que el hombre no necesita más de un día de descanso porque Él sabe que el trabajo arduo beneficia al hombre. Al leer los evangelios, usted podrá notar que hubo ocasiones en que Cristo y sus discípulos no tenían tiempo ni para comer (Mar. 6:31). De igual manera, cada vez que abrimos el Nuevo Testamento vemos al apóstol Pablo predicando el evangelio y trabajando arduamente con ambas manos de día y de noche para ganarse la vida y no ser carga a ninguno de sus hermanos (1 Tes. 2:8-10, 2 Tes. 3:7-9). Con esto no sugerimos que el descanso y las vacaciones no sean necesarias. Sin embargo, el ocio es un grave problema para el hombre. En una ocasión, alguien me dijo muy emocionado: «Esta semana estuve de vacaciones y puede hacer lo que a mí más me gusta». Cuando le pregunté qué era lo que había hecho, respondió: «¡Nada!». Todavía no me he recuperado de esa respuesta, pues «nada» es justo lo que yo más detesto hacer, porque es algo altamente improductivo y sin sentido. Ahora bien, dedicarse a no hacer absolutamente nada no es lo mismo que tomar un tiempo para descansar. Si se pasa una semana sin hacer nada, usted perdió esa semana totalmente y ese no es el ejemplo que vemos en la Palabra de Dios, la cual nos manda a no andar como insensatos, sino como sabios, «aprovechando bien el tiempo, porque los días son malos» (Ef. 5:15-17). Sea cual sea el tipo de trabajo que realice, la Biblia considera el trabajo arduo como una virtud; por tanto, cada uno de nosotros debiera trabajar arduamente en aquello que el Señor nos ha llamado a hacer.

Quinto: la persona que paga injustamente será juzgada. En el contexto latinoamericano, la mayoría de las familias cuentan con una trabajadora doméstica que se encarga de los quehaceres del hogar. Por lo general, esas empleadas domésticas reciben un sueldo muy por debajo de lo que se les debiera pagar por sus servicios, incluso cuando el empleador es una persona cristiana, con la excusa de que ese es el salario que «todo el mundo paga» por ese tipo de labor. Pero ese es precisamente el problema; un cristiano no debería tener como referencia al inconverso, porque el incrédulo no necesariamente paga lo que es justo ni lo que es bíblico, y Dios juzga todo eso. Observe el siguiente pasaje del libro de Deuteronomio: «No oprimirás al jornalero pobre y necesitado, ya sea uno de tus conciudadanos o uno de los extranjeros que habita en tu tierra y en tus ciudades. En su día le darás su jornal antes de la puesta del sol, porque es pobre y ha puesto su corazón en él; para que él no clame contra ti al Señor, y llegue a ser pecado en ti» (Deut. 24:14-15). Hermanos, los cristianos tenemos la obligación de ser, entre todos los hombres, las personas más generosas.

Cuando usted vaya a un restaurante y deje una propina, no deje la misma propina que el incrédulo deja, pues ¿qué mérito tendría este gesto? El creyente debe ser mucho más generoso que el incrédulo. Olvídese incluso del porcentaje que la ley establece y piense por un momento en lo que es moral. Porque, si solamente nos llevamos de lo que la ley dice, entonces deberíamos estar de acuerdo con el aborto donde la ley establece que es legal. «¡Ah, no! Eso es algo distinto», dicen algunos; pero en realidad no lo es. Por tanto, el cristiano no debe preguntarse ¿qué es legal?, sino ¿qué es moral? Nosotros no podemos estar tranquilos cuando el resto de la población incrédula paga un salario que es injusto. Muchas veces, la excusa para no pagar un mejor salario o no dejar una mejor propina es que el dinero no nos alcanza para más. Pero, quizás podríamos considerar lo que gastamos en vacaciones, entretenimiento, compras, etc., y emplear parte de ese dinero en mejorar el salario de la persona que nos ayuda.

Es increíble ver, por ejemplo, que a muchos cristianos no les molesta que la persona que trabaja en su casa ayudando a la esposa con los quehaceres domésticos duerma en una habitación cuyas condiciones están por debajo de la dignidad humana; habitaciones que son extremadamente pequeñas y que a veces no tienen ni siquiera ventilación. Ahora bien, una cosa es que esa sea la condición de la construcción de la habitación de la casa que usted puede pagar y otra muy distinta es que esa condición de la habitación donde dormirá la trabajadora doméstica no sea causa de molestia o preocupación para usted. Y si se tratase de una habitación en una casa que usted está mandando a construir, entonces no apruebe un diseño que atenta contra la dignidad humana porque usted es hijo de Dios y esa desconsideración se levantaría como un clamor delante de Dios.

No solo el salario está relacionado con la ética del trabajo, sino también las condiciones bajo las cuales las personas trabajan y las formas de respeto al tratar al empleado.

Características de una persona íntegra en su trabajo

A la hora de trabajar, la persona íntegra habla toda la verdad y no solamente parte de la verdad. Asimismo, la persona íntegra habla con claridad evitando malentendidos y sobretodo evitando que su falta de claridad pueda causar que otros sean vistos como responsables de algo, cuando en realidad, la responsabilidad era suya. Recuerde que una media verdad, cuando se dice con la intención de engañar al otro, es una mentira completa.

Una persona con una buena ética de trabajo honra su palabra. Cuando usted da su palabra procure siempre cumplirla. Es una falta de integridad comprometernos a hacer algo y luego no cumplir con el compromiso que hemos hecho frente a los demás. Y lamentablemente, ese es un problema muy común en la cultura de nuestros días.

Si un buen líder y hasta un empleado de menor jerarquía entiende la ética de trabajo será capaz de tomar decisiones que desfavorecen su posición o su bienestar en beneficio de otros, por la simple razón de que es lo correcto, lo ético y lo que debe hacerse en ese momento.

En el ámbito de trabajo, una persona íntegra no es evasiva. Es una persona que no anda con rodeos, sino que responde a las preguntas de manera directa y sin ocultar nada.

La persona íntegra en su trabajo es digna de confianza: es diligente; es fiel en el manejo de sus finanzas y honra sus relaciones.

Finalmente, la persona íntegra en su trabajo tiene un sistema de valores por medio del cual juzga todo su esfuerzo.[164]

---

[164] V. Gilbert Beers, adaptado del libro de John Maxwell, *Developing The Leader Within You*, p. 36.

Factores que nos llevan a violentar la integridad en el trabajo

Aunque existen múltiples razones que pudieran llevar a una persona a comportarse sin integridad en el trabajo, quisiéramos citar algunos de los factores más comunes.

1) La avaricia

En su carta a Timoteo, el apóstol Pablo nos advierte sobre las terribles consecuencias del afán desmedido por las riquezas: «Pero los que quieren enriquecerse caen en tentación y lazo y en muchos deseos necios y dañosos que hunden a los hombres en la ruina y en la perdición. Porque la raíz de todos los males es el amor al dinero, por el cual, codiciándolo algunos, se extraviaron de la fe y se torturaron con muchos dolores. Pero tú, oh hombre de Dios, huye de estas cosas, y sigue la justicia, la piedad, la fe, el amor, la perseverancia y la amabilidad» (1 Tim 6:9-11).

Tome en consideración que este pasaje no dice que la raíz de todos los males es el dinero, sino el amor al dinero. De manera que no hay que ser rico para tener un problema de avaricia; lo único que se requiere es un deseo desmedido de poseer y adquirir riquezas. Entonces, cuando alguien ama el dinero de esa manera es capaz de negar la fe, según vemos en el pasaje anterior, y de ir en contra de su propia integridad con tal de adquirirlo. Y este pasaje de la Palabra dice que aquellos que han actuado de esa manera se han torturado con muchos dolores. Así que la avaricia es un problema mucho más serio de lo que nosotros pensamos. La avaricia ha llevado a muchos a violentar múltiples normas éticas del trabajo: a) informes falsos de ganancias; b) pérdidas no informadas para no asustar a los inversionistas; c) falta de control de calidad; d) evasión de impuestos; e) alteración de productos; e) falsificación de productos; f) irrespetos a las patentes; g) alteración del currículum y otras múltiples violaciones.

2) La presión de cumplir con ciertas metas

Hoy en día, la presión que muchos gerentes y dueños de empresas ejercen sobre sus empleados para que cumplan con ciertas expectativas de ventas hace que las personas con frecuencia comprometan su integridad para satisfacer dichas expectativas. Los vendedores, por ejemplo, muchas veces mienten sobre la calidad o efectividad de un producto determinado con tal de cumplir con la cuota de ventas que sus empleadores le asignaron.

3) El narcisismo de nuestros días

Como mencionamos en un capítulo anterior, el narcisista es aquella persona que tiene una admiración excesiva por sí mismo y una idea agigantada de su importancia. El narcisista solo tiene en cuenta sus intereses personales y eso es algo que por lo regular lo lleva a comprometer su integridad. Observe la siguiente cita que usamos en nuestro libro «Vivir con integridad y sabiduría»:

> David Callahan, en su libro *Kindred Spirits* [Espíritus afines], comenta que estudió a los graduados de la Escuela de Negocios de la Universidad de Harvard del año 1949, el 91% de los cuales eran veteranos de la Segunda Guerra Mundial, y cómo la mayoría de ellos llegaron a ser presidentes de grandes compañías como Johnson & Johnson. Este autor comparó a estos graduados con los directores y presidentes ejecutivos de las compañías de hoy, y la conclusión a la que llegó fue que en los nuevos ejecutivos no había un espíritu de sacrificio para esperar por una gratificación tardía; para ellos se trataba más de obtener lo que querían. En otras palabras, en el pasado los ejecutivos eran seres humanos comunes y corrientes, muchos no creyentes, pero en ellos había una cierta integridad social, una manera diferente de hacer las cosas.[165]

El problema de esta generación narcisista es que no está dispuesta a esperar una gratificación tardía. La mayoría de las personas quieren

[165] David Callahan, *Kindred Spirits* (Nueva Jersey: John Wiley & Sons, Inc., 2002), citado en Miguel Núñez, *Vivir con integridad y sabiduría* (Nashville: B&H Publishing Group, 2016), págs. 38-39.

hacer dinero rápido y harán todo lo posible por conseguirlo, aunque eso implique violentar su propia integridad.

4) El egocentrismo

El egocentrismo, que va de la mano con el narcisismo, es una de las razones de la falta de actitud de servicio que caracteriza a la generación de nuestros días. En la mayoría de las oficinas públicas y privadas de República Dominicana no existe una actitud de servicio en los empleados. Cuando alguien entra a una oficina gubernamental, por ejemplo, la secretaria o recepcionista con frecuencia continúa trabajando sin prestar atención a la persona que llegó en busca de un servicio público. Sin embargo, hemos notado que algo que caracteriza a la cultura estadounidense es su actitud de servicio. Cuando usted llama por teléfono a una compañía para inquirir sobre algo, si la persona que atendió el teléfono no conoce la respuesta a su inquietud, usualmente responde: «No sé, pero deme un momento para preguntarle a mi supervisor». Esto es así porque, como ya hemos mencionado, Estados Unidos es una nación sumamente pragmática que entiende que siempre debe haber una solución a los problemas. Por el contrario, una vez llamé al consultorio de un colega en nuestro país y su secretaria me informó que no estaba; entonces le pregunté cuándo llegaría, a lo que ella respondió: «No sé. ¡Cuando él llegue!». Evidentemente, esa persona no tenía una actitud de servicio; si la hubiese tenido, la conversación se habría desarrollado más o menos así: «Señorita, le habla el doctor Núñez. ¿Está el doctor Fulano?». «Doctor, él no se encuentra en estos momentos, pero ¿en qué puedo ayudarlo?» o «Doctor, ¿puede dejarme su número? Voy a llamar al doctor Fulano y decirle que se comunique con usted». Esa ha sido mi experiencia en Estados Unidos, pues en aquella cultura tan pronto usted hace el contacto inicial, la persona que está al otro lado del teléfono entiende que la bola está de su lado y hará todo lo posible por resolver el asunto.

Ahora bien, independientemente de la cultura a nuestro alrededor, para el cristiano hay un llamado a hacer las cosas como para el Señor y no para los hombres, tal como Pablo exhorta a los creyentes en

Colosas: «Y todo lo que hagáis, hacedlo de corazón, como para el Señor y no para los hombres, sabiendo que del Señor recibiréis la recompensa de la herencia. Es a Cristo el Señor a quien servís» (Col 3:23-24). ¿Alguna vez se ha detenido a pensar en esto? Si usted es creyente y trabaja como recepcionista, por ejemplo, cuando levanta el teléfono para tomar una llamada, no está sirviendo al cliente, está sirviendo a Cristo. El médico no sirve al paciente, sirve a Cristo. El abogado está sirviendo a Cristo cuando sirve a su cliente. Por eso escribió Pablo en Efesios 6:7, «Servid de buena voluntad, como al Señor y no a los hombres».

Amado hermano, no piense que su servicio es a los hombres; usted sirve a Cristo cuando sirve a los hombres. Esa es la realidad. Y la recompensa por su servicio no proviene de los hombres, sino que proviene de Dios. Por tanto, nuestra ética de trabajo está dictaminada por la persona a quien honramos con nuestro trabajo. En mi caso, lo que hago como médico honra a Dios tanto como lo que hago cuando estoy enseñando la Palabra de Dios, porque cuando sirvo a una oveja estoy sirviendo a Cristo y cuando sirvo a un paciente también estoy sirviendo a Cristo. Hasta la época de la Reforma, la vocación era vista como un llamado especial al ministerio sacerdotal o pastoral por parte de Dios, pero los reformadores nos ayudaron a entender el verdadero sentido de la vocación. Martín Lutero decía que vocación es aquello que Dios nos llama a hacer, ya sea como enfermero, médico, ingeniero, abogado, ama de casa o cualquier otra función. Y esa vocación, ese llamado especial por parte de Dios, es tan sagrado como el llamado al ministerio pastoral.

5) La falta de carácter

La falta de carácter tarde o temprano nos lleva a violentar la integridad. Y esa falta de integridad se manifiesta en el lugar de trabajo de múltiples maneras:

a) Ausencias frecuentes o llegadas tardías. Llegar tarde al trabajo es algo muy común en nuestra cultura y la gente siempre quiere atribuir la tardanza al tránsito, cuando en realidad la tardanza se debe a que la persona no salió temprano.

b) Bajo rendimiento. Este es un problema grave porque muchos trabajadores entienden que si entraron a las ocho de la mañana y salieron a las cinco de la tarde, cumplieron con su horario de trabajo. Bueno, quizás cumplieron con el horario, pero, ¿produjeron durante esas horas el rendimiento esperado?

c) Malas conductas. A veces de irrespeto; otras de indiferencia, de formas de hablar, de ignorar a los compañeros de trabajo o de no cooperar con el equipo.

d) Malas actitudes. Estas tienen que ver con una disposición interna. Las malas actitudes hacen que otros no quieran trabajar contigo o que tú no quieras trabajar con el equipo. Las malas actitudes desmoralizan a los otros miembros del equipo y los hacen improductivos.

e) El uso de redes sociales en horas laborables. A usted no le pagan un salario para usar las redes sociales en su horario de trabajo; le pagan para atender los asuntos relativos a la empresa donde trabaja. Sin embargo, hoy en día muchos empleados pasan horas pagas por la empresa en las redes sociales.

f) Robo de tiempo y de propiedad. Cuando a una persona le pagan por trabajar ocho horas al día, pero solamente trabaja cinco de esas ocho horas, ese individuo le está robando tres horas de trabajo a la empresa que lo contrató. De igual manera, llevarse material utilizable de la oficina a la casa para darle un uso personal no es otra cosa que robar la propiedad ajena.

g) Hacer negocios personales desde el lugar de trabajo. Hay muchas personas que están empleadas en una compañía, pero paralelamente tienen un negocio personal como una forma de generar un ingreso extra. En esos casos, el problema surge cuando la persona utiliza el tiempo que debe dedicarle a la empresa que lo contrató para hacer negocios personales. Eso revela una falta de integridad en el manejo del tiempo y los recursos de la empresa.

h) Compartir los asuntos confidenciales de la empresa con terceros. Cuando alguien trabaja para una empresa en particular, le debe lealtad a esa empresa; eso implica no divulgar frente a terceros aquellas cosas que se suponen confidenciales. La indiscreción revela una grieta en nuestro carácter que se traduce en una falta de integridad.

6) La pérdida del sentido de vergüenza y el sentido del deber

Cuando el sentido de vergüenza y el sentido del deber se pierden, a la persona no le importa incumplir con su horario de trabajo; no le importa pasar horas en las redes sociales en su lugar de trabajo; no le importa hacer uso de horas laborables para llevar a cabo negocios personales; no le importa tomar licencias médicas sin estar enfermo ni le importa robar el material utilizable de la empresa donde trabaja. Todas estas cosas nos dejan ver que la falta de integridad va más allá de robar grandes sumas de dinero o mentir sobre un asunto de importancia. La falta de integridad se manifiesta en nuestro diario vivir en una serie de conductas que se vuelven tan normales que ni siquiera pensamos que estamos haciendo algo que sea intrínsecamente pecaminoso o intrínsecamente no ético.

7) Falta del sentido de excelencia

El trabajador debe tener un sentido de excelencia al llevar a cabo su labor. A esa persona, sobre todo si es cristiana, debe importarle su trabajo hasta el punto de procurar hacerlo de la mejor manera posible según sus habilidades. Esto es porque servimos al Señor. Y eso se aplica a cualquier tipo de labor, ya sea atender a un paciente enfermo o colocar sillas en un salón. Sin importar lo que haga, debe hacerlo con excelencia y eso implica dar su mejor esfuerzo al realizar la tarea que le ha sido encomendada. Si le están pagando por colocar sillas, entonces procure colocarlas lo mejor posible, pues para eso le pagan. Y si no se siente cómodo con el salario que le están pagando por su labor, pues renuncie y busque otro trabajo, pero esa no es una excusa válida para realizar un trabajo mediocre. Lo que usted haga, tiene que hacerlo con excelencia como para Dios y no para los hombres (Col. 3:23).

Lamentablemente, la falta del sentido de excelencia es un problema significativo en nuestra cultura. Por eso, el cristiano debe esforzarse en ser un ejemplo de disciplina y diligencia en su lugar de trabajo. La buena actitud en el trato y el servicio a los demás debe caracterizar al hijo de Dios. Si a usted le encomiendan algo, dele seguimiento hasta terminarlo, no deje a la otra persona esperando. La falta de seguimiento es un problema grave en nuestra sociedad, aún a nivel ministerial, y el cristiano necesita mostrar algo diferente haciendo todo con excelencia. Note cómo la Palabra de Dios describe a Daniel:

> Pero este mismo Daniel sobresalía entre los funcionarios y sátrapas porque había en él un espíritu extraordinario, de modo que el rey pensó ponerlo sobre todo el reino. Entonces los funcionarios y sátrapas buscaron un motivo para acusar a Daniel con respecto a los asuntos del reino; pero no pudieron encontrar ningún motivo de acusación ni evidencia alguna de corrupción, por cuanto él era fiel, y ninguna negligencia ni corrupción podía hallarse en él. Entonces estos hombres dijeron: No encontraremos ningún motivo de acusación contra este Daniel a menos que encontremos algo contra él en relación con la ley de su Dios (Dan. 6:3-5).

Imagine que usted trabaja para una empresa gubernamental y el presidente de la nación nombra 120 funcionarios para que se dediquen a vigilarlo de día y de noche con el único propósito de encontrar algún motivo de acusación contra usted. Imagine que esas personas pasan meses y meses tratando de hacerlo caer, y al final van al presidente y le dicen: «Señor presidente, hay un problema. No hay manera de encontrarle una falta a esta persona. Si queremos verle caer, entonces tendremos que inventarnos algo que tenga que ver con la ley de su Dios». ¿Se imagina la clase de integridad que requiere que 120 personas observándole de día y de noche no puedan encontrar nada malo en su contra? La única forma de atrapar a Daniel fue tendiéndole una trampa. ¡Eso es tener un espíritu extraordinario! Y si usted nunca le ha pedido a Dios que le dé un espíritu como el de Daniel, ¡pídaselo ahora mismo!

Un espíritu extraordinario implica diligencia, excelencia y fidelidad. El espíritu de Daniel era tan extraordinario que el rey, a pesar de no creer en su Dios, pensó en poner todo el reino en sus manos. Pero no solo eso, sino que el rey llegó a amar a Daniel porque cuando se vio forzado a ordenar que echaran a Daniel al foso de los leones, la Palabra de Dios dice que el rey pasó la noche en ayuno, ningún entretenimiento fue traído ante él y se le fue el sueño (Dan. 6:18).

La ética del trabajo requiere honestidad, integridad, prioridades

Muchas tareas no se realizan bien, porque las prioridades de los trabajadores están en desorden. Usualmente, las personas tienden a hacer lo menos importante primero. Entran a trabajar a las nueve de la mañana y cuando llegan a la oficina, lo primero que hacen es revisar sus correos electrónicos personales, entrar a Facebook, postear en Twitter y responder mensajes pendientes en WhatsApp. Y así, el reloj marca las once y media de la mañana y la persona aún no ha comenzado a trabajar. Como resultado, las horas no le alcanzan para terminar su labor a tiempo. ¡Claro que no! Porque se supone que es al revés que tienen que hacerse las cosas. Por tanto, si las prioridades no están en orden, no seremos capaces de realizar nuestro trabajo éticamente.

Por otro lado, la actitud con la que realizamos el trabajo que nos ha sido encomendado también habla de nuestra integridad y ética laboral. Según una encuesta realizada por la firma consultora Robert Half International a los vicepresidentes y directores de personal de las 100 compañías más grandes de Estados Unidos, el 30 % de las razones más importantes para despedir a un empleado tenía que ver con la incompetencia de la persona, pero el resto de las razones tenía que ver de una u otra manera con problemas de actitud. Por otro lado, el Informe Cos de 1983 sobre los Negocios de Estados Unidos, decía que el 94% de todos los ejecutivos de Fortuna 500, atribuían su éxito más a la actitud que a cualquier otro ingrediente.[166]

Una buena ética laboral requiere un apropiado manejo del tiempo y un espíritu disciplinado, de forma tal que las cosas se hagan en la forma y en el horario que se tienen que hacer. Pero, si hay algo que nuestra cultura no tiene es disciplina. No la encontramos en el sector privado ni en el sector público; no la encontramos en el área de la medicina y con frecuencia tampoco la encontramos a nivel ministerial. Lo triste es que aquellos que no pueden gobernarse a sí mismos, no podrán gobernar a otros; el que no puede disciplinarse a sí mismo no puede ejercer su trabajo de manera disciplinada.

Amado hermano, la primera persona en beneficiarse cuando trabaja éticamente es usted mismo. Cuando trabaja de esa manera, antes de conseguir un mejor salario, usted habrá obtenido la aprobación de Dios. Y con la aprobación de Dios hallará gracia, no solo frente a Dios sino también delante de los hombres. Además, el endoso de Dios implica que hallará satisfacción, propósito y sentido en su trabajo. Pero no solo eso, sino que Dios mismo se encargará de promoverlo en su lugar de trabajo, así como hizo con Daniel, porque la excelencia, la disciplina y la actitud con que trabaja serán usadas por Dios para hacerlo sobresalir entre sus pares. Y como si eso fuera poco, cuando trabaja como para Dios y no para los hombres, dice la Palabra que del Señor recibirá la recompensa de la herencia (Col. 3:24). De manera que, cuando honra a Dios en su trabajo, Él se encarga de recompensar su esfuerzo aun en el cielo. Tal vez su jefe sea un Nabucodonosor o un Faraón, y no reconozca su labor ni su esfuerzo, pero Dios que está en los cielos le asegura una recompensa eterna cuando hace las cosas para Su gloria (1 Cor. 10:31).

Recuerde, usted no sirve a su jefe, sirve a Cristo (Col. 3:24). Entonces, eso debe marcar una diferencia en la manera en que realiza su trabajo. El cristiano debe ser el trabajador más satisfecho del mundo, pero esa no es necesariamente la realidad para la mayoría de los cre-

---

[166] John Maxwell, *Desarrolle el líder que está en usted* (Nashvile: Grupo Nelson, 2007), p. 109.

yentes. Aun si no hubieran recompensas terrenales ni eternas, yo trabajaría de la misma manera que hoy en día lo hago porque el disfrute y la satisfacción que Dios me ha dado en hacer absolutamente todo lo que hago en la vida no tiene comparación, y mi deseo es que todos los creyentes puedan encontrar esa misma satisfacción en servir a Dios desde su lugar de trabajo.

Ahora bien, esa satisfacción dependerá de que usted honre a Dios y busque Su gloria en todo lo que hace. Allí está la clave. No se trata de nosotros, se trata de buscar la gloria de Dios en todo lo que hacemos. Desde preparar una charla sobre medicina hasta preparar un sermón para el domingo. Para el cristiano, una cosa no es más sagrada que la otra. Ambas representan una oportunidad para honrar a Dios y traer gloria a Su nombre.

BIBLIOGRAFÍA

Atkinson, David John, David H. Field, Arthur Holmes, Oliver O'Donovan, *Diccionario de ética cristiana y teología pastoral* (Barcelona: Editorial CLIE, 2004).

Baehr, Ted y Pat Boone, *The Culture-Wise Family* (Ventura: Regal Books/ Gospel Light).

Cruz, Antonio, *Bioética Cristiana* (Barcelona: Editorial Clie, 2008).

David Callahan, *Kindred Spirits* (Nueva Jersey: John Wiley & Sons, Inc., 2002).

Davis, John Jefferson, *Evangelical Ethics* (Phillipsburg: P & R Publishing, 2015).

Fletcher, Joseph, *Situation Ethics: The New Morality* (Louisville: Westminster John Knox Press, 1966).

Gabriele Kuby, *The Global Sexual Revolution: Destruction of Freedom in the Name of Freedom* (Brooklyn: Angelico Press, 2015).

Geisler, Norman L., *Christian Ethics: Contemporary Issues and Options* (Grand Rapids: Baker Academics, 2010).

Grenz, Stanley J., *The Moral Quest: Foundations of Christian Ethics* (Downers Grove: InterVarsity Press, 2000).

Hollinger, Dennis P., *Choosing the Good: Christian Ethics in a Complex World* (Grand Rapids: Baker Academic, 2005).

Horton, Michael Scott, *Made in America: The Shaping of Modern American Evangelicalism* (Grand Rapids: Baker Book House, 1991).

Johnson, Paul, I*ntellectuals* (Nashville: Harper Perennial, edición revisada, 2007).

Johnson, Paul, *Intellectuals* (Nashville: Harper Perennial, 1988).

Kemp, Nick, *Merciful Release: A history of the British Euthanasia Movement* (Manchester University Press, 2002).

Kennedy, D. James y Jerry Newcombe, *¿Y qué si Jesús no hubiera nacido?* (Nashville, TN: Editorial Caribe, 1996).

Kuhne, Cecil (editor), *Seeing Through the Eye: Malcolm Muggeridge on Faith* (San Francisco: Ignatius Press, 2005).

Kurtz, Paul (editor), *Humanist Manifiesto I and II* (Buffalo: Prometheus, 1973).

Kurtz, Paul, *El fruto prohibido: La ética del humanismo* (Nueva York: Prometheus Books, 2003).

Kuyper, Abraham, *Sphere Sovereignty en Abraham Kuyper: A Centennial Reader*, editado por James D. Bratt (Grand Rapids: Eerdmans, 1998).

Laumann, Edward O. y John H. Gagnon, *The social organization of sexuality: Sexual practices in the United States* (Chicago, IL: University of Chicago Press, 1994).

Lewis, C. S., *Cartas del Diablo a su Sobrino*, (Nashville: Rayo, una rama de Harper Co-llins Publishers).

Lewis, C. S., *The Problem of Pain* (Nueva York: HarperCollins Publishers, 1996).

Maxwell, John, *Desarrolle el líder que está en usted* (Nashvile: Grupo Nelson, 2007).

Maxwell, John, *Developing the Leader Within You* (Nashville: Thomas Nelson, 1993).

McDowell, Josh, *La generación desconectada* (El Paso: Editorial Mundo Hispano, 2001).

McDowell, Josh, *Right from wrong* (Dallas: Word Publishing, 1994).

Meade, Teresa A. y Merry E. Wiesner-Hanks, *A Companion to Gender History* (Black-well Publishing, 2004).

Muggeridge, Malcolm, *Vintage Muggeridge: Religion and Society* (Eerdmans, 1985).

Nash, Ronald H., *Worldviews in Conflict* (Grand Rapids: Zondervan, 1992).

Nathanson, Bernard, *Confessions of an Ex-Abortionist en The Hand of God: A Journey from Death to Life by the Abortion Doctor Who Changed His Mind* (Washington: Regnery Pub-lishing, 1996).

Nietzsche, Friedrich, *On the Genealogy of Morality* (NY: Cambridge University Press, 2006).

Nullens, Patrick y Ronald T. Michener, *The Matrix of Christian Ethics: Integrating Philosophy and Moral Theology in a Postmodern Context* (Downers Grove: InterVarsity Press, 2010).

Núñez, Miguel, *Vivir con integridad y sabiduría* (Nashville: B&H Publishing Group, 2016).

Owen, Robert Dale, *Moral Physiology, Or A Brief and Plain Treatise on the Population Question* (Londres: J. Watson, 5, Paul's alley, Paternoster row, 1842).

Palmer, Michael D., *Elements of a Christian Worldview* (Springfield: Gospel Publishing House, 1998).

Peeters, Marguerite A., *The Globalization of the Western Cultural Revolution* (Institute for Intercultural Dialogue Dynamics, 2007).

Postman, Neil, *The Disappearance of Childhood* (Nueva York: Vintage Books, 1982).

Rampone Jr., W. Reginald, *Sexuality in the age of Shakespeare* (Connecticut: Greenwood Publishing Group, 2011).

Scharping, Thomas, *Birth Control in China 1949-2000: Population Policy and Demographic Development* (Londres: Routledge, 2003).

Scheraldi de Núñez, Catherine y Miguel Núñez, *Revolución Sexual: Una perspectiva bíblica y un análisis médico* (Nashville: B&H Publishing Group, 2018).

Singer, Peter, *Practical Ethics* (Nueva York: Cambridge University Press, tercera edi-ción, 2011).

Smith, Bonnie G. (editora), *The Oxford Encyclopedia of Women in World History, Vol. 1* (Oxford University Press, 2008).

Stott, John, *La fe cristiana frente a los desafíos contemporáneos* (Grand Rapids: Libros Desafíos, 1999).

Twenge, Jean M., PH.D y W. Keith Campbell, PH.D, *The Narcissism Epidemic* (Nueva York: Atria Paperback, 2013).

Tyra, Gary, *Pursuing Moral Faithfulness: Ethics and Christian Discipleship* (Downers Grove: InterVarsity Press, 2015).

Weaver, Richard M., *Las ideas tienen consecuencias [Ensayo]* (Madrid: El Buey Mudo, 2011).

Zacharias, Ravi, *¿Puede el hombre vivir sin Dios?* (Nashville: Grupo Nelson, 1995).